KB254035

추명가해설
(남명편)

한 명호
김 숙희 공저

추명가 해설(남명편)

지 은 이 / 한 명 호, 김 숙 희
펴 낸 이 / 한 명 호
펴 낸 곳 / 두원 미디어
편집디자인 / 한원국(010-4576-3469)
서울시 강북구 미아3동 160-37 3층
☎ 02)984-5612 FAX 02)980-5611
♣홈페이지 www.dooweonmedia.co.kr Or www.dancesajoo.com, www.guwolsan.com
♣홈페이지 야후, 네이버 카페 신명철학관
♣E-Mail: han@dooweonmedia.co.kr
          doo1616@yahoo.co.kr

개정판 2쇄 2024.03.12

등록 / 1999. 08. 06. 제 041호   ISBN 89-91253-07-5
♣잘못 만들어진 책은 바꾸어 드립니다.

정가 18,000원

♣저자 연락처 / 02)984-5612

책을 펴내면서

항상 새롭다는 것은 즐거운 것이다.

심오하고, 경이로운 동양철학을 접하면서 항상 느끼는 것은, 나의 부족함과 진즉에 시작 할 것을 왜 이리 늦게 시작을 하였는가 하는 점이다.

늦은 것이 빠른 것 이다. 라는 말로 위안을 삼으며 지내니 한결 마음이 편해진다.

이미 고인이 되신 본 추명가의 저자이신 이 석영 선생님께 후학으로써 항상 감사와 깊은 뜻에 머리 숙여 또다시 존경의 뜻을 표한다.

배움과 나눔의 길을 일러주시고 ,학문의 질적인 향상에 너무나 큰 족적을 남기셨으니,

학문이란 나 혼자만이 독식하는 것이 아니요, 나눔으로써 그 뜻이 더 크리라 생각을 하고, 부족한 면이 너무나도 많지만 감히 붓을 들어 해설집을 내놓게 되니 ,그동안 명리에 대하여 실전과 이론을 겸비한 책을 찾으시던 분들은 바로 이거야 하면서 즐거운 마음으로 접하시기를 바랍니다.

외국유학에 박사학위 갖춘 자 만이 글을 쓰고 ,강단에 서는 것이 아닌 만큼 ,이름 없이 조용히 공부만하는 사람의 글이라 생각하고, 산전수전 다 겪은 인생의 동반자가 쓰는 글이라 생각하고, 오늘도 실전에 열심히 상담하는 동료의 글이라 생각하고 읽어주시기 바랍니다.

강호의 많은 분들의 질책이 또한 있으리라 생각도 됩니다만 ,부디 격려의 차원에서 이 책을 보아주셨으면 합니다.

뜻은 있어도 마땅한 방법을 모르셨던 분들도, 이 책을 보시면 많은 궁금증이 풀리리라 생각합니다.

시대적으로 어울리지 않는 면은 과감히 약간씩의 수정을 가하였고, 실전사주의 예에서는 본인이 직접 감명한 사주를 놓고 논하였으니 생생함이 더 하리라 생각을 합니다.

무릇 배움이란 활용함에 있어서 올바르고, 정확하여야 진정으로 인정을 받는 것이다.

사주감명에 있어서의 정확성과, 올바른 상담자의 자세, 공부하는 학도로 항상 배움에 정진하는 철학도가 되기를 기원하면서, 건강을 잃으면 모든 것을 잃으니 항상 심신이 건강하기를 바라면서, 앞으로도 쉬지 않고, 해설집의 다음편도 곧 출간하고, 계속 쓰렵니다.

2006. 03. 31　편집을 마치면서

한 명호 올림.

차례 찾기

* 선조, 부모, 형제

--11

* 삼재라 함은 하늘--천, 사람----인, 땅----지 를 말하고, 이것이 광대한 ·················· 13
* 어머니와 할머니의 사이가 원만하자 못하여 따로 살았음도 추명이 가능하다.
  이 역시 고부간의 갈등으로도 볼 수가 있는 것이다. ················· 16
* 지살, 역마가 인수에 해당하면 ················· 17
* 사주에 역마와 지살이 중중하다함은 2개 이상이 된다는 설명. ·········· 18
* 防外車中(방외차중)---예전의 표현에 방이라 함은 실내를 의미하고
  내실을 말하고 밖이므로 일단 방밖을 벗어난 의미이다. ················· 20
* 필요에 따른 각 오행의 구별과 명칭 ················· 22

* 자당(慈堂)-----남의 어머니에 대한 존칭으로 또 다른 명칭을 살펴보면 ·········· 23
* 세군이란 년 주를 말함이고 일극세군 이란 일간이 년의 천간을 극함이라 ········· 25
* 식신, 상관이 할머니라 큰 할머니 작은 할머니 두 분이라 절을 해도 두 번 ·········· 26
* 혈광사라 함은 ---횡액, 교통사고, 수술 중 사망, 백혈병, 유행성 출혈열
  등 대체적으로 피를 흘리면서 죽거나 ,피 부족 등 ················· 27

* 봉형이라 함은 형살을 만나거나 갖추고 있음을 말함인데, ·········· 28
* 도화살(桃花殺)이란? ················· 29
* 인수가 쇠, 병, 사, 절에 임하면 그의 어머니가 항상 잔병치레로 고생한다. ·········· 32
* 사시장춘 청청하다 함은 상록수와 같이 사계절 항상 푸르고 푸르다는 뜻이며
  독야청청 하듯 그 자태를 뽐냄이니, 목화통명(木火通明)으로
  잘 이루어지듯 그와 같은 경우이다. ················· 33

* 정재가 백호살에 있고 육친으로 보면 고모, 숙부로도 연결이 되는데 ·········· 34
* 와석종명(臥席終命)이라 함은 자리에 누워 임종을 맞이하는 것인데 ·········· 35
* 양가봉사(兩家奉祀)---두 집의 제사를 지내는 것으로 현대에서는 ·········· 37
* 월에 양궁(養宮),장생(長生)을 놓고 있으면 남의 손에 양육이 된다. ·········· 38
* 일지와 월지가 형살을 갖추게 되면 자신과 부모가 부딪히는 형상이니 ·········· 39

* 모처불합(母妻不合)에 관한 사항이다. ················· 40

* 원진살(怨嗔殺)이란? ·· 41
* 이안작진(異雁作陳)-----기러기가 날아가는데 다른 무리가 또다시 와서 두 ·············· 42
* 재성은 처요 ,아버지도 되고 형수, 제수도 되는데 따지고 보면 전부 한집안 ············· 43
  관살이라 함은 남명에게 있어서는 손위, 또는 손아래의 여자형제의
  남편으로 본다. 백호에다 식상이 많으므로 견디기가 힘들 것이요
  흉사로 연결이 되었고 정 편재라 함은 처도 되지만 처가의 식구도
  되는지라 처남형제도 흉사로 연결이 된다 함이다. ·································· 44

* 사주에 관살이 없다 함은 남자에게는 자손이요, 여자에게는 남편이 아닌가?
  형제간으로 보면 특히 여자로 보게 되면 손위 ,
  손아래 이던 남편이 없는 형상이라 냉방이니 ,공방살이가 아닌가? ··············· 45

* 역마, 지살에 형, 충이 가임되면 이동 중의 사고라 항공,
  철도, 선박 등의 사고라 또한 외출, 또는 여행 시의 사고로 연결이 되고, 인수
  가 형살로 연결이 되면 흉사인데 ·· 46

* 음차양차살로서 외숙이 영락한다는 이야기다. ······································· 48
  음착양차살은 위의 12가지로써 일주에 놓이면 외삼촌이 고독 ···················· 48

* 재난, 질병에 관하여

--- 49
* 수옥살이란? ·· 51
* 天羅地網殺(천라지망살)이란? ··· 52
* 재살이 왕 하면 토가 힘을 못 쓰므로 토가 제 기능을 발휘하지
  못하므로 항상 내분기계통 주로 위장병 환자가 된다. ······························ 55

* 湯火殺(탕화살)음독, 중독, 비관자살, 폭발물, 화공약품, 총상, 파편상 등으로 연결
  ·· 55
* 刑穿殺(형천살)--------刑殺(형살)도 되고 상천살, 육해살도 된다. ············· 56
* 급각살과 단교관살은 각각 구성요건은 다르나 작용하여 나타나는 현상은 ········· 57
* 전부가 斷橋關殺(단교관살)에 대한 설명이다.같은 내용 이라도 선천과 후천으로 구분하
  여 설명하고 연령에 따라 판단하여야 한다. ·· 59

* 子酉(자유), 丑午(축오), 寅未(인미) ,申卯(신묘), 辰亥(진해), 巳戌(사술)
  귀문관살에 대한 설명이다. ··· 60
* 귀문관살이란? ·· 60

* 執杖叩地(집장고지)에 대하여 ··· 63

* 낙정관살에 대한 설명이다. ··· 64

* 鼻塞(비색)이라 함은 코에 관련된 설명인데 金(금)은
    얼굴에서 코에 해당이 된다. 코에 연관된 병은 직접적으로 ················· 66

* 곤랑도화란 天干(천간)은 합이 형성이 되고 地支(지지)에는 형살이 ········· 68

* 염상격 이니 이는 화기가 왕한 사주라 ····································· 72

* 耳聾咳嗽(이롱해수)-----청각장애인을 말한다. ····························· 73

* 재성이 형, 충 되면 음식에 체하기도 하고 심하면 제가 집 음식 잘못 먹고 ·········· 74

* 사주 중에 형, 충, 살이 많으면 삶 자체가 많은 고난과 시련 그리고 ·········· 75

* 夜啼(야제)----밤에 많이 우는 것 그로 인하여 부모의 걱정이 매우 심하였다.
    아기들이 밤에 많이 우는 것은 낮과 밤이 바뀌어서 많이
    우는데 환경의 변화와 연결해서 응용을 해보도록 하자. ····················· 76

* 직업에 관하여

* 오행에 따른 직업의 분류 ··· 80

* 寅, 申, 巳, 亥가 역마 인데 그 자체가 역마로써 財나 官이 ················· 81

* 기명종재는 종재 격 인데 자신을 버리고 삶 하여야 하는 사주인데 ·········· 83

* 時上 一位 貴格(시상 일위 귀격)이란 時上에 偏官 格을 말하는데 ·········· 85

* 종격인수라 함은 인수로서 종하는 사주를 말하는데 인수에 ················· 86

* 비천록마란? ··· 88

* 암충이 되는 것은 지지에 같은 자가 셋 이상일 경우 성립이 되는데 ·········· 88

* 火가 재(財)이니 ,음식이라 불과 연관이 되니 끓이는 것과도 연관이 된다. ········· 90

* 식신이 생재 한다 함은 식신은 재능, 기능으로
    기술로 열심히 일을 해서 로또를 바라는 ································· 92

* 사주에서 토성이 재성에 해당하고 식신이 생하는 경우를 살펴보자. ·········· 93

* 지살이나 역마가 인수나 재성 그리고 일덕에 해당할 경우 직업으로는 ·········· 94

* 사주 중에 역마에 따른 직종의 분류를 설명한 것이다. ····················· 95

* 백호일주를 갖춘 사람은 목축과 연관된 업종은 하지 말라는 설명이다. ·········· 96

* 목화통명이므로 화는 그림에도 일가견이 있으므로 그래픽분야도 어울린다. ·········· 98

* 선천적으로 인수를 갖고 태어나면 ··· 99

* 三六九臘(삼육구랍)---3,6,9,12월을 가르킨다. 경,신 일생---金일주 ·········· 100

* 곡직격이란 목 일주가 지지에 전체적으로 목으로 구성이 된다. ·············· 103

* 목화왕국이라 함은 木과 火의 연계성이다, ……………………………………… 104
* 일덕격인 사주에 또다시 인성을 갖추고 있으면 이공계로 화학 기술자요, ……………… 105
* 백초시상이라 함은 백 가지의 풀을 이로운지 해로운지 맛을 ……………………… 106
* 수집약칭(手執藥秤)이라 함은 ---손에 잡은 약을 저울에 달아본다는 뜻 …………… 107
* 화 일주가 술, 해로 연결이 되면 ………………………………………………… 111
* 술, 해천문성이 육친으로 볼 때 어디에 해당하는가를 보고
  그것이 누구인가도 확인을 하여보라. ………………………………………… 112

* 갑,을일생이라 함은 목 일주인데 인,사,오,미 월에 출생하면
  목 일주가 목화통명으로 연결이 된다, 더불어 목분비회라하여-- ……………… 113
* 수 일주라 함은 임 계 일주인데 지지에 자와 유를 놓고 있으니 수일주가 ………… 114
* 사주 중에 정인과 편인이 많으면 인수가 많으면 외국어 계통에 능통하여 ………… 115
* 사계지월이라 함은 토에 해당이 되는데 진 ,술, 축, 미 월이라 병정토일 생이니 ……… 116
* 추동일생 병신자일이라 함은 신,유,술,해,자,축 월에 출생하고 , ……………………… 116
* 춘삼월에 갑을일생이라 함은 목 일주가 봄에 출생함을 설명하는 ………………… 117

* 추삼삭이라 함은 가을의 삼 계절을 말하니 신,유 월이고 ……………………… 118
* 홍모지객이라 기러기의 깃털을 일컫는 말로 . ……………………………… 119
* 윤하격과 육을서귀격은 문학총명을 ………………………………………… 120
* 육을서귀격은 乙목 일주가 자시를 만나는 것인데
  이 격이 이루어지면 귀격사주로 본다 . ……………………………………… 121
* 사주상관 종아격이란 무엇인가? ……………………………………………… 123
* 종아격이란? ………………………………………………………………… 124
* 소진, 장의 (蘇秦,張儀)---중국역사상 말 잘하기로
  타의 추종을 불허한다고 하는 사람들로. …………………………………… 126

* 성정, 기호, 모상

--127
* 수는 물이라 흐르므로 주머니에 돈이 남아나지를 않는다. …………………… 130
* 병정일생은 火일주라 식신 격이니 화에
  식신은 토라 결국은 火 土식신격이 된다. ………………………………… 131
* 사주에 갑기 합이 성립되면 土가 형성이 되는데 토는 중정심이라 …………… 132
* 사주 중에 상관 격이라 함은 상관이 많음이라 상관은 인수를 극하므로 ……… 133
  재다 신약 사주는 항상 금전적인 면에는 여유가 없다. …………………… 135

* 추동 월이면 금수씽칭이니 얼마나 청렴하고 깨끗한가? …………………… 138
  귀문관살이나 원진살을 놓고 있는 자로 보면 된다. ……………………… 141

* 식성에 관한 사항이다. ──────────────────────── 142
* 사중월에 진술축미라 함은 사중월에 진술축미시오 ──────── 144
* 사고월에 인 신 사 해라 함은 사 고월에 인신사해시요 ────── 144
* 사맹월에 사 중시는 사맹월에 사 중시(자 오 묘 유)요 ────── 144

* 해시는 자시 직전이라 왼편의 끝이라 앞으로 진행을 하여도 자연 왼편으로 ──── 146
* 출생 시에 관한 상법의 설명인데 보통 상담하다 보면 출생 시를 ──────── 146
* 염상지상이라 함은 이해심이 부족하고 인자한과 너그러움에 있어서 표현을 ───── 148
* 眉高眼深(미고안심)─────눈 섶은 높고 ,눈은 들어가 깊이가 보이고- ────── 149

* 처첩, 부부

---153
* 월명산하───월명이라 달빛이 밝음을 설명하고, 산하라 하니 밝은 달빛이 ───── 154
* 경파채분 ───거울을 깨고 비녀를 가른다는 뜻 ────────────── 155
* 시상에 공망을 설명하는데 시는 자손이 아니던가? ──────────── 156

* 兩家之壻(양가지서)────────두 집안의 사위 노릇 하는 것 ──────── 157
* 마누라가 억세면 남편이 피곤하다. 좋은 말로 공처가요, 애처가요, 기처가다. ───── 158
* 화와 토를 동격으로 보므로 음과 양의 구별이 필요해진다. ──────── 160
* 細君(세군)─────처를 비유하는 말로 연약한 가장 즉 아내다. ──────── 162
* 꽃밭에서만 살다보면 향기에 취해 후각이 마비된다. ──────────── 163
* 産死妻魂 呼哭(산사처혼 호곡)───처가 출산 중 또는 출산을 전후하여 ───── 163
* 처 궁에 형살이 걸리므로 그의 처가 호상소리 못 듣고 세상을 하직한다. ────── 164
* 재살이 태 왕 하여 신약한 사주가 시상에 칠 살 이나 편재가 떠있으면 ─────── 166
* 재인투쟁(財印鬪爭)이다───처와 어머니의 다툼이 이어진다. 처가와 본가 ───── 167
* 중중재성 상봉은 재성도 강하다는 이야기가 된다. ──────────── 167

* 국제결혼에 관한 사항이다. ─────────────────────── 168
* 치마만 둘러도 눈이 빙 돈다, 마치 이세상의 여자가 전부 마누라 ──────── 169
* 재다 신약 사주는 처의 말을 귀담아 듣고 명심해야 매사가 원만해 ──────── 170
* 함지 살이라 함은 도화 살을 말하는데 일명 년 살이라고도 한다. ──────── 172
* 육친으로 구별하는 도화살 ────────────────────── 172
* 도화에 형이라 함은 子 卯형 뿐이다. ──────────────────── 173
* 관성도화란? ───────────────────────────── 174

* 재록도화란 무엇인가? ─────────────────────── 175
* 사주에 비견과 비겁이 많아야 진짜로 처가 떠나거나(이별도 포함) ──────── 180
* 일과 시에 원진이나 귀문관살이 있으면 부부간에 자주 불목하고, 불합이 ────── 181
* 상처살은 처를 잃어버린다, 즉 아내와 사별한다는 뜻이 된다. ──────── 182

* 재가 합이 되면 집안이 조용한데 서로 충이나 극이 되면 박살난다. ……………… 183
* 일과 시에 진진 자형살로 연결이 되니
  시는 자손 궁이라 자손에 흉으로 연결. …………………………………………… 187

* 자손

---188
* 고초살이란? ……………………………………………………………………………… 189
* 태중의 자손도 사라지고 키워도 사라지고 辰, 巳가 공망 이라 巳년이 되면 ……… 192
* 경 일주에 병화는 편관으로 자손이 되는데 사주 중에 수국인 상관을 만나면 ……… 194
* 관성이 투출하다 함은 어디 내놔도 간판은 확실한데 득지한다 하였으니 ………… 195
* 早子難養(조자난양)----일찍 낳은 자식이 키우는데 애로사항이 많다는 ………… 196
* 절지라 함은 ------------------계절의 반대로 마주보는 계절이다. ……………… 196

* 원칙적인 조자난양이라는 것은 일찍 자손을 보는 것이니 년, 월에 위치해야 ……… 197
* 포태법으로 보는 방법을 설명한 것인데
  시지에 양, 장생, 목욕, …………………………………………………………………… 197
* 시간에 공망은 자손 궁에 공망이라 근거 있는 이야기인데 …………………………… 198
* 관 귀라 함은 관이 鬼(귀)라고도 볼 줄 모르나, 여기서는 관을 극하는 ……………… 199
* 생일과 생시가 서로 합을 이루거나 상생하여 서로 도우면 그림도 좋고 …………… 200
* 자손에 관한 이야기다. …………………………………………………………………… 200
* 관살이 삼형살을 만난 경우, 식상이 왕 하여 관살을 통제하 ------------------202

* 혼혈아에 관한 설명이다 .혼혈아란 외국인과의 사이에서 탄생한 자손인데 ……… 203
* 포관이라 함은 재가 관을 포함하고 있는 것을 말한다. ……………………………… 204
  음 관살이라 함은 딸을 가르치는 것인데 작합이라 하니 음이 양과 합을 하는
  것이니 이성과*의 합이라 연애하는 것이다. ………………………………………… 204
* 정임 승하여 목으로 변하는데 밑에는 물바다라 물위에 떠있는 부목이 되니 ……… 205

* 처가살이 한다고 보아도 되는 것이다. ………………………………………………… 206
* 여자가 비견과 비겁이 많으면 고집도 세고 …………………………………………… 207
* 정인성이라 함은 인성인데 인성은 식상을 극하므로 손자인 식상을 극하니 ……… 208
* 상관이 왕하고 관살이 약하게 되면 자손, 즉 아들이 약하니 심하면 ……………… 208
* 작합이라 함은 암합 또는 합을 이루고 있는 경우를 말한다. ………………………… 209
* 추명가 모음
* 찾아보기

한명호의

추명가 해설(男命 편)

추명가 해설(男命 편)

선조, 부모, 형제

인간은 누구나 그 근본이 있게 마련이고,
그 근본에 의하여 뿌리가 형성이 되고, 가계를 이루고
가정의 구성원으로 사회적인 활동을 하게 된다.
조상 없는 자손이 없고, 뿌리 없는 나무는 없는 것이다.

그 근본에 대한 명리학적인 해석을 살펴본다.

(1)

天人地가	三才되어	宇宙構成	되어있고
年月日時	四柱되어	吉凶禍福	이루었네
천인지가	삼재되어	우주구성	되어있고
연월일시	사주되어	길흉화복	이루었네

삼재라 함은 하늘--천, 사람----인, 땅----지를 말하고, 이것이 광대한 우주를 구성하는 기본 요소가 되고, 인간이 태어난 년, 월, 일, 시가 조합이 되어 4기둥인 사주를 이루게 되어 이를 근간으로 하여 각자의 길함과 흉함을 판단하니 복되고, 복되지 아니함이 다 그 속에 포함이 되어 있다는 설명. 사람은 누구나 태어날 때 그 시간적인 흐름 속에서 태어난다.

태어나는 순간 이미 그 시간은 과거가 되고 만다, 모름지기 사람이 태어날 때 축복 속에 태어나는 사람이 있는가 하면 외면 속에 쓸쓸히 태어나는 경우도 있을 것이다. 이것은 탄생시의 그 사람의 복이다.
사람이 성장하면서 자기의 인생의 시작 시 모든 것이 하나하나 바뀌기 시작을 하는데 그 모든 변화가 각자의 사주 속에 있는 것이다.

부모의 첫째 책임은 그 시각을 정확히 자손에게 알려주어야 하는 것이다.
예전에는 새벽 동틀 무렵, 해 질 무렵 등으로 밖에 기억을 할 수가 없었다.
시대적인 상황으로 인하여 시계의 보급도 덜되었고, 출생의 시간에 대한 중요성도 지금과 같이 덜 느꼈기 때문 일 것이다.

시대가 점점 과학화되고 세분화되면서 이의 중요성이 부각되는 이유는 무엇일까? 대답은 간단하다, 겉으로는 관심 없는 척하지만 사주에 대한 적중도와 과학적일 정도로 치밀함에 스스로 인정을 하고 있다는 근거인 것이다.
그래서 잘 보는 사람을 찾는 이유도 이에 근거 할 것이다.

상담을 하러 오시는 손님들의 연령에 따라 약간의 차이는 확실히 생긴다.
요즈음 젊은 세대는 출생의 시간에 있어서 분까지 정확하게 기록된다.
물론 병원에서의 출산이 많다 보니 출생 시의 모습까지 화면에 담아 영구히 볼 수 있게 까지 다 준비를 해주니 말이다, 참으로 좋은 세상이다.

상담 시 시를 모르고 보는 경우가 간혹 있게 되는데 정확도에 있어서 많이 떨어지고 있음은 어쩔 수가 없는 것이다.

시가 기록이 안 된 상태에서 보게 되면 따로 보는 방법도 생기겠지만 집의 기둥이 한 쪽이 빠진 상태이니 일시적으로 다른 받침대를 대고 버티겠지만 일시적인 방법은 될 지 는 몰라도 영구직인 방법은 아닌 것이다.

삼재원리도

천(天)	인(人)	지(地)
천륜(天倫)	인륜(人倫)	애륜(愛倫)
지(知)	체(體)	덕(德)
시간(時間)	인간(人間)	공간(空間)
기(氣)	형체	소리
상	중	하
사법	행정	입법
모	본인	자손
남편	자손	아내
민주주의	중립주의	공산주의
천간	암장	지지
상반신	허리	하반신
바람	구름	비
정	합	반
양	중용	음
심리요법	생리요법	물리요법
원	각	방
양전자	중성자	음전자
정신력	활동력	조직력
정자	태자	난자

(2)

根苗花實	이原理로	世上萬事	進行되며
五行制化	生尅으로	千態萬象	變化한다
근묘화실	이원리로	천태만상	진행되며
오행제화	생극으로	천태만상	변화한다

사주를 식물로 비교하여 씨앗에서부터 발아하여 성장하고 결실을 이루는 과
정으로 비교하여 설명을 한 것이다.
4개의 기둥을 각각 하나씩 분류하여 설명을 하였으니 ,그에 대한 각각의
의미를 파악하기 바라고

*근(根)--뿌리다. 나의 출생이요 씨앗이 발아하여 씨눈이 생기고 점차적로
　　　세상의 빛을 보기 위한 준비과정이고 성장하는 과정인 것이다.
　　　사람으로 치면 조상 없는 자손이 어디 있겠는가?
　　　가문의 뿌리, 출생의 근원지인 셈, 년 주 조부모 궁으로 천체로는
　　　해와 같고 시간으로는 과거요, 방향으로는 왼쪽이요, 사회적으로
　　　는 국가에 해당한다. 초년에 해당.

*묘(苗)--월주로 부모, 형제 궁으로 보고 천체로는 달과 같고 시간은 과거
       요 식물로는 싹에 해당하고 중년 운으로 본다.
*화(花)---식물로는 꽃에 해당하고 천체로는 지구요, 시간으로는 미래요.
       사회적인 분류로는 가정에 해당한다.
           * 남명의 경우는 처 궁으로 보고
           * 여명의 경우는 남편 궁으로 보고
           중년, 말년 초기의 운으로 본다.
*실(實)----열매를 말하고 결실을 의미한다.
           *시간으로는 미래요, 천체로는 소행성에 해당하고
           *사회적인 면으로는 후세를 의미한다.
           *말년 운을 의미하고 미래를 본다는 면에서 사주 구성 시
           중요한 부분이다.
         삼라만상 모든 것이 이와 같은 원리로 진행이 이루어지고
         상생상극의 원리로 모든 것이 변화하면서 조화를 이룬다.

0	0	0	0	시	일	월	년
0	0	0	0	실	화	묘	근
4	3	2	1				

(3)

生年宮은	根基先祖	生月宮은	父母苗요
生日宮은	己身花요	生時實은	妻子로다
생년궁은	근기선조	생월궁은	부모묘요
생일궁은	기신화요	생시궁은	처자로다

   년---선조
   월--부모, 형제, 이웃
   일--본인, 처
   시--자손

본문을 보면 시에 처자라고 하였으나 그것은 예전 시대의 봉건적인 관습 고
지금 시대에는 어울리지가 않고 남녀평등의 원칙에 입각하여 동등하게 일지
에 위치하여 보는 것이 타당 할 것이다.
호주제도도 바뀌고 상속에 관한 법률도 지금은 많이 바뀌었다. 처를 시에
놓고 보지는 아니 한다. 처는 나의 내조자요, 반려자 이므로 항시 일주에서
나와 같이 함께 있는 것이다.

년과 월이 형, 충 한다 함은 삼형 살이나, 상충, 원진, 육해, 귀문관살 등
이 됨을 설명하고, 아버지와 할아버지가 서로 사이가 원만하지 못하여 각자
떨어져 살았음을 내포한다.

(4)

生年生月	刑沖하면	父祖間에	各居했고
生日宮서	生月刑沖	抛離故基	하게된다
생년생월	형충하면	부모간에	각거했고
생일궁서	생월형충	포리고기	하게된다

어머니와 할머니의 사이가 원만하자 못하여 따로 살았음도 추명이 가능하다. 이 역시 고부간의 갈등으로도 볼 수가 있는 것이다.

본인 궁이 부모 형제 궁과 마찰이 심하므로 집을 나오게 되니 자연 객지생활을 하게 되고 ,식구 및 환경에 적응을 하는데 시간이 생각 외로 많이 걸리는 경우가 허다하다.

장남이라 하여도 다른 문제가 발생되어 부모 모시기가 힘들어 지게 된다.
일과 월이 형, 충이 되어도 日支(일지)에 인수가 있으면 부모 모시게 된다.
장남이 아니고 차남인데도 일지에 인수가 있게 되면 형님대신 모시게도 된다. 부모, 형제 같이 살거나 다시 가까워지는 시기 일지에 인수 즉 효신살이 있는 경우-------중년에 모시게 되고 시지에 있는 경우--------------중 말 년, 말년에 모시게 된다.

여성의 경우 인수는 어머니요, 친정도 되는데 사주에서 부 궁이 나쁘게 연결되어 안 좋을 경우 일지에 인수면 이혼 등의 사유로 친정으로 와서 부모와 함께 있게 되는데 이와 같은 경우도 부모 모시고 사는 경우로 해석이 된다. 여기서 주의 할 것은 인수가 일지로 합이 되어 들어오는 경우이다.

```
0  辛  庚  丁        가출 청소년의 사주이다.
0  丑  戌  卯        일지와 월지가 형살이 되어있다.
                  집을 나간 후 독립한다며 학업도 중단하고 객지생활
                  을 하고 있는 청소년의 사주이다.
            일지에 인수가 있으므로 철이 든 후에 가족과 같이 있을 것이다.
```

```
0  甲  0  丙        년 간 에 임수 조부가 있으나 ,지지에 역마,
0  0  寅  申        임하여 선조 대에 이미 고향을 떠나
                  타향에서 생활 하였다.
```

(5)

年入地殺	놓은者는	東奔西走	他鄕이요
生日地殺	만난者도	亦是故鄕	떠나산다
년입지살	놓은자는	동분서주	타향이요
생일지살	만난자도	역시고향	떠나산다

地殺(지살)이라 함은 삼합의 첫 번 째 글자로 역마와는 충(沖)이 된다.

                    *역마 충은 지살 (地殺)
         巳酉丑(사,유,축)--금국---巳(사)---- -충---역마-----해

         亥卯未(해,묘,미)--목국--- 亥(해)------충---역마-----사

         寅午戌(인,오,술)--화국--- 寅(인) -----충---역마-----신

         申子辰(신,자,진)--수국-- -申(신)------충---역마-----인

역마와 마찬가지로 이곳, 저곳 분주하게 돌아다니며 한 곳에 정착하기 힘들음을 말하는데 유학, 어학연수, 장기출장, 파견소 근무 ,해외출장, 자주 거주지 변경, 무역업 전출등 여러 가지로 해석을 하는데 역마 보다는 약간 규모가 작다고 보면 된다.
년 입 역마지살 이라함은 년 지에 역마, 지살이란 뜻으로 寅,申,巳,亥(인,신,사,해)년에 출생함을 가리키고 ,생일 지살 만남이란 일지에 역마, 지살을 깔고 있음이라, 이 어찌 항상 바쁘고 분주하지 아니 하겠는가?
년 주에 지살이 있다함은 선조 자리에 있으므로 선조 대에 이향 또는 타향이요, 초년에 해당이 되므로 지살에 해당하는 일들이 발생하고, 이동수가 많음이라.

* 육친으로 살펴보면

지살, 역마가 인수에 해당하면 공부를 하여도 멀리 가거나 하니 유학이나 연수요 의식주 관련도 국산이 아닌 해외 쪽이니 洋(양)자가 들어가고 언어도 외국어요, 해외소식, 해외여행 해당하고 ,해외취업도 되고

*지살, 역마가 견,겁에 해당 할 경우
 펜팔친구, 형제가 외국생활 또는 귀국

*지살, 역마가 식신, 상관일 경우
 해외연수 기회오고 해외유학 가고

*재성일 경우
 무역업 진출 ,외화획득 수출 길 열리고 외국인과 결혼 또는 해외에서 결혼
 하고 (남성의 경우는 재가 처에 해당이 되므로 ,여자는 남편이 관이다.)

*관성인 경우

 해외출장, 국내출장 잦아지고 ,해외지사 발령, 또는 전출 .
 남성의 경우는 관이 직장이므로 업무에 관한 일로 본다.

*일지가 삼합이 형성되면 틀림없는 변동수가 생기고   형, 충이 임하면 교통
사고, 객사, 취중사고 조심, 퍽치기, 소매치기, 이동시의 사고주의
*생일 궁에 지살이 임하면 역시 타향살이 면할 길 없고 ,배우자를 택하여도
먼 곳에서 찾게 되고 분주히 움직이므로 교통의 흐름이 빈번한 곳에서 생활
하게 되고, 성격자체도 차분함이 매우 필요해진다.

0 庚 0 0   년 지 신(申)을 기준하여 일과 월에 역마
0 寅 寅 申

戊 癸 壬 甲   년 지 기준하여 역마 지살이다,
午 巳 申 寅   일지 자체가 지살이다.

(6)

四柱驛馬	重重地殺	異驛萬理	遍踏하고
年月水旺	壬癸日生	他道他國	살아본다
사주역마	중중지살	이역만리	편답하고
년월수왕	임계일생	타도타국	살아본다

사주에 역마와 지살이 중중하다함은 2개 이상이 된다는 설명.
예전에는 역마, 지살이 있으면 집안에 정중이 있지 못하고 밖으로 나돈다
하여 홀대하는 면이 없지 않았으나 현재는 세계화 시대라 오히려 은근히
기다리는 면도 나타나고 있다.
자녀들의 조기유학 ,해외취업 이민, 연수 등 견문을 넓혀 자기분야에서 입
지를 확보하기 위한 노력 또한 필요한 것이다.
취미활동 또한 밖으로의 출입이 빈번해지는 것이다.

水(수)기를 역마, 지살로 보는 이유는 흐름에 의한 움직임이 필요한 기운이
라, 역마 또한 왕 하다는 설명이다.
스스로 알아서 처리하고 자발적인 행동이 나온다.

(실전사주의 예)

```
丁 癸 己 庚        외국(독일)에 유학하여 공부하고 학위 취득한 후
巳 亥 丑 子        외국인과 결혼 후 번역 업무에 종사하고 계시
                  는 분의 사주다.
```

지지에 수국을 이루고 있고 ,일간 자체도 계수 일주라 부지런히 움직인다.
일지와 시지에 역마 ,지살을 놓고 있어 더더욱 확실하다. 수기가 많으므로
국내가 아니고 외국 유학까지 갔다 온 것이다.

(7)

亥子年月	甲乙日生	海雲萬理	나가보고
日柱基準	驛馬地殺	그도祖基	떠나산다
해자년월	갑을일생	해운만리	나가보고
일주기준	역마지살	그도조기	떠나산다

갑을일생 이라하면 목 일주를 설명함이고, 년과 월에 亥(해)수와 子(자) 수
를 놓고 있으니 수생목 받아서 떠다니니 이동하는 시간이 많음이다.

해운만리 즉 해외출입이 잦아지고 표현에 있어서, 예전에는 외국출입에 배
편으로의 이동이 주가 되어 해운이라는 표현이 많다.
현시대 같았으면 항공의 표현이 많았을 것이다.

그러나 중요한 것은 물이 태우고 다니므로 ,물결이 치는 데로 움직이므로
표현이 그리하였을 것이다.

日柱(일주)기준이 아니라 日支(일지)기준이라고 고쳐서 설명함이 옳을 것이
다.
역마, 지살이 일지하고 합을 해야 일지에 역마, 지살을 놓은 것과 똑같이
취급되어진다.

운에서도 일지와 합이 되는 년이나 월에 이동수가 있고, 사주원국에 일지와
역마, 지살이 합이 되어 있으면 고향, 조국 떠나서 생활하여본다.

인사신, 삼형살을 갖추고 있으면서 일지와 월지 사신 합으로 이루어져 있
다. 5번 사주의 예로써 외국생활을 하고 있다.

(실전사주의 예)

戊　癸　壬　甲
午　巳　申　寅　　　　현재 홍콩에 거주하며 살고 있다.

丙　甲　壬　壬
寅　申　寅　寅　　　　년 지 기준하여 지지가 전부 지살에 역마이다.

(8)

驛馬地殺	日柱合은	房外車中	出生이요
若不基然	病院出生	틀림없는	事實이다
역마지살	일주합은	방외차중	출생이요
약불기연	병원출생	틀림없는	사실이다

*防外車中(방외차중)---예전의 표현에 방이라 함은 실내를 의미하고 내실을 말하고 밖이므로 일단 방밖을 벗어난 의미이다.
옛날에는 우물가, 변소(힘주다가),부엌(밥 하다가)뒤 뜰(거닐다가)노상(걸어가다)등 생각지도 못한 곳에서 출생을 한 경우도 종종 있었다.

차중이라 함은 꼭 차 안 만을 설명하는 것이 아니다.
길 위도 되고 차안도 되고 다른 집, 병원 조산소등을 이야기 한다.
그리고 요즘은 모두 병원에서 아기를 낳으므로 모두가 방외출생이 아닌 가 그렇다면 모두가 기본적으로 역마, 지살을 갖고 태어난다 하는 말이다.
심지어는 날짜를 조절하여 외국으로 출산도 하러 가지 않는가?

　* 출산과 사주와의 관계

출산 시 힘들이지 않고 출산-------식신, 상관이 많은 사주
난산하는 경우-------------------인수가 많고 식신 상관이 부족
제왕절개의 경우 ---------------식신 상관이 형, 충 된 사주

매사 모든 일에도 마찬가지이지만 사주에서 일주의 강하고 약함에 따라 모든 것이 판가름이 난다 .일주가 약하면 의지력이 약하듯 매사 일처리에 있어서도 미지근하다.
　출산 시 역시 일주가 강하면 고통을 인내하는 능력에도 차이가 난다. 일주가 강하면 고통을 능히 견뎌내고, 일주가 약하면 고통을 못 이겨 주변을 애태운다.
출산 시 소리 지르며 고통을 호소하는 경우------

(9)

歲月干支	官財印은	富貴家門	자랑하고
歲月干支	逢傷官은	父祖代에	敗業일세
세월간지	관재인은	부귀가문	자랑하고
세월간지	봉상관은	부조대에	패업일세

세월간지라 함은 년, 월의 간지를 설명하고
재. 관, 인은 三奇(삼기)라 하는데
부모, 조상자리에 삼기를 다 갖추고 있으니 이 어찌 부, 귀 겸존이 아닌가?
년과 월에서 모든 복록이 다 갖추어져서 그것이 일주인 나에게로 오니 조상
과 부모의 음덕이요 복이 아니겠는가.

0 戊 0 乙	무土 일주다 월과 년에 지지가 합하여 관국을
0 戊 卯 亥	이루고 있다. 년 간의 정관이 왕 하여 지지의
	목국과 같이 매우 왕한 형국이다. 선대에 매우
	번영한 경우이다
0 甲 0 辛	일간인 갑木에 대하여 년 의 천간이
0 0 巳 酉	신금으로 정관이다.
	월과 년에서 지지관국을 형성한다.

갑木에 대하여 금局은 관국, 관이 왕 하므로 선대에 높은 지위를 알 수 있
다.명예와 권력에 관한 항목이고 ,선조 대에 부를 축적한 사주는 어떨까?
재국을 형성하는 것이다, 천간에 재가 투출하여 있고 지지에서 재국이 형성
될 경우 그리 보는 것이다. 그 예를 들어 보기로 하자.

| 0 丁 0 辛 | 년의 천간이 신금이다, 지지로는 사유하여 재국을 |
| 0 0 巳 酉 | 정재가 아닌 편관, 재이므로 일종의 횡재 돈이다. |

상관은 어떠하기에 부모나, 조상대에 패업이 될까?
상관은 일단 관을 극하는 (방해, 파함) 역할을 하므로 삶이 항상 피곤하고
관재나, 송사 등의 불미스러운 일이 자주 발생하게 된다.
이로 인하여 재물의 탕진은 당연한 귀결로 이어지게 된다.

*상관은 我(아) 즉 나의 기운을 빼앗아 가는 盜氣(도기)의 역할을 하므로
 내가 갖고 있는 것을 도리어 축내게 하기도 한다.

부모, 조상대에 이러한 상황이 연출되었으니 집안이 온전했겠는가.
고로 패업이라는 이야기가 나온 것이다.
년에 상관이 있으면 조부 代에 패업이고
월에 상관이 있으면 부모 代에 패업이다.(가문이 기울어진다.)

그러나 예외란 항상 있는 것이다.
상관 자체가 기신이어야 한다. 용신일 경우는 예외가 된다.

*필요에 따른 각 오행의 구별과 명칭

*용신(用神)---사주에서 제일로 필요로 하는 기운이다, 중화를 이루도록 하
　　　　　　여준다. 사주에서 기운이 부족하면 보충을 해준다.(신약 시)
*기신(忌神)---내가 필요로 하는 기운을 방해 하는 기운. 용신을 극한다.
*구신(仇神)---희신을 방해하는 기운, 희신을 극한다.
*한신(閑神)---이도 저도 아닌 한심하고 ,한가한 기운, 기신도 구신도 아닌
　　　　　　기운.
부귀가문 이라 하여도 사주가 전체적으로 별 볼일 없으면 그 역시 빈한한
삶의 소유자가 된다.
월에 상관은 대체적으로 반골기질이라 따지는데 일등이요, 선동자, 주모자
의
역할을 많이 하고 큰물에서 논다 치면 정치적으로는 야당이요 ,
심하면 반항아다. 요즈음 보면 구린 네 나는 경우도 많다.

```
  0    癸   0   0      수목응결로 수생목을 해주어도 습목 이라 못받아
  0    卯   卯  0      먹는다. 능력을  발휘하려 해도 먹혀들지가 않는다.


  0    0    寅  0      월에 상관을 놓았지만 寅(인)중의 丙(병)화가 있어
  0    癸   甲  0      조후가 잘되어 나를 따뜻하게 하여 좋다.
```

(10)

歲年宮에	傷官食神	華蓋星이	俱臨하니
祖母님이	佛信者로	釋迦尊하	念佛이라
세년궁에	상관식신	화개성이	구임하니
조모님이	불신자로	석가존하	염불이라

세 년 궁이란 조부, 조모의 자리로도 보는데 지지를 이야기 함이니 할머니
구나,여기서 중요한 것은 식신, 상관이 화개인 것이다.
화개란 辰, 戌, 丑, 未(진, 술, 축, 미)를 말하는데 년 주에 화개가 되려면
丙, 丁(병정)화 일주가 되어야 한다. 그래야 화생토 하여 식신, 상관이 된
다.
火(화)일주에 진술축미는 식신, 상관으로 할머니가 된다. 또한 장모도 된
다.
할머님이 불신자로 항상 비는 것이 누구인가 내 자식 내 가족이 아닌가. 여

기서는 석가존하 염불이라 하였는데 추명 시 꼭 불교에만 집착을 하지말자,
그 외의 종교도 다양하다, 종교 구분 하지 말고 신앙심이 돈독하여 믿음이
강하다로 설명하는 것이 무난할 것이다.
원래 식상관이 화개이면 구변이 대단하다. 어설픈 논리로는 설득이 힘들다.
오히려 설득을 당하기가 십상이다.
조모님(할머님)과 장모님의 자리가 같으므로 해석에 항상 유념.

(11)

年月支에	印綬華蓋	慈堂님이	信者로서
萬壽香을	피어놓고	子孫富貴	祈願한다
년월지에	인수화개	자당님이	신자로서
만수향을	피어놓고	자손부귀	기원한다

년 지나 월지에 인성이 있는데 인성은 어머니요 화개와 연결이 되면
어머님이 종교에 심취하시고 ,자손 되는 글자가 화개와 연결이 되면
자손이 종교에 심취하고 각 육친마다 연결하여 보고 추명을 하면 될 것이
다.
*자당(慈堂)-------남의 어머니에 대한 존칭으로 또 다른 명칭을 살펴보면
                  대부인, 영당(令堂),북당(北堂).훤당(萱堂)등이 있다.
*만수향(萬壽香)---부처님 앞에서 태우는 향의 이름으로 선향(線香)의 일종
                  굵은 국수와 같은 형태로 한 쪽 끝은 더 가늘고 길이
                  또한 길어 대략 한 자 정도 된다.
예전의 종교하면 무속신앙, 불교, 등이 주종을 이루었으나 현대는 종교가
다양하여 과연 어떤 종교인지 구별하기가 무척 힘이 든다. 세부적인 것은
상담자가 알아서 능력껏 처리하시길---
종교도 오행에 따라서 각 방위에 맞추어서 추론하는 방법도 있으나 후에 설
명하기로 하자.

화개살(華蓋殺)이란?
화개란 종교로 제일 많이 보고 있다.
신앙심, 학문, 예술적인 추구, 근면, 성실, 끈끈함 등으로 해석을 하고 신
성함과 숭고함을 내포하고 있다.

(12)

生年華蓋	生日華蓋	胎줄목에	걸고났고
正偏財가	逢空하니	祈禱子孫	分明하다
년년화개	생일화개	탯줄목에	걸고났고
정편재가	봉공하니	기도자손	분명하다

생년 생일에 화개라 진, 술, 축, 미(辰, 戌, 丑, 未)화개로 탯줄을 목에 걸고 태어났다 함은 출생의 표현을 승격 시킨 것이고 예전의 표현이라면 염주를 목에 걸었다는 표현도 되고 즉 부처님의 덕으로 출생을 하였다 함이라.
정, 편재가 공망이니---재(財는) 자손에게 부친이라 인연이 없음이니 씨도, 밭도 인연이 박약이라 그럼에도 자손이 생김은 필시 기도공덕으로 인한 자손이 틀림없구나. 요즈음의 표현을 빌리자면 처녀생식과 비교가 된다.

간혹 상담 시 재가 보이지 않고 없는 것 같다 하여 없다, 라는 표현의 우는 범하지 않으리라 믿으면서 이런 경우 추명 시 재삼 신경을 쓰고 지장간도 살펴보고 ,운도 잘 살펴보기를 바람. 불임의 경우 원인이 어느 쪽에 있는가를 살피고, 사주에 확실히 두드러진 경우는 상담 시 일찍 병원의 진단을 권하여 보는 것도 좋다.

(실전사주의 예)

壬　戊　辛　乙　　　　사주에 화개가 겹쳐있다-----일지기준
戌　戌　巳　未　　　　종교에 귀의하고자 까지 하였던 분의 사주다.
　　　　　　　　　　　지금은 생업에 종사하면서 열심히 신앙생활을
　　　　　　　　　　　하고 계시다.

(13)

日剋歲君	하는者는	以臣伐君	有禍하고
歲傷日干	하는者는	有禍로되	輕하도다
일극세군	하는자는	이신벌군	유화하고
세상일간	하는자는	유화로되	경하도다

세군이란 년 주를 말함이고 일극세군 이란 일간이 년의 천간을 극함이라,
자손인 일간(我, 본인)이 조상을 극한다 함은 선조 봉사(奉祀)에 무성의하고, 윗사람에 대한 공경심이 부족하고 희생정신 또한 약하여 손해 볼일은 절대로 하지 아니하고 부모님도 잘 모시지 아니하고,
윗사람 에게 자리양보도 아니하고, 심하면 부부이별로 까지도 이어진다.

　　　　　1.　　　　　　　　　　　　　2.
　　0 壬 丙 丙　　　　　　　　0 己 乙 壬
　　0 午 申 子　　　　　　　　0 亥 巳 戌

1.　일간이 년의 천간을 극하는 예이다.
　　신하된 자로서 군주를 치려하는 형상과 같은 것이 아니고 무엇인가.

2. 己(기)토 일간이 壬(임)수 년 간 을 극하니 선천적인 성향이 반항적인
   기질이 다분하여 남에게 지기 싫어하고 윗사람을 따르려는 것이 아니라
   하극상의 기질이 엿보인다.

세군이라고 하면 원국상의 년 뿐 아니라 그해의 년도 세군이라 하니 예를
들어 올해의 세군이 木(목)세군 이라면 올해는 얌전 할 것이다.

외냐하면 일간인 토를 극하므로 하극상의 기질이 잠재워진다.
반대로 세군이 일간을 극할 경우는 어떻게 될까?
세군이 일간을 극한다고 하는 것은 윗사람에게 꾸중을 듣는 것이라 무엇인
가가 잘 풀리지 않는 것이다.

업이다. 항상 조상봉사를 잘하고 매사 모든 일에 차분하라.
속상한 일이 있다고 너무 기죽지 말고 열심히 생활하도록 하여라.
건강에도 문제가생기기도 한다. 년에서 겹치면 더욱 확실하고, 상담 시 조
상영가의 천도도 권하여 볼만하다.

합, 충, 형, 파 기타 여러 가지 상황을 판단할 때는 다른 각도에서도 볼
것. 반대로 일간이 세군을 생하는 경우는 어떨까?
꼭 년 뿐 만이 아니라 월도 생하는 입장이면 어떨까?
다정다감하고 예의 바르고 윗사람에 대한 예절이 올바르고, 부모공양도 잘
한다.
조상에 대한 생각도 각별하여 뿌리에 대한 긍지가 대단하다.
종손으로써 손색이 없는 사람이다

(사주의 예).

辛　己　乙　壬　　　기土 일주가 년 간 임수를 극하고 있다.
未　亥　巳　戌　　　년 지의 지지 술 土도 월지에 의하여
　　　　　　　　　　巳, 戌귀관 되어 있다.

(14)

傷官食神	疊疊하니	重拜祖母	있게되고
偏正印綬	混雜하면	生母庶母	繼母로다
편관식신	첩첩하니	중배조모	있게되고
편정인수	혼잡하면	생모서모	계모로다

사주에 상관, 식신이 쌓을 정도로 많다 함은 두 분 이상이라는 표현인데

두 분 이상 되는 집안이 얼마나 있겠는 가 두 분 정도로 해석하라
웃어른이 두 분이니 얼마나 힘들겠는가?
제사도 그렇고 모든 일이 얼마나 힘이 들겠는가?
인수는 어머니 인데 정, 편이니 두 분이라 세 분까지는 보지말자.
아무리 식신, 상관이 할머니라 큰 할머니 작은 할머니 두 분이라 절을 해도
두 번 하여야 하니 중배조모가 된다.
여성에게 식신 상관이 혼잡하면 남의 자식 키우고 두 성에 자식을 낳아야
하니 각성받이 자식이라 결혼하기도 어려워진다.
설사 결혼한다 하여도 식상관이 많아 남의 자식 키우는 팔자라 재취자리로
가게 된다.
재취가 아니면 나이 차가 많이 나는 신랑에게 시집을 가게 된다.

(식상관이 많은 사주의 예)----여성

辛 癸 乙 癸　　　　이 사주는 식상관이 많은데 묘미 목局을 이루고
酉 未 卯 未　　　　천간에 을 목이 떠 있다. 식신격이다.
　　　　　　　　　　식신도 너무 많으면 상관의 기능을 하게 된다.

시주의 천간인 신금과 월주천간의 을木이 을 신 沖이고, 지지에서 또한 유
금과 묘목이 상충을 하고 있다. 전체적으로 보면 음팔통의 사주이다.

庚 戊 辛 辛　　　　무土 일주에 식신, 상관이 매우 많은 드문 사주
申 申 巳 申　　　　이다. 대학교 졸업 후 현재 디자인 계통에
　　　　　　　　　　종사하시는 분이다.

남성으로 본다면 상관이 많으니 관을 극하므로 취직은 적성에 맞지 않고 곤
란하거나 애로사항이 생기고 또한 자손궁을 치니 자손에게도 문제가 생긴
다.
일찍 기술직 자영업이나 활동적인 직업으로 유도하여 권하는 것도 상담시의
요령이다. 인수가 많으니 어머니가 두 분이요,
모자멸자(母子滅子)원리에 의하여 치마폭에 쌓여 내 뜻을 펼치기가 힘들구
나. 일찍 분가시키는 것이 자식을 위하는 것 이리 분가라는 표현이 꼭 집과
연결만 되는 것이 아니다, 세상사는 법을 가르쳐주라는 뜻이다.

너무나 순진하고, 착해서 다 나의 마음 같으려니 하고 매사를 처리하다 보
면 항상 당하는 입장에 봉착하니 그러한 실수가 없도록 하라는 말이다.

타협 또한 중요한 것이다, 때로는 적과의 동침도 필요한 것이다.
세상 돌아가는 흐름을 파악하도록 가르쳐라.
적극적이고 원만한 대인관계가 필요하다, 명심할 부분이다.

(선천적인 인수의 예)

壬　壬　丙　辛
寅　申　申　酉　　　　　　임신(壬申)일주에 인수가 많은 사주이다.

여기서 주의 할 것은 선천적인 인수인가?
변화에 의하여 인수로 된 것 인가가 확인이 되어야 한다.
변화로 된 인수는 운에 따라 항상 변화가 될 조짐이 항상 있는 것이다.

(변화로 된 인수의 예)

乙　戊　丙　甲　　　　무土 일주의 사주이다.
卯　戌　子　辰　　　　년 지의 진토는 월지인 자수와 합하여 재로 변화
　　　　　　　　　　　하였고, 일지의 술土는 시지의 묘화 합이 되어
화로 변화 비견이 각각 재와 인수로 변화한 경우이다.
지지에서수화상전으로 둘로 나누어져 버리고 말았다.

(15)

傷官星이	逢白虎는	祖母産亡	있게되고
印綬星이	白虎殺은	母親産亡	血光死라
편관성이	봉백호는	조모산망	있게되고
인수성이	백호살은	모친산망	혈광사라

상관--할머니---백호살--애기 낳다 사망.
인수--어머니--백호살---애기 낳다 사망
혈광사라 함은 ---횡액, 교통사고, 수술 중 사망, 백혈병, 유행성 출혈열
　　　　　　　　　등 대체적으로 피를 흘리면서 죽거나 ,피 부족 등
　　　　　　　　　횡액을 일컫는다. 과다출혈로 인한 사고
상관, 인수가 백호라 하여도 상관성, 인수 성 자체가 워낙 강하면 비켜간
다. 그러나 사주에서 그자체가 워낙 약하면 피해가기가 힘들다.
운에서 또다시 들이치면 가능성은 더욱 높아진다.

* 백호살(白虎殺)이란 무엇인가?
백호 살에 대한 세부적인 내용은 따로 취급할 때 설명하기로 하고
우선 그 종류에 대하여 알아보도록 하자.

　　甲　乙　丙　丁　戊　壬　癸
　　辰,　未,　戌,　丑,　辰　戌,　丑

위의 공통적인 사항은 지지(地支)가 진, 술, 축, 미 (辰, 戌, 丑, 未)로 구
성이 되어 있다는 것이다.
庫藏(고장)이라서 무덤이요, 무덤은 죽는 것이니 그에 해당하는 육친에 해
로운 일이 생기는 것이다.

*백호살의 쉬운 암기 방법

우선 천간의 순서를 정하여 백호살 7개를 나열한다.
갑, 을, 병, 정, 무, 임, 계--------7종류
을만 지지가 未이고 나머지는 辰, 戌, 丑 을 반복한다.
상관이 백호--할머니, 관성이 백호--여성에는 남편이요, 남성에게는 자식이
다
재성(財星)이 백호--자식에는 아버지요 ,남편에게는 아내로 연결 추명하고

```
0  己  0  丙        기(己)토의 어머니가 병(丙)화 인데 백호라 해도
0  0  午  戌        午戌(오술)합화 하여 멍석이 깔려있어 펄펄
                    날아간다. 이럴 때는 인수가 강하니 걱정 없다 .
                    너무 강하여 걱정이다.


0  己  0  丙        이 경우는 상황이 다르다. 酉, 戌(유술)금局이 되어
0  0  酉  戌        병화 인성이 언제 불이 꺼질지 모르는 상황이다.
```

(16)

印綬星이	逢刑하면	其母不具	呻吟이요
그런일이	없게되면	일찍母親	凶死한다
인수성이	봉형하면	기모불구	신음이요
그런일이	없게되면	일찍모친	흉사한다

봉형이라 함은 형살을 만나거나 갖추고 있음을 말함인데 ,
보통 삼형살로 연결을 한다.
삼형살 이란-1.丑, 戌, 未(축, 술, 미)---지세지형
          2.寅, 巳, 申(인, 사, 신)---무은지형
          3.子, 卯(자묘)-------상형살
          4.辰辰, 午午, 酉酉, 亥亥, 辰午酉亥(진, 오, 유, 해)--자형살

(실전사주의 예)

```
庚  丙  丙  乙        인수성이 형살로 인하여 항상 곤곤하시고
寅  申  戌  巳        병원을 친척집 들르듯 하신 지 오래다.
```

코에서 피가 자주 흐르고 멈추지 아니하는 병이다. 인신 沖에, 사술 귀문관
이 되어 금기가 목화에 맥 이러한 증상이 나타나는 것이다.

(17)

正偏財가	日月相合	生秦事楚	못면하면
月逢挑花	亡身殺은	後妻所生	그아닌가
정편재가	일월상합	생진사초	못던하면
월봉도화	망신살은	후처소생	그아닌가

*재성---정재, 편재가 있는데
 정재--올바르고 정당하고 하늘을 우러러 한 점 부끄러움이 없는 소유로
        처신할 수 있는 것이요.
 편재---일확천금이요 노력 없이 얻어지는 재물이요 편법으로 형성되는
        부적절한 관계의 산물로 남성에게는 처와 재물이요.
*일월상합이라 함은 일지와 월지와 합이 이루어짐이고
*생진사초-----진나라에서 태어나 초나라에서 일하는 것으로 낳기는 동에
                서 낳고 실지로 몸담고 일하며 사는 곳은 엉뚱한 서쪽이란
                뜻. 동가 숙 서가 식 하는 뜻도 내포되어 있다. 이집 저집
                다니면서 남의 집 밥 먹어 본다하는 뜻도 내포. 재성은 음
식이요 먹는 것이요 나의 생활환경도 된다. 재성이 많으면. 사람이 깔끔하
지 못하고 대체적으로 털털하다.
 이 것 저것 많이 접하므로 보면 욕심이 생겨 자꾸 손을 대고 시작을 한다.
결과는 신통치가 않다. 재성이 많으니 음식을 많이 접하게 되는데 팔도음식
다 먹어 본다는 말이다.
자라면서 두루 섭렵 한다는 뜻이니 남의 집 밥 먹고 그러다보니 느는 것은
눈치요 요령에 거짓말이 앞서고 ,속 썩이는 행동 자주하고 순간순간 모면하
기 바쁘다. 임기응변에는 타의 추종을 불허한다. 역마살이 사주에 있는 듯
한 형상이 된다.

* 도화살(桃花殺)이란?

함지살, 패신살, 목욕궁 이라고도 하며 십이 신살 에서의 년 살에 해당.
일차적으로는 풍류 주색잡기 등을 생각하게 되는데, 나체지상이라 망신이
다. 좋은 면으로는 사교성풍부 애교만점 등으로 보고 나쁜 면으로는 도박
패가망신, 성격파탄 등으로 본다.

*도화의 공통분모는 子, 午, 卯, 酉(자, 오, 묘, 유)
지살(地殺)다음이 도화이고, 집 나오니 자연히 부지런히 움직이어야 하고
신기한 것노 많고, 호기심이 자연 발동하기도 하여 충동심을 억제하지 못하

고, 그러다보니 바람도 나고 총각이 유부녀인 줄도 모르고 따라가다
망신도 당하고, 사기도 당하고.
*도화는 삼합의 가운데 자로서 중심에 위치한다.
고로 자기가 가운데 있으니 항상 대장인 줄 알고 착각을 한다.
도화의 앞 자는 망신살이다. 亥,子,丑(해,자,축)에서 子(자)가 도화라 폼
잡고 있는데, 앞자리에 亥(해)가 있는지라 음보다 양이 앞서니 자연 고개가
숙어지니 망신이라 고로 도화에 망신 살 이구나. 자기가 최고인줄 알았는데
나보다 더 나은 놈이 있구나. 후처소생이라 함은 서출을 말한다.

지금은 서출이라 안보고 이복형제로 본다. 금은 예전과 달리 재혼을 많이
하므로 그사이에서 태어나는 늦둥이들이 많다. 그러기에 부모들이 죄를 사
하는 자책감에 유난히 더 귀여워한다.
 주에 도화라 함은 월령도화라 하는데 월주는 부모의 자리라 어머니가 재취
 (예전에는 첩의 자리도 많았으나 지금은 주로 재혼으로 많이 본다.)

(실전사주의 예)

0 甲 甲 丙   현재 동성연애 하며 동거중인데
0 子 午 申   일과 월의 관계를 잘 살펴보도록 하자.
                도화가 충이다.

辛 丙 戊 壬   딸 자손 한 명을 두고 가정에 충실하면서 밖에서
卯 午 申 寅   이성문제로 하여 자주 신경을 쓰는 사주이다.

(18)

生月財星	놓게되면	그부친이	頑固하고
正印星이	作合하니	母外有情	再家하네
생월재성	놓게되면	그부친이	완고하고
정인성이	작합하니	모외유정	재가하네

생월이란 월주로 부모의 자리인데 제자리에 있으니 단단하여 고집이 세고
성질이 깐깐하여 개성도 또한 강하다.
정인성이 작합이라 함은 재성과 인성의 합작이라 아버지와 어머니가 합쳐서
가정을 이룸이라 어머니가 연애결혼으로 아버님을 만났거나, 풍류가 심하다
는 이야기도 되고 남편을 또 만난다는 이야기도 된다.
재혼을 한다는 이야기다.
복잡한 이성간의 교제, 또는 많은 사람을 접하는 직책이거나 ,업에 종사를
하거나, 연관된 업종을 운영하게 된다.

```
0   戊   壬   甲        午(오)중의 丁(정)화가 정인으로 어머니다.
0   午   申   申        월간의 壬(임)수와 정임 합이다.
                       월지, 년 지의 申, 申중의 壬(임)과도 합이다.
```

음란지합 이니 어머니가 혼자는 못 산다. 가만히 있어도 자꾸만 다가오니 나도 모르게 합이 이루어진다.

(실전사주의 예)

```
癸   癸   戊   戊        남편이 있는 여자 분인데도 이성관계가 복잡한
亥   酉   午   申        분의 사주다. 남편이 있는 여자 분인데도 이성
                       관계가 복잡한 분의 사주다.
```

하는 업종에도 관계가 있겠지만 연하의 남자가 많이 따른다. 남편과는 나이 차이가 조금 있다.

(19)

偏印星이	作合하니	그대祖父	風流氣요
傷官食神	作合하니	祖母님이	不正했소
편인성이	작합하니	그대조부	풍류기요
상관식신	작합하니	조모님이	부정했소

　　*조부님의 자리----------편인성
　　*조모님의 자리----------상관성, 식신성
합도 합 나름이다. 윗분에 대한 상담은 매우 조심스러운 것이다.
꼭 필요한 경우 외는 굳이 끄집어 낼 필요가 있을까?
조상 볼 때 외는 말이다.

(20)

印臨絶地	衰病死는	母親殘疾	있게되고
財印身合	되는명은	母家再娶	再婚이라
인임절지	쇠병사는	모친잔질	있게되고
재인신합	되는명은	모가재취	재혼이라

인수가 쇠, 병, 사, 절에 임하면 그의 어머니가 항상 잔병치레로 고생한다.
어머니가 항상 가시방석에 앉아 계시니 어찌 편안하시겠는가?

```
0   甲   癸   0        갑(甲)목의 모친이 癸(계)수인데  巳(사)화가
0   0   巳   0        지지에 자리하면 인수인 계수가 힘을 못 쓰고
                      약해진다.
```

 *다른 경우도 많이 있으니 각각 대입을 하여보라.

재(財)----아버지, 인(印)----어머니 인데 신슴이라 일지로 슴이되어 들어
오면 어머니가 재취로 시집왔거나 재혼이다.

(21)

財印二德	帶冠旺生	其母賢淑	하게되어
四時長春	靑靑하니	그家門은	興旺한다
재인이덕	대관왕생	기모현숙	하게되어
사시장춘	청청하니	그가문은	흥왕한다

재, 관, 인을 삼기라고 하는데 이중 하나가 부실하거나 없는 것과 같으면
이 덕 이라 하는데 이것이 갖추어 지면 재 와 관-----재생관이 되어야 하고
 관 과 인이 갖추어지면------관인상생이 되어야 한다.
 그러므로 인수 이 덕 이란 관이 인수를 생하여 관인상생이 되어야 한다.

```
0  己  丙  0
0  0  寅  0
```
　　　　　　　　　기(己)토 일주에 어머니기 병(丙)화 인데
　　　　　　　　　지지에 인(寅)목 관이 있는데.
　　　　　　　　　목생화 그리고 화생토 하여 관인상생이
　　　　　　　　　이루어지고 있는데 인수 병화가

*목생화 --장생궁
* 병화가 지지에 인목을 놓고 있으니 장생 궁이다.
 인수가 생기가 넘치고 활력이 있고 관인상생이 된다.
 이에 어머니 현숙하시고 똑똑하신 분이시다.
 일간인 본인에게 힘이 되어야 제대로 이루어지는 것이다.

```
0  己  丙  0
0  0  午  0
```
　　　　　　　　병화 어머니가 인수 가 없어 현숙 과는 조금
　　　　　　　　문제가 생긴다.
　　　　　　　　어머니가 건강하고 능력도 있다고 보겠으나,
　　　　　　　　왕 하여 자손에 지나친 간섭이 걱정되고, 가권이 지
나치게 어머니에게 편중이 되지 않을까 염려된다. 어머니인 병화가 집안을
좌지우지하고 있는 형상이다. 기土의 아내인 임 水와는 병, 임 沖이 되어
고부간에 문제가 염려가 된다.

사시장춘 청청하다 함은 상록수와 같이 사계절 항상 푸르고 푸르다는 뜻이
며 독야청청 하듯 그 자태를 뽐냄이니, 목화통명(木火通明)으로 잘 이루어
지듯 그와 같은 경우이다.
그 가문이 흥왕 한다 함은 경주 최 씨 부자 10대를 이어가듯 매사 모든 일
을 처리함에 중용의 도를 지키니 현명하다는 뜻이고.
어머니의 역할이 새삼 중요함을 강조하여 중요성을 일컫는 것이다.

(22)

正偏財가	混雜하니	異腹고모	叔伯있고
正財星이	暗合하면	그姑母가	바람났소
정편재가	혼잡하니	이복고모	숙백있고
정재성이	암합하면	그고모가	바람났소

남명의 경우 재성은 아버지가 되는데 정재, 편재가 혼잡하다는 아버지의 형제, 자매가 많다 함이요, 자연 배다른 형제가 있을 수 있고 육친 면으로 볼 때는 부친, 백부, 숙부, 고모, 처첩, 애인, 처남, 처제, 시모, 시가 등으로 해석이 된다.

지금의 설명은 정재에 대한 설명인데 정재는 부인도 되고, 고모가 된다.
정재가 암합을 하니 고모가 바람이 난다.
내가 처덕이 있나 없나 는 고모를 보면 안다. 고모가 잘살고 있으면 나는 처덕이 있고 가정이 편안하다.
고모는 정재이므로 나의 아내와 해석이 같은 방향이 된다.

```
0  甲  戊  己        甲(갑)목의 아버지---戊---편재
0  寅  0  亥            고모---己---정재
```

기土가 년 주에 있으니 고모가 아버지 보다 나이가 위다.
형제가 많더라도 위치가 년, 월, 일, 시 순으로 본다.

고모 기(己)토의 입장에서 보면 일간의 갑木과 연애를 하는데 월간의 무土 (동생)의 도움이 있어야 성사가 되고 년 지 해(亥)중의 갑木, 또 일지 인 (寅)중 갑木이 또 있어 바람기가 만만치가 않다.

기土의 입장에서 보면 정관인 갑木이 사방에 있으니 합이 너무 빈번하다.
고로 바람기가 잘 날이 없는 것이다.

(실전사주의 예)

```
乙  戊  甲  戊
卯  戌  申  午        정재가 암합하는 경우의 사주 예이다.
```

(23)

正財星이	白虎殺은	姑母叔父	血光死요
偏財星이	白虎殺은	그父親이	血光死요
정재성이	백호살은	고모숙부	혈광사요
편재성이	백호살은	그부친이	혈광사요

정재가 백호살에 있고 육친으로 보면 고모, 숙부로도 연결이 되는데 나쁘게
연결하면 흉사라 편재란 나와 같은 性(성)이므로 남자로 아버지라 부친의
흉사라.

0 壬 丁 0	정(丁)인 정재가 백호대살이 되어있고
0 子 丑 0	지지에서자축(子丑)수국으로 정화를 꺼버리고 있다.

0 癸 丁 0	계축, 정축 모두 백호다.
0 丑 丑 0	계수의 아버지는 정화인데 너무나 나쁘게
	연결이 되어있다.
	천간으로는 정, 계 沖이요, 인수요, 백호다

(실전사주의 예)

戊 甲 甲 壬	갑木 일주에 재성이 백호대살에 임하고 ,충이되어
辰 戌 午 戌	횡사한 사주이다.

(24)

偏財星이	逢刑財殺	그父親이	橫厄인데
地殺驛馬	加臨하면	拉致監禁	父親이라
편재성이	봉형재살	그부친이	횡액인데
지살역마	가임하면	납치감금	부친이라

편재성이라 함은 아버지라 봉 형 재살은 삼형 살이나 재살(災殺)인데 재살
은 일명 수옥살(囚獄殺)이라고도 하는데 옥살이 하는 살인데 관재, 송사,
구금, 납치, 망명, 에도 해당이 되기도 한다.

여기에 역마, 지살이 가중이 된다면 흉사로 이어지는데 요즈음 시대로 보면
신용불량, 선거법위반, 부도로 인한 도피, 잠적 또는 해외도피 등으로 해석
이 가능하다.

```
0  甲   0   0        월지의 巳(사)중 무(戊)토가 부친이다.
0  寅   巳   申        인, 사, 신 삼형 살에 역마, 지살이 가임되고
                      암장이라서 약한 편인데, 원국에 보이면
```
기가 강하다. 연락두절, 행방불명, 실종 등으로 해석도 가능하다.

(25)

甲辰日과	乙未日生	基父親이	世上뜰때
自殺橫死	病院死니	臥席終命	못하리라
갑진일과	을미일생	기부친이	세상뜰때
자살횡사	병원사니	와석종명	못하리라

甲辰(갑진)일의 지지 진(辰)토가 재성이라 또 백호고 乙未(을미)역시 지지
가 편재로 백호이니 육친으로 보면 아버지요, 형제요, 숙부, 백부도 포함이
된다. 남명에 있어서 재성은 처도 포함이 되는데 아버님이 일찍 돌아가셨으
니 처에 대한 흉사는 없겠지 하고 생각할 수 도 있겠지만 운에서도 올 수
있고 그 변화는 장담을 할 수 없다 왜냐하면 항상 그 요소는 잠재하여 있
는 것이므로 상담 시에 항상 확답은 신중을 기하도록.

*꼭 이 일주는 무조건 그렇다는 생각은 하지 말도록 전체적인 상황을 보
라.
* 와석종명(臥席終命)이라 함은 자리에 누워 임종을 맞이하는 것인데
그것을 못한다고 하니 불의의 죽음이니 교통사고 ,실족사고, 익사사고
항공사고, 각종재해사고 , 천재지변, 객사, 이동 중의 죽음이 아니겠는가?

(26)

印綬太旺	偏財弱은	父親얼굴	삭막하고
印綬逢空	梟神殺은	幼失慈母	可憐하다
인수태왕	편재약은	부친얼굴	삭막하고
인수봉공	효신살은	유실자모	가련하다

인수가 태왕하고 편재가 약하다함은 모친은 왕하고 부친은 약하다는 뜻이라
부친 얼굴 삭막하다 함은 기억에 아른아른 하거나 뚜렷한 기억이 잘 나지
않는다. 유복자이거나 일찍 여의었을 가능성이 많은 것이다.
특히 사주에서 재를 찾아보기가 힘들다 함은 아버지와의 연이 박한 것이요.
인수가 보이지 않으면 어머니와의 연이 희박한 것이다.

사주에 재가 없음은 아버지 없을 때 태어나서 아버지의 얼굴을 모른다.

인수가 없는 자는 어려서부터 보면 알 수가 있다. 어머니와의 인연이 없으므로 어머니가 없어도 엄마를 덜 찾는다. 이런 자의 사주를 보면 대체적으로 재가 일지에 있거나 년, 월에 재고를 놓고 있는 경우가 많다. 쉽게 이야기하면 엄마보다 아빠를 어린 시절 보다 더 찾는다.

어머니 역시 아이에게는 별로 정이 없다.
자기가 낳은 자식인데 왜 정이 없겠는가?
아버지만 못하고 무엇인가가 자식으로 하여금 아버지를 더 찾게 만드는 것이다. 이것이 사주요, 팔자인가 보다. 이런 경우 어머니의 사주를 보면 관이 왕한 경우가 많다.

```
0  辛  0  0        일지의 미(未)토가 인수인데 조토(操土)가 되어
0  未  子  丑        직접적으로 도움이 될 것 같지가 않으나
                    재고가 되어  나에게 도움이 된다.
```

사주 자체가 금수가 냉하니 온기가 필요한 것이다. 아버지인 을木이 맥을 못 추고 있으나 ,뒷바라지를 다하고 있는 것이다.

　미---정, 을, 기 ---목--화--토
인수가 공 망이거나 일지에 인수를 깔아 효신 살이면 어려서 부모 이별하여 연이 희박하다고 볼 수 있고, 있어도 얼굴 볼 시간이 없음이라 생활고에 시달린다.
요즘에는 이별의 원인이 잦은 가정불화로 인한 원인이 부모에게 있으니
부모 된 자로써 그 책임을 게을리 하지 말아야 할 것이다.

(실전사주의 예)

```
庚  己  戊  辛        어려서 일찍 아버지와 헤어지고 어머니와 둘이
午  丑  戊  酉        생활을 하고 있다.
```

(27)

```
幼失慈母    아니하면    庶母養母    奉養있어
兩家奉祀    하게되니    이것또한    운명일세
유실자모    아니하면    서모양모    봉양있어
양가봉사    하게되니    이것또한    운명일세
```

어렸을 때 일찍 부모가 이혼을 하게 되면 자녀의 입장에서는 양쪽 중
어느 한 쪽을 따라가게 되는데 자연 서모, 양모, 또는 양부 밑에서 자라게 마련이다.
예전에도 의부, 양부가 있었지만 서모, 양모라는 표현으로 대체하였다.

인수끼리 합이 이루어지면 양쪽 어머니 만나기가 편한데 형, 충, 파, 원진, 귀문관등에 해당하면 자녀가 두 어머니로 인하여 심적으로 고통을 많이 받게 된다. 진학문제에도 자연 어려움이 따른다.

이로 인하여 가출 및 문제아가 생기고 사회적으로 물의를 일으키기도 하는데 부모의 입장에서 이것을 모를 리야 있겠는가, 피치 못할 사정이 있을 것이 아닌가? 극복하는 것은 스스로 깨닫는 것인데 그것이 어디 쉬운 일인가, 옆에서 방법이라도 일러 주어야한다 .
길이라도 있으면 제시하고, 논하는 것 그것이 상담사의 역할인 것이다.

* 양가봉사(兩家奉祀)---두 집의 제사를 지내는 것으로 현대에서는
                    드문 일이지만 지방을 두 개 쓰는 경우이다.
                         (두 어머니, 두 아버지)
(실전사주의 예)

| 己 | 甲 | 乙 | 戊 | 재혼한 가정의 큰 아들의 사주이다. |
| 巳 | 子 | 卯 | 辰 | 재혼을 한 어머니가 또 가출을 하였다. |

자진 합 수국이 있으나 또 자,묘 형살이 있다.
형제 간 에도 의가 약하다.

(28)

財星食神	同臨合은	丈母奉養	하게되고
月逢養生	태어난몸	他家집에	자라본다
재성식신	동림합은	장모봉양	하게되고
월봉양생	태어난몸	타가집에	자라본다

재성은 아내요. 식신은 장모라 처와 장모가 합이 되니 같이 살고
시집간 딸이 어머니와 같이 있으니 사위 입장에서는 장모
모시고 사는 것이 된다.

| 0 | 戊 | 0 | 0 | 무(戊)토 일간이 지지에 처 정재가 있는데 |
| 申 | 子 | 0 | 0 | 시지에 식신이 일지와 합이 되어 들어온다. |

지지에서 위치가 바뀌어 들어와도 마찬가지이다.

| 0 | 戊 | 0 | 0 | 무土 일간이 시지에 오(午)화를 놓고 있는데 |
| 午 | 申 | 子 | 0 | 일지와 월지에 있는 장모와 처에 의하여 자연 |

외곽으로 밀려있는 형상이다.
이런 경우는 자기 어머니인 오火를 멀리하고
가까이 있는 처갓집부터 챙기니, 자연 어머니를 모시지 않게 된다.
처와 장모가 바로 앞에 있으니까 손이 먼저 간다.

* 월에 양궁(養宮),장생(長生)을 놓고 있으면 남의 손에 양육이 된다.
   이것은 포태법으로 보는 방법인데
   여기에 해당이 되는 것은 금(金)일주만이 해당된다,

```
   0   辛   0   0          0   庚   0   0
   0   0   丑   0          0   0   辰   0
```

*장생의 공통점은 ---寅, 申, 巳 亥(인, 신, 사, 해)이다.
*양궁과 장생에 대하여

*양궁(養宮)
이러지도 저러지도 못하고 밖으로의 과감한 돌출도 이루어지지 못하는 심리
적으로 매우 불안한 시기이다. 모든 것이 과도기 적인 시기이다. 무형적인
상이라 좋다고 볼 수 는 없다.

*장생(長生)
시작의 기상으로 ,출발이다 매사의욕에 차고 힘이 비축된 시기이다.
어려움이 닥치면 도와주는 이가 나타나는 귀인이 따르고, 운이 따른다.
지나친 욕심도 한 번 부려 볼만하다. 쉬지 않고 움직인다.

(29)

四柱中에	다財者는	早年剋親	하게되고
財星臨絶	比劫多는	遺腹童이	신세로다
사주중에	다재자는	조년극친	하게되고
재성임절	비겁다는	유복동이	신세로다

재가 많음은 다자무자의 원리로 보면 없는 것과 같거나, 연이 박함이요. 재
가 많음으로 자연 사주가 신약하게 되고, 인수 또한 자연히 약해진다. 그러
므로 양 쪽이 다 부실해지는 것이다. 심하면 부모와 이별하거나 일찍 부모
를 여의게 되는 것이다. 그리하여 조실부모인 것이다.

재성이 절지에 있으니 힘을 못 쓰고 제 역할하기도 힘든데 거기에다 비견,
비겁이 많으니 먹고 살기도 힘든데 부양할 가족이 워낙 많으니 완전 흥부네
구나.

아이 나오기도 전에 아비가 세상을 먼저 뜨니 그가 바로 유복동이구나.
그러하니 남의 신세도 지고 도움도 받고 살아야 하는구나.

*유복동(有腹童)----태어나기 전에 아버지를 여읜 자식(아이)을 말한다.

```
0   辛   0   甲        신(辛)금 일주에 갑(甲)목이 아버지인데
0   酉   申   申        지지에 신금을 깔고 있으니 아이구 죽겠네 인데
                       일, 월, 년의 지지가 똘똘 뭉쳐 전부가 쇳덩어리
```

뿐아버지의 입장에서 보면 온통 관으로 덮히어 있으니 직장도 하는 일도 시원치가 않게 되고 매사가 꼬이기만 한다. 아버지가 조상의 자리에 있으니 나이도 많고 일찌감치 제사 밥이나 얻어 잡수시겠다고 세상을 하직하신다. 한 그루의 나무를 사방에서 사정없이 도끼로 난도질을 하니 그 나무가 온전하겠는가? 뿌리 채 송두리째 내 동댕이쳐진다.

(실전사주의 예)

```
庚   壬   丙   丁        부모 속을 무척이나 썩이는 사람의 사주이다.
子   子   午   巳
```

(30)

```
日月地支   刑殺이면   父母臨終   難하고요
財臨殺地   놓인者는   其父親이   客死로다
일월지지   형살이면   부모임종   난하고요
재임살지   놓인자는   기부친이   객사로다
```

일지와 월지가 형살을 갖추게 되면 자신과 부모가 부딪히는 형상이니 얼핏 생각하면 부모와 자식 간에 원수니 악수니 하는 사이로 오해를 말라. 예전과 달리 현재 부모를 모시고 사는 자식이 과연 얼마나 될까?
형제나 지인을 통해서 또는 병원 등에서 임종소식을 접하고 뛰어가는 자손이 얼마나 많은가?
돌아가면서 간병을 하고, 사업이나 직장 또는 자녀의 교육문제로 인하여, 고부간의 문제등 기타 여러 가지 가지가지 사연으로 인하여 따로 사는 것이 당연시 되는 가 아닌가? 언뜻 생각하면 꽤나 불효자식이라 생각도 들겠지만 생전에 자주 찾아 뵙고 인사드려라. 머지않아 당신도 그리 될 것을-------

재가 살지에 놓이니 바늘방석에 앉아 있는데 엎친 데 덮친 격으로 역마, 지살이 겹쳐지면 더욱 확실해 진다.

부모님이 돌아가실 때 임종을 못 보는 경우는 요즘 너무 흔하다.
재는 아버지인데 살지에 임한다 함은 편관을 놓고 있음이라 앉은 자리에 편관을 놓고 있는 것이 무엇인가 알아보자

```
甲   乙   丙   丁   戊   己   庚   辛   壬   癸
申   酉   子   亥   寅   卯   午   巳   戌   未   ----편관이라 칠 살이다.
```

(31)

日月간에	沖怨嗔과	從財格에	透印綬는
妻와母가	不合하여	밤낮姑婦	싸움이다
일월간에	충원진과	종재격에	투인수는
처와모가	불합하여	밤낮고부	싸움이다

모처불합(母妻不合)에 관한 사항이다.

일지는 처의 자리요, 월지는 어머니의 자리라 일지와 월지가 충이나 원진이 이루어지면 불화가 자주 생기고 종재격에 투 인수 라 함은 재에 종 해야 되는 상황인데 인수가 나잘났다고 버티니 忌神(기신)의 역할을 하는구나.

승산이 없는 싸움은 피해야하는데 서로가 이기겠다고 버티니 집안이 항상 시끄러울 수 밖에. 종재 격에는 인수가 병인데 무엇인가 치료방법이 필요하다. 재는 인수를 극한다. 고로 시어머니와 며느리가 다투면 결국에는 어머니가 항상 지는 법이다. 며느리도 자식이다. 자식 이기는 부모 있는가? 예전에는 며느리를 내 쫓기도 하였지만 지금 그런 애기를 해보라 모두가 웃는다.

* 충과 원진에 관하여
* 충(沖)이란?

충에는 크게 두 종류로 나누는데

그 의미는 부딪히는 충돌 서로가 다투는 쟁투 ,궤도를 이탈하는 행위, 서로가 불목하고 파괴하고, 손상당하고, 밀어재끼는 힘 등의 여러 의미로 사용.

유정지충(有情之沖) 일명 충불충 (沖不沖)

무정지충(無情之沖)으로 크게 보는 데 충은 흉으로 본다.

충은 천간 상충(天干 相沖)과 지지상충(地支相沖)으로 보는데

  * 천간상충

천간의 십간(甲,乙,丙,丁,戊,己,庚,辛,壬,癸)이 서로 만나서 부딪혀 충이되는 것을 말하는 데 부딪히고 깨지거나 떨어져 나가니 어찌 흉이 아닌가?

갑경(甲庚)乙辛(을신), 丙壬(병임), 丁癸(정계), 戊甲(무갑)

己乙(기을), 庚丙(경병), 辛丁(신정) 壬戊(임술), 癸己(계기)상충

        양과양 음과음의 상극 관계가 상충(相沖)인 것이다.

지지상충(地支相沖)이란?

지지끼리 서로 만나서 이루어지는 상충을 일컫는데 편의상 그냥 충이라 한다

자오(子午)----수극화----양대양
축미(丑未)----토극토----음대음
인신(寅申)----금극목----양대양
묘유(卯酉)----금극목----음대음
진술(辰戌)----토극토----양대양

*원진살(怨嗔殺)이란?
원진살은 서로가 미워하고, 원망하고, 불화를 야기하고, 항상 불평, 불만이 가득하고, 남에게 피해를 주는 경우가 많고 또한 본인도 피해를 입게 되는 경우도 있다. 원진살은 대모살(大毛殺) 이라고도 한다.

(32)

月中傷官	比劫多는	兄弟數多	하지만은
官殺病死	臨絶墓는	兄弟孤獨	못면한다
월중상관	비겁다는	형제수다	하지만은
관살병사	임절묘는	형제고독	못면한다

월주에 상관을 놓으면 형제가 많은 이유는, 상관은 관살을 극하고, 관살은 비겁을 극한다. 비견과, 견겁을 극하는 관살을 제거하는 것이 상관이기 때문이다.
그러므로 월에 상관이 있으면 관살을 통제하므로 비견과 비겁이 마음 놓고 활동을 한다. 비견, 비겁은 형제이므로 형제가 많을 수 밖 에 통제가 불능이 되니 자꾸만 힘이 왕성해지니 형제가 많을 수 밖 에 비견, 겁이 관살에 치이거나, 병궁, 사궁, 절궁, 묘궁에 있으면 형제 고독이라 했다.
관살을 만나니 비견, 겁 즉 형제들이 주눅이 들어 보이지를 않게 된다. 또 병, 사, 묘, 절 궁에 있으니 병들어 거동도 못하고 형제의 싹을 틔우지를 못하니 홀로 있게 되니 형제고독 면할 길이 없게 된다.

(실전사주의 예)

壬　甲　壬　甲　　　년 천간의 갑木이 형님이다.
申　寅　申　辰　　　코너에 몰려 힘을 못 쓰고 일찍 돌아가셨다 물위를
　　　　　　　　　　떠도는 부목과도 같아, 일찍 세상을 하직하셨다.

(33)

日月間이	刑沖하면	兄弟間에	友愛없고
比肩劫이	合作하니	姉妹不正	分明하다
일월간이	형충하면	형제간에	우애없고
비견겁이	합작하니	지매부정	분명하다

일지와 월지가 형, 충, 원진, 귀문관 등 이면 형제간에 우애가 없음이라.
월지는 부모의 자리요, 형제 자리이므로 이럴 경우는 집과의 간격을 멀리하
도록 하여라, 그래야 보고 싶고 생각이 날 것이다.
외국에 나가면 다 애국자가 되는 원리와 같다.

(실전사주의 예)

<pre>
丁   壬   甲   乙   3형제중 둘째의 사주
未   寅   申   卯   형제들과 사이 안 비견,겁이 합작이라 하였으니
                         부정으로 연결되면 음란지합이다
0   丙   壬   丁   남자면 비겁이 년 주에 있으므로 누나다.
0   0   子   亥   월간의 임(壬)수와 정임 합이라.
                         또한 년 지 해(亥)중 임(壬)수와도 합이고
                         년 지에 있으니 누님이 좋게 이야기하면 풍류요,
                         바람기가 심하다.
</pre>

(34)

<pre>
比肩劫이   連坐하니   異雁作陳   있게되고
五干化身   肩劫星도   異腹兄弟   免할소냐
비겁성이   연좌하니   이안작진   있게되고
오간화신   견겁성도   이복형제   면할소냐
</pre>

비견 겁이 연좌한다 함은 첫째로는 비견, 겁이 많다 함인데, 계속 연결되는
경우도 있고 건너서 이어지는 경우도 있는데 결론은 많다 함이다. 비견과
비겁이 많다 함은 일단 배다른, 씨 다른 형제가 있다고 보는 것이다.

*이안작진(異雁作陳)-----기러기가 날아가는데 다른 무리가 또다시 와서 두
무리를 이루어 날라 가는 형상을 이룸을 설명하는데 서로 다른 성분이 있
어도 한 개체에 속한 개체에 속하여 있음을 말함이니 이복 간을 설명한다.

오간화신(五干化身), 견겁성 (肩劫星)이란?
합화법(合化法)에서 나오는 설명인데

*갑기(甲己)합----토(土)--- 기(己)토는 음인데 합이 이루어지므로
                           상대방은 양이다. 그러므로 남자가 된다.
                           기土 일주가 아들이면 또 다른 형제는 딸이
                           된다.

을경(乙庚)합----금(金)---경(庚) 금은 양인데 합이 이루어지므로
상대방은 음이 된다.
경金 일주가 아들이면 또 다른 형제는 딸
이 된다. 일주가 딸이면 또 다른 형제는
아들이 된다. 위와 같이 합이 되어 또
다른 비겁이 생기는데 이럴 경우에는 배
형제가 된다.

*병신(丙辛)합---------수(水)가 되어 같은 오행이 안 되고
*정임(丁壬)합---------목(木)이 되어 같은 오행이 안 되고
*무계(戊癸)합---------화(火)가 되어 같은 오행이 안 되고
이와 같이 다른 합에서는 동질화가 되지 않으므로 안 된다.
이 부분에서 해당이 되는 것은 기(己)토, 경(庚)금 일주만이 해당이 된다.

(실전 사주의 예)

甲	己	乙	壬
子	未	巳	戌

차분하고 냉정한 성격의 소유자다, 갑기 합하여
이복동생 있다.

壬	庚	乙	戊
午	午	卯	午

남성의 사주이다, 배다른 누나가 있다. 나이차이가
많이난다. 어머니는 앞을 못 본다. 어머니는 소실
로 들어와서 본인과 바로 위의 누나와 둘이 있고
자라기는 아버지의 본부인 손에서 자랐다.
*乙, 庚 합金 인데 월주에 있으므로 누나가 된다.

(35)

財星逢空	白虎殺은	兄弟嫂에	凶事있고
比肩劫에	形白虎는	姉妹兄弟	血光死라
재성봉공	백호살은	형제간에	흉사있고
비견겁에	형백호는	자매형제	혈광사라

재성은 처요. 아버지도 되고 형수, 제수도 되는데 따지고 보면 전부 한집안
식 아닌가? 공망에 백호 살이라 흉사가 아니던가? 형제, 자매간의 사주를
보면 일맥상통하는 요소가 상당히 많이 보이는데 길흉도 마찬가지로 흘러가
는 모양이다.
(실전사주의 예)

丙	辛	丁	甲
申	酉	丑	辰

신금일주의 사주다, 형님이 축 중의 신금이다.
둘째인데 큰아들 노릇을 한다. 형님이 폐질환으
로 사망. 2005년 사업부도로 정리. 동업으로
실패, 비견이 백호 살이다.

(36)

比肩劫에	正偏財는	兄弟之間	再娶있고
比肩劫에	食傷多는	姉妹寡婦	설움이라
비견겁에	정편재는	형제지간	재취있고
비견겁에	식상다는	자매과부	설움이라

우선 말뜻을 이해함에 있어서 짚고 넘어가야 할 것이 있다.
비견 겁에 정 편재라 함은 일주에 정재나 편재를 놓고 있음을 설명한다.
결국은 재성이 많음을 강조한 것이다. 정, 편재가 많다보니 처가 많음이라
결국은 결혼을 재차 한다는 말이고 비견, 겁이라 하였으니 형제간도 동일
하다는 설명이고, 사주에 식상이 많다 함은 여자의 입장에서 보면 관을 치
게 되는데 관은 남편이라 남편이 견디지를 못하니 결국 여자는 과부소리 들
을 수 밖에 비견, 겁이 식상다라 하였으니 나의 누나, 누이동생이 아닌가?

乙 甲 辛 乙	甲(갑)일주에 있어서 을(乙)목은 형제로서
亥 午 巳 未	갑목이 남성이라면 을 목은 여성이 되겠다.

을(乙)목 누이동생이 시집을 갔는데 남편은 辛금이 되겠는데, 을 木이 목
생화 하여 자손을 놓게 되었는데 乙(을)의 자손인 火(화)가 화 극 金 하므
로 남편인 금이 견디지를 못한다, 辛(신)금이 지지에 巳(사)화를 깔고 있으
니, 게다가 일지 또한 월지와 힘을 합쳐 덩어리가 되고 년간 의 을 木 역시
또한 더하니 결국에는 "나는 갑니다." 한다.
결국 남편이 세상을 일찍 하직하니 혼자가 될 수 밖 에 없지 않겠는가?
* 참고사항-------갑 木에 을 목은 시에 있으니 여동생 亥(해)수는 인수라
친정이 되는데 말년에 위치하여 있으므로 친정집으로의 귀향이 아니더냐?
천간으로는 乙, 辛 沖(을, 신 충)이라 ,지지로는 巳, 亥 沖(사, 해충)이니
본래 친정집에서도 별로 탐탁지 않게 여겼었는데-----------

(37)

官殺白虎	食傷多는	그妹父가	血光死요
정편재가	白虎殺은	妻男兄弟	非命이다
관살백호	식상다는	그매부가	혈광사요
정편재가	백호살은	처남형제	비명이다

관살이라 함은 남명에게 있어서는 손위, 또는 손아래의 여자형제의 남편으
로 본다. 백호에다 식상이 많으므로 견디기가 힘들 것이요 흉사로 연결이
되었고 정 편재라 함은 처도 되지만 처가의 식구도 되는지라 처남형제도

흉사로 연결이 된다 함이다. 그렇다고 전부다 그리된다는 것이 아니라 그중 편안한 임종을 맞이하지 못하는 사람이 있다 함이다.

(실전사주의 예)

丙 庚 庚 乙　　　재가 진중 乙 木, 未 중 乙 목으로 있는데 백호에
戌 子 辰 未　　　임하고 있다.

(38)

正偏財가	混雜하니	姉妹媤母	두분이요
比肩劫이	無官殺은	그姉妹가	冷房일세
정편재가	혼잡하니	자매시모	두분이요
비견겁이	무관살은	그자매가	냉방일세

정재 ,편재라 함은 남명에게는 부친도 되고 처도 되는데 여명에 있어서는 시댁이요 시어머니도 된다. 자가 재가 많으면 아버지가 둘이요, 형제가 많다고 볼 수가 있다.
여자의 사주에 재가 많으면 시어머니가 두 분이라고 볼 수도 있고, 그런데 남자의 사주에 재가 많은데 어째서 누이동생이 시집갈 때 시어머니가 두 분이 계시는 곳으로 시집을 가게 될까?
육친으로 볼 때 비겁에 해당하므로 시집의 식구가 많고 시어머니 역시 두 분이 계시다고 보는 것이다.
사주에 관살이 없다 함은 남자에게는 자손이요. 여자에게는 남편이 아닌가? 형제간으로 보면 특히 여자로 보게 되면 손위, 손아래 이던 남편이 없는 형상이라 냉방이니, 공방살이가 아닌가?

乙 甲 甲 亥　　　갑목(木)일주의 사주다.
亥 午 寅 亥　　　아무리 찾아봐도 관살인 금(金)이 보이지가 않는다.
　　　　　　　　이리저리 둘러봐도 온통 비견과 비겁 투성 이다.
　　　　　　　　형제가 많다보니 누이의 입장에서는 비견과 비겁이
　　　　　　　　많다.월지 寅(인)은 甲(갑)목에는 누님이 된다.

甲寅(갑인)은 고란살이다.
가뜩이나 관이 없어 난리인데 고란살 까지 있으니 누이가 시집가서 독수공방이다. 일지의 午(오)와 합이 되니 더더욱 관이 보일수가 없고 발붙일 곳이 없다. 누님과는 항상 뜻이 잘 통한다.
중년이 되어서 친정 앞으로다.

(39)

寅星丑戌	相刑殺은	基祖부가	牛犬被傷
白虎戌中	偏財刑沖	基父親이	咬犬死라
인성축술	상형살은	기조부가	우견피상
백호술중	편재형충	기부친이	교견사라

인성은 육친으로 살펴보면 어머니도 되고 조부가 되기도 한다.
丑戌(축술)형살이니 흉사다. 예전에는 가축으로 인한 사고 인간과 밀접한
관계가 있는 사고가 많았다.
달구지도 소가 끌고, 소로 밭도 갈고 개도 거의 풀어서 기르는 경우가 태반
이었다.
논농사와, 밭농사의 의존도가 그만큼 많았다는 이야기다.

그러다보니 술 한 잔 마시고 달구지 끌고 가다가 떨어져서 다치기도 하고,
풀어 놓은 개 발로 차다 물리기도 하고, 개들이 많다보니 광견병에 노출된
미친개도 있었을 것이고 어른이 없는 사이 아이들 사고도 생기고 가축 중
특히 개와 소의 사고가 많았었다.
그로 인해서 이러한 문 귀가 자연스럽게 받아들여졌던 것이다.

요즈음 세대에게는 재미있는 상황으로도 받아들여지는 설명도 된다.
현재로 연결 지으면 교통사고 특히 도로손상으로 인한 교통사고, 붕괴사고,
흉기에 의한 사고, 통행으로 인한 사고의 원인, 주차시비로 인한 사고, 토
지분쟁사고, 송사 등 여러 가지로 해석이 가능하다.

(40)

驛馬地殺	刑沖印은	慈母鐵馬	橫厄이요
印星刑逢	肩劫多는	基母手術	産厄이라
역마지살	형충인은	자모철마	횡액이요
인성봉형	견겁다는	기모수술	횡액이라

역마, 지살에 형, 충이 가임되면 이동 중의 사고라 항공, 철도, 선박 등의
사고라 또한 외출, 또는 여행 시의 사고로 연결이 되고, 인수가 형살로 연
결이 되면 흉사인데 그중 수술사고로 연결이 되고 肩劫(견겁)이라 형제와
연결이 되니 식구가 불어나는 일과도 연결되니 출산이라 자연 산액과 연결.

(41)

甲乙日生	酉戌時와	丙丁巳未	戊己寅卯
庚申辛亥	壬癸酉戌	養父二母	繼母로다
갑을일생	유술시와	병정사미	무기인묘
경신신해	임계유술	양부이모	계모로다

木(목)일주-------- 酉 戌時(유술시)
　　　火(화)일주---------巳,未時(사미시)
　　　土(토)일주---------寅,卯時(인묘시)
　　　金(금)일주---------辛,亥時(신해시)
　　　水(수)일주---------酉,戌時(유술시)

癸 甲	甲 甲	乙 乙	丙 乙
酉 0	戌 0	酉 0	戌 0

癸 丙	乙 丙	乙 丁	丁 丁
巳 0	未 0	巳 0	未 0

甲 戊	乙 戊	丙 己	丁 己
寅 0	卯 0	寅 0	卯 0

甲 庚	丁 庚	丙 辛	己 辛
申 0	亥 0	申 0	亥 0

己 壬	庚 壬	辛 癸	壬 癸
酉 0	戌 0	酉 0	戌 0

丙	己	0	0
寅	0	0	0

己(기)토 일간에 시간은 병화, 시지에 인목이있다. 병화 어머니가 시간에 있는데 시지에 또 인중 병화가 있다. 암장으로 있지만 가능성은 있는 것이다. 암장으로 인수가 하나 더 있는 시를 예로 든 것이다.

(42)

丙子丁丑	戊寅日과	丙午丁未	戊申日은
陰着陽鎈	그殺로서	外叔零落	하게되네
병자정축	무인일과	병오정미	무신일은
음착양차	그살로서	외숙영락	하게되네

丙子, (병자), 丁丑(정축), 戊寅(무인), 丙午(병, 오)丁未(정미),
戊申(무신) 일주는 음차양차살로서 외숙이 영락한다는 이야기다.

(43)

辛卯壬辰	癸巳日과	丙午丁未	戊申日은
亦是陰錯	陽差되어	外三寸이	그립구나
신묘임진	계사일과	신유임술	계해일도
역시음착	양차되어	외삼촌이	그립구나

辛, 卯(신묘), 壬, 辰(임진)癸, 巳(계사)일과, 申, 酉(신유)壬, 戌(임술)
癸, 亥(계해)일주 역시 음착양차가 되어 외삼촌이 그리워진다는 설명.

(44)

出生時에	差錯殺은	妻男孤獨	못面하고
妻家집에	不合하여	日久月埝	걱정되네
출생시에	차착살은	처남고독	못면하고
처가집에	불합하여	일구월심	걱정되네

日久月沈(일구월심)---하루하루가 오래 되고 달이 깊어지는 것을 말한다.
42,43,44공통요점---陰陽差錯殺(음양차착살)이란?

丙　丁　戊　丙　丁　戊　辛　壬　癸　辛　壬　癸
子, 丑 ,寅, 午, 未 ,申, 卯, 辰, 巳, 酉, 戌, 亥

음착양차살은 위의 12가지로써 일주에 놓이면 외삼촌이 고독하거나, 쇠락하
고 여자에게는 시댁의 형제가 불발하고 남편이 풍류가 심하여 남편이 외도
하고 시주에 놓이게 되면 처남이 고독하거나, 쇠몰 한다는 살이다. 음착양
차살은 외가 집, 처가 집으로 보지 말고,

　　　사주에서 외가 집을 볼 경우---------인수의 유무와 상태를 점검.
　　　　　처갓집을 볼 경우---------재성의 유무와 상태를 점검.

재난, 질병

재난은 누구든지 예측할 수도 없는 특별한 상황이다, 언제 어디서 ,어떻게
어떠한 규모로 발생하여 언제 끝이 나는 것인지 전혀 짐작할 수도 없는 것
이다. 나는 아무 상관이 없겠지 해도 그것은 나 혼자만의 생각일 뿐

지금도 잊혀 지지 않고 생생한 사건들이 눈에 선하다.
성수대교 붕괴사고, 삼풍백화점 붕괴사고, 인도와 태국에서의 물난리 사고
,미국대륙을 휩쓴 물난리, 해일사고, 그리고 해마다 되풀이 되는 홍수와,
냉해, 폭염 등 이루 헤아릴 수 없는 수많은 재해가 있다.
가까이 보면 교통사고, 화상, 음독, 수액, 수재, 이동중의 뜻하지 않은 사
고 최근의 사고로는 대구지역의 시장 화재사고, 지하철 화재사고, 잊혀져가
는 KAL사고, 또 다른 면으로는 범죄사고의 피해자가 되기도 하고 ,범법행위
로 인하여 피해를 주기도 하고, 받기도 하고, 신체적인 부상을 당하여 곤욕
을 치르기도 하고, 아픔으로 인하여 고생도 하고, 나 혼자가 아닌 주변에
본의 아니게 피해를 주기도 한다.
이 모든 것이 예측불허의 재난이요, 사고인 것이다. 거기에 더불어 질병으
로 인한 고통 또한 어떠한가? 병원에 한 번 가보라 그러면 그 아픔을 알 것
이다. 나 혼자가 아닌 일 인 것이다. 일 년에 한 번이 아니고 매월 한 번
정도는 나의 사주를 들여 다 보아야 한다. 소 잃고 외양간 고치는 경우도
있다. 냉소에 비판적인 사고로, 어찌할 것인가 그것도 팔자인 것을

(45)

鐵窓監房	拉致된몸	四主囚獄	刑殺있고
重重破軍	月印星은	革命亡命	있어본다
철창감방	납치된몸	사주수옥	형살있고
중중파군	월인성은	혁명망명	있어본다

* 수옥살이란?
삼합의 가운데 자와 충(沖)하는 자로써 財殺(재살), 破軍殺(파군살)이라 한
다. 이 살의 해당부분은 관재, 송사, 감금, 납치, 망명, 해외도피등에 해당
하고 수옥살이 위치한 년, 월, 일, 시에 따라 해당육친의 추명이 응용되고
직업자체가 수옥살과 관련이 있는 분야와 연결이 되면 작용이 감소하게 된
다.

* 육친별로 살펴보는 수옥살의 관계
* 인수에 해당할 경우
인수에 해당하는 모든 여건이 악조건에 해당하게 되는데 법정에 서게 되고
민, 형사 사건에 휘말리게 되고 문서로 인한 문제 즉 저당 건, 압류설정
동 행사 권리 금지, 학원문제로 인한 소요 및, 중단사태, 저작권 및 표절
문제, 특허문제, 보증 권에 대한문제 및 양육권에 대한 문제.

비견이나 비겁에 해당 할 경우 형제 친구, 친지, 동업자로 인한 관재가 발
생하고 법정에 서게 되고 출두하게 되고

*식신, 상관에 해당하는 경우
여성의 경우는 자손으로 인하여 사고, 손재요. 남성의 경우는 배반 등으로
인한 배신, 횡령사고 등으로 인한 관재요.
*정재, 편재에 해당하는 경우
재성에 해당할 경우는 부동산, 동산의 압류 및 금전에 대한송사 및 관련문
제 재개발문재산권문제로 인한 송사 및 권리싸움 여자로 인한 문제로 이혼
및 구설수로 인한 관재수 군, 검, 경 등을 상대로 한 사업은 좋고 납품 및
계약은 좋고 성사가 이뤄지고,
*정관, 편관에 해당 할 경우
윗사람, 상사, 취직문제, 승진문제, 업무관계로 인한 문제발생으로 고민하
고 자손문제로 인한 관재 및 송사발생. 여성의 경우는 남편문제, 내연의
관계 및 부적절한 관계로 인한 문제 발생.

전체적인 운의 관계를 대비하여 추명 하여야 한다는 점을 명심하기바라며
여자의 사주에 관에 해당하는 육친이 수옥살과 연관이 되면 남편이 관재수
에 걸리고 자손 되는 글자가 연결 되면 자손이 해당한다.

수옥살(파군살)이 중중하다함은 중복이니 확률은 더욱더 높아지고 월에 인수니 그 성향이 더욱더 힘차게 가중이 되고 완전한 반골에 하극상의 기질도 보이니 항상 남에게 오해받기 쉽고 경제적인 면에는 항상 있어도 나가기가 바쁘다.

(실전사주의 예)

壬　戊　丙　甲　　　　현재 치안업무에 종사하고 계시는 분의 사주이다
子　戌　子　寅

(46)

辰戌日生	命逢巽乾	그도한번	監禁있고
巳亥日生	柱逢巽乾	亡命監禁	當해본다
진술인생	명봉손건	그도한번	감금있고
사해일생	주봉손건	망명감금	당해본다

　　　　巽方(손방)----------辰,巳(진,사)
　　　　乾方(건방)----------戌,亥(술,해)

　　　巽,乾(손,건)은 辰,戌,巳,亥(진술사해)로 천라지망살에도 해당이 된다.

*天羅地網殺(천라지망살)이란?

우선 진(辰)부터 살펴보기로 하자
*辰 ----시간으로 보면 출근시간 이다. 모두들 바쁜 시간이다, 아는 사람을 만나도 그저 간단히 인사하고 지나갈 정도로　눈, 코 뜰 새 없이 부지런히 들 움직이는 시간이다. 빨리빨리 무조건 빨리다. 그러니 서두르게 되고 조급해 지는 시간인 것이다. 중요한 일 은 이 시간에는 결정을 미루어야한다. 辰-辰 자형살이 있지 않은가?------자기 성질에 못 이겨 스스로 매사를 망친다, 조급증이 원인이다. 매사를 순리대로 천천히 침착하게 처리하라.
*戌 ----------귀가하는 시간이다,하루의 일을 정리하는 시간이다, 인간으로써 말이다. 피로하고 가는 과정이 나른하기만 한 시간이다.모든 것이 짜증이 나는 시간.
*방위로 한 번 살펴보자
辰,巳는 巽方으로 바람이다　-----휙 휙 지나간다. 동남방이라 봄바람이다
戌,亥 는 乾方으로 하늘이다-------제일 높은 곳이다, 모든 것을 내려다 볼 수 있는 곳이다. 진사는 건방인 술,해와 반대편이므로 땅이다.
하늘과 땅을 오가니 매우 바쁘다,辰,戌은 이공계가 아니던가, 직업을 택해도 하늘과 땅을 오가는 구나 위성, 통신, 인터넷, ＩＴ계통의 직업이 어울린다. 바쁘니 노닥거릴 시간이 없다, 사람과 만나더라도 잠깐 잠깐이다 많은

사람을 상대하는 직업 또한 어울린다. 길로 작용하면 많은 사람을 거느릴 수 있는 경우도 된다. 흉으로 작용이 되면 전국적이다, 하늘에 그물을 치니 지명수배다, 범법자가 되기도 한다. 천문성에 대한 설명은 다음 기회에 하기로 하고----

(실전사주의 예)

庚　甲辛　乙　　　　2005년에 상담한 사주이다, 현재 공금횡령인하여
午　戌巳　巳　　　　재판중인 사람이다, 갑木 일주이니 재가 土다.
　　　　　　　　　　공금횡령 액수는 얼마나 될까?

토는 5,10이므로 5억.10억 어느 쪽일까? 10억이 답이다. 천라지망 살이 어떤가? 2005년은 을유 년이고 2006년은 병술 년이다 과연 어떻게 될까?

일지가 巳亥(사,해)일생이 주중에 辰,戌,巳,亥(진, 술, 사, 해)를 만났을 때는 구속, 감금, 망명 당해본다.
천라지망살을 놓고 있는데 다시 사주에 진,술,사,해를 놓고 있으면
　　　　　　　이 살에 해당하는 일에 해당되기가 쉽다.
재성에 해당이 되면------------경제사범, 금전문제, 여자문제로, 사기도
　　　　　　　　　　　　　　　해당

관성으로 연결되면--------------업무과실, 남편이 해당되기도 하고, 남자
　　　　　　　　　　　　　　　문제로 야기 혼인사기.

비견, 겁으로 연결되면----------동업자간의 문제로 야기, 형제간 투서
　　　　　　　　　　　　　　　동료간의모함.

(47)

癸丑癸未	癸巳日生	甲寅時를	만난者는
路上橫厄	負傷이니	酒色車馬	조심하소
계축계미	계사일생	갑인시를	만난자는
노상횡액	부상이니	주색차마	조심하소

癸(계)일간에 甲寅(갑인)시는 刑合格(형합격)으로 연결해서 주로 주색으로 사망. 또는 주색으로 인하여 몸을 상하게 되어있다. 또한 비진격으로 양인 칠 살이 같이오면 路上黃泉(노상황천)은 정해진 사람이다.

寅木(인목)이 巳(사)를 불러와서 --寅,巳刑(인사형)으로
巳(사)중 戊와 丙은 재 와 관으로 삼으니 貴格(귀격)인데
귀격은 眞格(진격)과 非眞格(비진격)으로 나눈다.

계(癸)수 일주라 하였는데 60갑자 중 몇 개나 있을까?

癸　癸　癸　癸　癸　癸
丑,　亥,　酉,　未,　巳,　卯

癸(계)수 일주에서 사용되는 지지는 6개가 소용이 되어 60갑자 중 6개가 사용이 된다. 설명에서는 축,미,사 3가지만을 사용하였는데 형합격중, 비진격을 골라 진격이 아닌 격으로 좋지 못한 운명임을 강조한 것이다.

　　甲　　癸　　　未(미)중 己(기)토가 토극수 하여 편관, 칠살 이고
　　寅 , 未　　　인미(寅未)는 귀문관살로 연결되어
　　　　　　　　주색에 빠져 헤메이게 되고.

　　甲　　癸
　　寅 , 丑　　　癸丑(계축)은 일주 자체로 이미 백호살이다.

甲　癸　0　0　　寅巳(인사)형에 걸려 형합격이 아니더라도
寅　巳　0　0　　역마,지살형이다.

甲　癸　0　0　　癸酉(계유)일주는 일주가 금생수 받아서
寅　酉　0　0　　일간의 갑木으로 수생목으로 흐름이 좋아 강
　　　　　　　　하니 좋다.

甲　癸　0　0
寅　亥　0　0　　寅亥合(인해합)으로 從(종)한다.

甲　癸　0　0　　寅,卯(인,묘)로 從(종)하게 된다
寅　卯　0　0　　앞의 3가지는 비진격의 설명이고,
　　　　　　　　뒤의 3가지는 진격의 설명이다.

(48)

地殺馬刑	食財殺旺	交通事故	두렵고요
戊己日生	金水木旺	橫死溺死	可憐하다
지살마형	식재살왕	교통사고	두렵고요
무기일생	금수목왕	횡사익사	가련하다

지살, 역마형 이라함은 寅,申,巳,亥(인,신사해)가 모두 갖추어져 있음을 설명하고 寅, 申, 巳, 亥(인, 신, 사, 해)가 모두 갖추어지면 四猛之局(사맹

지국)을 갖춤이라 좋은 면도 많지만 好事多魔(호사다마)라고 결코 그렇지만은 않다. 왜냐하면 육친으로 볼 때는 충, 형 등을 모두 일일이 추명 하므로 그렇다. 건물의 외양은 튼튼하고 높고 보기는 좋으나 내부시설이 엉망이요. 부대시설하자가 많고 건축법을 위반했구나.

식신, 상관이 많고 관살이 왕 하면 官食鬪戰(관식투전)이라 항상 시끄럽구나. 그 중 요즈음 시대로 보니 교통사고가 제일 두렵구나.
戊,己(무,기)일생 이라함은 土(토)일주라 金, 水, 木(금,수,목)이 왕 함은

         金(금)---------식신, 상관
         水(수)---------편재, 정재
         木(목)---------정관, 편관

보탬이 되는 오행은 없고 부담이 되고 괴롭기만 한 오행들이다.
         토 일주에 재살이 많은 경우
財(재)---水(수)---많을 경우-----익사, 알콜중독, 약물중독,
         흙이 물에 휩쓸려 가므로 흔적도 찾기가 힘들다.
官(관)---木(목)---많을 경우------구타사망, 목매자살,
         흙이 흩어지므로 엉기지를 못한다.

재살이 왕 하면 토가 힘을 못 쓰므로 토가 제 기능을 발휘하지 못하므로 항상 내분기계통 주로 위장병 환자가 된다. 토가 많아도 문제지만 너무 허약하니 말년에 암이 걱정되기도 한다. 또한 水(수) 자체가 역마에 해당이 되니 객사, 횡사로 보는 것이다.

(실전사주의 예)

壬　戊　己　辛　　　　금융계통에 근무하고 있는 여성의 사주이다.
子　辰　亥　亥　　　　지지에 자진 수국과 월년으로 지지에 해수를 놓
　　　　　　　　　　　고 있다.

이럴 경우는 객사 횡사가 될까? 안될까? 무土일간에 지지에 진토가 있다. 해수, 자수가 양옆에 있다, 자진수국으로 합은 형성이 된다. 중간에서 제방 역할을 제대로 할까?

그것이 핵심이다. 무土 의 뿌리가 확실한가?
월간에 기土도 있는데 과연 힘이 될까?

지금 책을 쓰고 있는 이 시간에도 생존해 계시는 분이다. 독자여러분의 실력을 발휘하시길

(49)

日主湯火	刑穿殺은	彈丸破片	負傷있고
丙申日生	無格身衰	傷痍勇士	흔히본다
일주탕화	형천살은	탄환파편	부상있고
병신일생	무격신쇠	상이용사	흔히본다

*湯火殺(탕화살)----음독, 중독, 비관자살, 폭발물, 화공약품, 총상,
　　　　　　　　　파편상 등으로 연결
*직업으로는--------약사, 위험물취급, 가스, 소방관련 업종, 화공약품
　　　　　　　　　취급.
寅,午,丑(인,오, 축)을 탕화 局으로 보는데 이중 하나만 있으면 가벼우나
둘이상이 형성되어 일주를 극하게 되면 본인이 피상 되고 손상된다.

육친 면으로도 연결시켜서 추명하면 된다.
刑穿殺(형천살)--------刑殺(형살)도 되고 상천살, 육해살도 된다.
　　　　　　　　子 未, 丑 午(자미, 축오)가 된다.

　丙申(병신)일주가 무격신쇠라 함은 격이 없음이라----無格(무격),

파격의예------財多身弱(재다신약)
　　　　　　傷食太旺(상식태왕)
　　　　　　官殺太旺(관살태왕)
　　　　　　財殺太旺(재살태왕)

丙申(병신)일주를 논하는 것은 丙(병)火일주가 지지에 재, 관을 갖고 있음
이라. 상이용사라 함은 6.25동란으로 인한 피해자들 인데 어렸을 때 많이
볼 수가 있었는데 지금은 세월이 많이 흘러서인지 그리 보기가 쉽지가 않
다.

전쟁으로 인한 아픔의 상처이리. 지금은 전쟁이 큰 원인이 아니라 각종 재
해로 인한 사고가 너무 많다. 산업이 다분화 되다보니 그 재해의 종류도 다
양하다. 베트남전의 고엽제 피해자 역시 그러하리라.

지금 현세에서는 상이용사로 해석을 하지마라 시대에 맞추어서 해석을 해야
한다. 교통사고로 인한 피해, 산업재해로 인한 피해, 환경에 의한 피해, 자
연재해로 인한 피해로 연결 해석하고 추명하면 된다.

월이나 시에 급각살 단교관살이 있으면 상이용사다 하는 해석은 없도록 하
고 급각살이나, 단교관살에 상응하는 해석을 시대에 맞게 하여야겠다.

急脚殺(급각살)

1,2,3월생------亥(해),子(자)   4,5,6월생-------卯(묘),未(미)

7,8,9월생------寅(인),戌(술)   10,11,12월생-----丑(축),辰(진)

斷橋官殺(단교관살)

1월생----寅(인)   2월생---卯(묘)   3월생---申(신)   4월생---丑(축)
5월생---戌(술)   6월생---酉(유)   7월생---辰(진)   8월생---巳(사)   9
월생---午(오)   10월생--未(미)   11월생--亥(해)   12월생---子(자)

급각살과 단교관살은 각각 구성요건은 다르나 작용하여 나타나는 현상은 같다고 보아도 무방하므로 일일이 따로 구분하지 말고 같이 보는 것이 편안하다. 사주 중에 있음은 물론 운에서 만나도 작용이 되고,1월(寅月생,2월(卯月)생은 그 자체로서 단교관살이 작용되고 있으며 사주원국 자체에 있으면 선천적으로 갖고 태어나므로 언제인가는 한 번 거쳐야 할 것이고 특히 운이 안 좋을 때 그 작용이 두드러지고, 운에서 나타날 때는 그 운이 지나가고 나면 괜찮아진다. 그리고 이에 해당하는 현상은 고혈압, 풍질, 팔다리 이상, 골절, 산후풍, 골절상, 낙상, 심하면 기형아일 확률이 높다. 옛 말에 자빠져도 코가 깨진다는 말을 생각하면 된다.
아이들의 경우 소아마비 많이 보고 신체기형 자주 보인다.

중년에서 말년으로 넘어가면서 자주 보게 되는데 특히 노년기에는 건강 자체도 많이 부실하기 때문에 특히 더욱 신경을 써야 한다.
관살이 되어서 국(국)을 형성하면 더욱 조심하여야 된다.

위치 별로 육친에도 응용이 된다.

(50)

巳午月生	辛未日도	火傷破片	負傷있고
夏冬月에	金水多旺	凍傷水厄	있어본다
사오월생	신미일도	화상파편	부상있고
하동월에	금수다왕	동상수액	있어본다

巳午月(사오월)이라 함은 여름에 태어난 경우인데 辛未(신미)일주라 일에 화기가 왕 하니 금일주가 맥을 못 추고 있다.

```
0  辛  0  0        火(화)가 기운이 강하여 金(금)을 녹이고 있다
0  未  巳  0        불로 인한 상처나 후유증이 생기게 된다.
                  고로 화상에 관련된 상처가 생기게 된다.
```

辛(신)금 일주가 지지에 火(화)국이 이루어지면 관국이라 기술자로 연결이
되는데 기능직에서 두각을 나타낸다.항상 火(화)가 과도한 상태라 건강으로
살펴보면 입안이 항상 건조하고, 입안의 침이 마르는 고갈 증에 시달리게
된다. 금일주가 피상이 되므로 치아, 피부계통에 문제가 발생하게 된다.
피부가 약해지니 습진으로 고생하게 되고 물집 또한 자주생기고 피부 자체
가 아주 약하게 된다. 물갈이 할 경우 피부에 이상이 오는 경우도 이에 해
당이 된다.

夏冬月(하동월)이라 함은 巳, 午(사오)월과, 亥, 子(해자)월을 설명하고
金水(금수)가 많아 왕 하다 함은 사주가 냉하다는 말이니 동상, 한 냉증이
다. 凍傷(동상), 水厄(수액)이라 하였으니 얼음이 깨져서 물에 빠지는 형상
과도 같다고 보면 될 것이다.

동상도 여러 종류다.
상태에 따라 감각이 마비가 되고 화농에 썩는 경우도 생기니 전체적인 것을
종합하여 상태의 가감을 판단할 수 있을 것이다.

```
0  0  0  0        子(자)월에 丑(축)시면 일주에 어떤 오행이 오더라도
丑  0  子  0        꽁꽁 얼려지는 상태가 된다.
```

지나치게 심하면 여자는 냉증, 불감증이요. 냉방살 이 독수공방이 된다. 사
람은 겉만 보아서는 모른다. 외모가 예쁜 경우 오히려 이러한 경우가 심심
치 않다. 주변을 잘 살펴보라 특히 가정적인 면을 자세히 살펴라.

(51)

春生亥子	夏卯未日	秋生寅戌	冬丑辰日
神經痛에	呻吟인데	殺旺하면	다리저네
춘생해자	하묘미일	추생인술	동축일생
신경통에	신음인데	살왕하면	다리저네

급각살에 대한 설명이다.
급각살이 되는 子(자)가 관살로 변해서 나(我)를 극해 오면 다리를 전다고
하였는데 급각살 자체로 항상 신경통으로 고생하고 있는데 살(殺)로써 기운
이 왕 하여져 치고 들어오니 힘이 드는구나.

(52)

正寅二卯	三申四丑	五戌六鷄	七龍八蛇
九馬十羊	至亥臘子	이도또한	脚不具라
정인이묘	삼신사축	오술육계	칠용팔사
구마십양	지해납자	이도또한	각불구라

전부가 斷橋關殺(단교관살)에 대한 설명이다. 같은 내용이라도 선천과 천으로 구분하여 설명하고 연령에 따라 판단하여야 한다. 어려서는 잘 넘어지고 20대는 다치고 상처 잘나고 40-50대는 신경통 60대 이후는 관절 낙상으로 연결을 하도록 한다.

(53)

戊午日生	태어난몸	年月辰酉	具全한者
戊日生人	三傳三刑	자극자극	절게되네
戊오일생	태어난몸	년월진유	구전한자
무일생인	삼전삼형	자극자극	절게되네

戊午(무오)일주에 년,월지에 辰,酉(진,유)를 갖추게 되면 自刑殺(자형살)이 된다.

*自刑殺(자형살)이란?

辰, 午, 酉, 亥(진, 오, 유, 해)를 말하는데 스스로가 스스로를 刑(형)한다 하여 自刑殺 이라고 하는데 다른 형살에 비하여 강도와 작용이 약간 뒤떨어진다. 地支(지지)에 모두 갖추고 있다면 타 형살과 동일하게 취급하고 있는데 이의 작용은 주로 手足異常(수족이상)으로 본다.

三傳(삼전)이라 함은 -----년, 월 ,일
三刑殺(삼형살)------丑,戌,未(축,술,미), 寅,巳,申(인,사,신)
戊土(무토)일간이 년, 월 ,일의 지지에 갖추고 있다면 다리를 절게 되는데 꼭 戊(무)일주가 아니더라도 삼형,살을 놓고 있으면 해당이 된다.
삼 형살 중에서도 寅,巳,申(인,사,신)은 역마, 지살이므로 더욱 더 강한 작용을 한다.
요즈음은 교통수단의 발달로 인하여 그로 인한 사고로 다치고 장애를 당하는 사례가 많으므로 해석에 있어서 세심한 배려가 필요하다.

또 다른 해석을 하게 되면 년, 월 ,일에 인,시,신 삼형살이 놓이게 되면 납치 감금, 등 흉사로 연결이 되므로 불상사요, 요즈음의 시대적인 해석을

하면 택시강도, 강간, 구타, 등으로도 해석이 가능하다. 이혼 이야기 나오
는 부부가운데 여성의 사주에 인,사,신 삼 형살을 놓고 있다면 남편과 자
식을 등지고 떠나는 경우가 많다.

(실전사주의 예)

戊　　壬　　戊　　乙　　　현재 초등학교 4학년 학생을 둔 주부의 사주.
申　　寅　　子　　巳　　　월지에 양인을 놓고 있다. 차라리 남자의 사주였
　　　　　　　　　　　　　으면 하는 생각이 든다.

(54)

子日酉年	丑日午年	寅未申卯	年日對立
亥帕辰兮	戌帕巳는	精神異常	결려보오
자일유년	축일오년	인미신묘	년일대립
해파진혜	술파사는	정신이상	결려보오

子酉(자유), 丑午(축오), 寅未(인미) ,申卯(신묘), 辰亥(진해), 巳戌(사술)
--- 귀문관살에 대한 설명이다. 년과 일을 기준하여서 맞추어 놓았는데 실
재로 상담 할 때에는
日支(일지)기준하여 年, 月 ,時 (년, 월, 시)모두를 본다.

귀문관살이란?
귀문관살의 특징은 정신적인 스트레스, 신경쇠약, 변태성, 불감증 간질, 정
신질환 엉뚱한 행동, 괴팍성, 약간은 정신이상 기질 등 여러 가지로 볼 수
있고 日支(일지)기준하여 사주원국에 있거나 또는 운에서 만나도 그 작용이
나타나며 怨嗔殺(원진살)과 비슷하나 寅,未(인,미), 子,酉(자,유)만이 다르
고 있다. 요즈음 청소년들 게임에 빠지거나 인터넷 중독도 귀문관살로 본
다. 운에서 들어올 때 日主(일주)자체가 강하다면 피해 가는데 대신에 타
육친과의 관계를 주의해서 살펴보아야 한다.

원진살과 매우 비슷하므로 해석에 있어서도 비슷하게 미워하고 ,상대방 탓
하고, 원망하고 책임전가하고, 제 성질에 죽어나고 강짜에 투정이고 온 식
구가 피곤해진다.

(실전사주의 예)

丁　　甲　　辛　　庚　　　사주에서 보면 알듯 체격이 우람하신 분이다.
卯　　申　　巳　　申　　　운동을 했으면 하는 사주이다.
　　　　　　　　　　　　　성격이 까다로워 비위맞추기가 힘들다.

(55)

木日主나	火日主가	甚히衰弱	하게되면
白日靑天	昏暗하여	精神衰弱	앓아본다
목일주나	화일주가	심히쇠약	하게되면
백일청천	혼암하여	정신쇠약	앓아본다

오행으로 살펴보면 木(목)은 신경이요, 火(화)는 정신이라 木火(목화)가 심히 약하니 정신이 없고 깜빡하는 상황이 반복이 되고 자신의 심성을 추스르지를 못한다.
가뜩이나 사주자체가 약한데 운에서 또 약해지면 목,화에 해당하는 여러 사항들이 위축되고 핍박을 받게 된다.

(실전사주의 예)

癸	甲	癸	癸	우울증으로 심하게 고생하고 있는 분의 사주다.
丑	子	子	丑	갑木이 온통 물로 뒤 덮혀 있다.

좋은 운이 온다고 하여도 어느 정도 회복이 되려나 모르겠다.
부디 건강이나 하셨으면 하는 바람이다.

(56)

七八九月	木丑戌日	다시財殺	身弱者와
甲日夏月	木枯操도	失明되어	더듬는다
칠팔구월	목축술일	다시재살	신약자와
갑일하월	목고조도	실명되어	더듬는다

7,8,9,월생 이라고 하면 申,酉,戌(신,유,술)월 생이고, 木(목)일주는
甲,乙(갑,을)일간을 설명함이고

0 甲 0 0	甲(갑)목 일간에 월지가 신,유,술 일 경우인데
0 戌 (申酉戌) 0	甲목 일간에 丑은 지지가 안 되므로 戌이 지지가된다.

0 乙 0 0	乙목 일간에 월지가 신유술인 경우인데 을목
0 丑 (申酉戌)0	일간에는 축이 지지가 된다.

甲,乙목일주에 土,金이니 財殺(재살)이 왕 해지는 경우이니,

목 일주가 힘이 약해져 목생화를 제대로 하지를 못한다.

화는 정신이요, 시력인데 목 신경도 약해지고 시력도 제대로 나오지 않으니
실명이라 나무가 고사되니 신경이 작용을 못하고 눈은 살아있어도 제 기능
을 발휘하지를 못하고 자동차가 있어도 기름이 없어 운행을 못하는 형상이
되니 이 또한 실명이 아닌가?
건조기 산불에 나무들이 흔적이 없구나.
사주에 木(목)이 신약하여 지게 되는 원인은 설기가 심할 경우와, 극을 심
하게 받아 존립 자체가 허망할 경우요, 즉 金(금)에 극을 하도 당하다 보니
살려고 한다면 누가 도와주던가, 내 스스로 살길을 찾아야 할 것이 아닌가?

기와 신경이 마비가 되니 거동조차도 힘이 드니 자연 보조도구나, 의탁 할
곳이 필요하니 거동 시에는 지팡이가 최고인데 그것은 오행으로 목이라, 나
를 도와주니 그것 또한 인수가 되고, 목 일주 자신이 신약하니 비견,겁 이
니 인수가 자연 용신이 되고 지팡이는 길을 걸을 때 안내자가 되니 인수가
아니던가?

```
辛 乙 ○ ○          재살이 태왕 한 사주이다.
巳 丑 酉 ○
```

(57)

```
丙申子辰    戊日生人    多時辛壬    하나보고
四柱財殺    있게되면    三脚行步    하게되네
병신자진    술일생인    다시신임    하나보고
사주재살    있게되면    삼각행보    하게되네
```

丙(병)화 일간에 申子辰戌 (신, 자, 진, 술)을 일지에 놓고

```
丙 丙 丙 丙     왼쪽의 일주가 辛, 壬(신 ,임)중 하나가 천간에
申 子 辰 戌     하나 더 있고 사주에 재살이 있게 되면 삼각행보
               즉 지팡이 짚고  걷게 되니 맹인이라는 설명이다.
```

```
辛 丙 ○ ○     丙辛(병신)합하여 水(수)가 되어 水剋火(화)로
卯 子 ○ ○     回頭剋(회두극)으로 얻어맞으니 失明(실명)이다.
               천간으로는 합이요 지지 형살이니 어쩔 수 가 없다.
```

```
壬 丙 壬 ○     丙申(병신)일주가 壬(임)을 양쪽에서 보고
辰 申 寅 ○     재살이 있어서 맹인이 되었다.
```

丙화 일간이 사방으로 물로 둘러있고 월지 寅목은 일지 申과 寅,申 沖 으로 깨져버렸다.

(58)

亥月生人	戊己日生	다시財殺	結局하면
執杖叩地	하게되니	左往右往	걸음이라
해월생인	무기일생	다시재살	결국하면
집장고지	하게되니	좌왕우왕	걸음이라

執杖叩地(집장고지)에 대하여
집장고지란 어른이 지팡이를 짚고(잡되 의지하여 잡다)머리를 약간 숙인 채로 땅을 두드리는 형상을 말하는데 이 곳 저 곳을 두드리니 즉 좌우로 살펴가며 걷는 형상인데 앞을 보는 것이 불편하여 생기는 현상이라 고 볼 수도 있고 기력이 쇠하여 지팡이에 의존하여 중심을 잡아가며 걷는 모습이라고도 볼 수가 있다.

戊,己(무,기)일주라 함은 土(토)일주인데 亥(해)월생이면 재살이 태왕 함이라 결국 57번과 같이 丙화 일주와 土(토)일주가 재살이 태왕하면 실명으로 본다 局(국)을 형성한다고 하였으니 그것 역시 많음이라.

(59)

四柱中에	丁巳놓고	壬癸日主	太旺하면
眼昏日暈	하게되니	靑盲될까	염려되네
사주중에	정사놓고	임계일주	태왕하면
안혼일운	하게되니	청맹될까	염려되네

壬,癸(임,계)일주 태왕하다 함은 水(수)일주가 태왕 함인데 丁,巳(정,사)를 사주에 놓고 있으니 정사는 시력이라 왕한 수 기운에 견디지 못하니 눈에 이상이 오게 된다는 설명이다.
眼昏日暈(안혼일운)이란?
시력이 약해져서 생기는 현상을 일컫는데 그 종류도 다양하다. 청맹이라 하였는데 겉으로 보기에는 멀쩡해도 이미 그 기능을 상실함을 말 한다 요즈음은 인터넷의 보급으로 인하여 컴퓨터와 같이 접하는 시간이 많아지면서 안경 쓰는 것이 마치 유행처럼 되어 버렸다. 심할 경우는 신경의 마비도 오고 정신질환 까지도 연결이 된다. 무서운 현상이다. 예전에는 텔레비전으로 인하여 시력을 버리더니 시대의 흐름인가 보다고 치부하기에는 너무나 안타까운 일이다.
치밀하게 사주를 분석하고 파악하여 사전에 미리미리 대비를 하도록 하자.

(60)

甲己日에	見巳하고	乙庚子合	丙辛見候
丁壬見戌	戊癸水土	溺水之厄	있어본다
갑기일에	견사하고	을경자합	병신견후
정임견술	무계수토	익수지액	있어본다

낙정관살에 대한 설명이다.

사주 감정 시 중요한 것은 이러한 규격화된 용어의 정의 보다는 사주 전체를 보았을 때 金,水(금,수)가 왕한 사주는 항상 물 조심을 하여야 한다.

* 낙정관살(落井關殺)이란?

갑일이나 기 일생이 주중에서 지지에 巳(사)를 만나고
을일이나 경 일생이――――――――子(자)를 만나고
병일이나 신 일생이―――――――申(신)을 만나고
정일이나 임 일생이―――――――戌(술)을 만나고
무일이나 계 일생이―――――――卯(묘)를 만나고

주로 물과 연관된 사고로 우물, 강물, 맨홀, 등 또는 벼랑에서 떨어지고 계단 추락사고, 미끄럼 사고 등과 연관이 된다. 성수대교 사고를 연상하면 된다. 金,水(금,수)태왕 한 사주, 土(토)일주에 水,木(수,목)이 많아 재살이 태왕 한 사주도 낙정관살과 같이 작용하는 것으로 본다.

낙정관살과 급각살 그리고 단교관살도 일맥상통하는 면도 많으므로 구분이 필요하고 ,낙정관살 놓은 자가 급각, 또는 단교관살이 가중되면 그 작용이 더 심해진다.

사주감정에 있어서 이 살과 연관이 되어 지면 흉사도 흉사지만 중상묘략 및, 함정에 빠진다, 사기를 당한다. 로도 해석이 가능하다.

(61)

卯寅夏月	그사람이	日柱庚寅	午戌이면
痔疾盲腸	腸窒扶斯	事前注意	必要하오
묘인하월	그사람이	일주경인	오술이면
치질맹장	장질부사	사전주의	필요하오

인묘하월이라 함은 寅,卯,巳,午(인,묘,사,오)월이라 오행으로는
木火(목화)라　庚寅(경인)일주, 庚午(경오)일주, 庚戌(경술)일주의
예이다.

0　庚　0　0　　　　　庚寅(경인)일주에
0　寅　卯　0　　　　　지지에 목화 국을 이루고 있다.

```
0    庚    0    0        庚午(경오)일주에 寅(인)월생으로
0    午    寅    0        지지에 火국 이루고  있다.


0    庚    0    0        庚戌(경술)일주에 午(오)월생으로 지지에 火국을
0    戌    午    0        이루고 있다.
```

*地支(지지)에 木火局(목화국)을 이루고 있으면 치질, 장질부사 뿐 아니라 빈혈환자, 에도 해당이 된다.

*여자는 골다공증도 위험하고, 관절염환자요, 피부병도 유의 특히 치아의 관리에도 신경을 써야한다.

(62)

```
辛卯巳未    生日人이    寅卯夏月    出生해도
亦是痔疾    盲腸으로    呻吟함이    있게된다
신묘신미    생일인이    인묘하월    출생해도
역시치질    맹장으로    신음함이    있게된다
```

```
辛    辛    辛        왼쪽의  일주  소유자들도  寅,卯,巳,未(인,묘,사미)월에
卯  , 未  ,巳        출생을  해도  마찬가지이다.
```

```
0   辛   0   0          0   辛   0   0          0   辛   0   0
0   卯   寅   0          0   未   巳   0          0   巳   未   0
```

일주에 지지(지지)목화(목화)를 이루고 있음은 위와, 같이 치질 맹장이 있 게, 되는데 맹장도 급성과 만성이 있으므로 이에 대한 판단도 유념하여야 한다.

(실전사주의 예)

```
乙   辛   甲   乙        일  열심히  하고도  돈을  받기가  힘든  사주이다.
酉   卯   寅   卯        돈받으러  갔다가  병원으로  직행해서  맹장수술
                       받은  사람의  사주이다.
```

(63)

```
戊己日生    多水木金    脾胃弱해    걱정되고
庚辛日生    多逢火는    喘息血疾    咳嗽氣라
무기일생    다수목금    비위약해    걱정되고
경신일생    다봉화는    천식혈질    해수기라
```

무기일생 이라 함은 土일주의 설명이고 다수목금이라 함은 財(재))와 殺
(살)이 많음이라 財殺太過(재살태과)한 사주가 된다.土약해서 걱정이고,
庚辛(경신)일생 이라 함은 金일주인데 다봉火라 함은 극하는 관살인 火(화)
가 많고 木(목)인 財(재)가 많아도 똑같은 현상이 나타나는데 천식, 혈 질
환 신경통, 관절염 등의 현상이 나타나는데 ,그 주된 원인은 피로와 스트레
스라 특히 작명 시 아린아이의 사주에 이러한 성향이 포착되면 예방주사야
기본적인 사항이지만 기온의 변화에 각별히 신경을 써서 사전에 예방이 되
도록 부탁을 드려야 한다.

(실전사주의 예)

戊　　己　　癸　　甲　　　　현재 기업체에 근무 중인데 독보려고생각중인
辰　　卯　　酉　　辰　　　　사람의 사주이다. 피로와 스트레스로 곤곤한
　　　　　　　　　　　　　　사주이다.

(64)

壬癸日主	多逢火土	痔疾淋疾	鼻塞氣요
甲己日生	多逢金은	筋痛骨痛	呻吟있네
임계일주	다봉화토	치질임질	비색기요
갑기일생	다봉금은	근통골통	신음있네

임계일주라 함은 수(수)일주를 설명하고 다봉 화토라 함은 재 와 살이 많음
이라 치질(치질), 성병 중에서도 물(고름)이 나오는 임질에 걸려 고생해보
고 방광에도 이상이 생겨 소변보기도 힘들어지고 노년에는 특히 조심하여야
한다.

鼻塞(비색)이라 함은 코에 관련된 설명인데 金(금)은 얼굴에서 코에 해당이
된다. 코에 연관된 병은 직접적으로 오는 병과 그 여파로 인해서 생기는 병
이 있는데 비색기라 함은 水(수)기가 약해서 생기는 병에 해당이 된다.
그런데 水기가 약한데 왜 金인 코에 이상이 온단 말인가?
사주감정에 있어서 초심자들이 제일로 많이 실수하는 부분이고 핵심적인
사안이다. 눈에 나타나는 일차적인 부분에만 집착을 하지마라.
바로 지금과 같은 이차적인 부분을 보아야 하는 것이다.

水(수)의 어머니는 인수로 바로 金이된다. 자식이 기력이 없어 골골하는데
가만히 보고만 있는 어머니는 없다.
자연히 발 벗고 나서게 되는데 온갖 정성을 다하다 보니 기력이 쇠하여지게
되는데 그로 인하여 병이 새기게 되는 것이다.
바로 이러한 점을 간파하여야 한다. 비색기의 증상으로는 코맹맹이 소리,

코가 막혀 숨쉬기가 힘들어지고 코의 전유물인 후각기능이 마비되고 축농
증, 코뼈가 휘어짐 등의 이상 증세가 보이게 된다.

甲,乙(갑을)일생 이면 木(목)일주다. 다봉 금이니 이 역시 관살이 많음이
다. 목은 근육이요 살이다, 금은 뼈니 관절이 되고
金,木相戰(금,목상전)이면 어떠한 현상이 벌어질까?
서로가 동등하여 균형이 이루어지면 다행인데 아니니 문제가 발생한다.
나무는 연약한데 무자비하게 전기톱을 들이댄다 생각을 하여보자 전기톱이
너무 심하다면 도끼로 바꿔보자 그래도 마찬가지이다.
매사가 꼬이기만 하고 되는 일이 없다, 될 듯 하면 문제가 생기니 환장할
노릇이다.

건강상으로도 문제가 생기는데 조금만 운동을 하여도 근육통이요 신경통이
다. 금목상전의 경우 건강상으로는 신경통, 근육통 ,관절염, 치통, 등 여러
증상이 보이게 되는데 특히 통자 항렬의 병병이 많이 들어간다. 두통, 치통
--------등등 예외인 경우도 있지만.

(실전사주의   예)

| 庚 | 壬 | 甲 | 甲 | 젊은 시절 성병 앓아보고 혼 이난 사주이다. |
| 子 | 戌 | 戌 | 午 | |

| 丁 | 甲 | 辛 | 庚 | 과중하고 무리한 운동으로 인하여 관절과 근육의 |
| 卯 | 申 | 巳 | 申 | 이상으로 가끔씩 곤욕을 치른다. |

(65)

寅巳午未	戌月生人	甲乙寅午	巳未戌日
咳嗽喘息	基疾病에	恒常골골	하게되오
인사오미	무월생인	갑을인오	사미술일
해수천식	기질병에	항상골골	하게되오

寅, 巳, 午, 未, 戌(인, 사, 오, 미, 술)월이라 함은
월지에 火(화)국을 형성하고 있다고 보아야 할 것이다.

| 甲 | 甲 | 甲 | 甲 | 甲 |
| 寅 , | 午 , | 戌 , | 巳 , | 未 |

위의 일주가 寅, 巳, 午, 未, 戌(인, 사, 오, 미, 술)월에 출생 하였다면 地支(지지)가 모두 火(화)국을 형성하고 있다. 木(목)일주에 지지가 火국이 므로 일간 나무는 항상 건조하고 메말라 항상 불에 타고 있는 형상이다.

* 사주에 木, 火(목, 화)가 많은 경우-------여름이 지겨운 사람이다.
  오뉴월 감기는 개도 안 걸린다고 했는데 ----------
* 金, 水(금, 수) 가 많은 경우----------반대로 겨울이 무서운 사람이다.
               겨울만 되면 추위와 기침, 천식으로 고생한다.

(실전사주의 예)

庚 甲 甲 丙   현재 학원 업에 종사하고 계시는 분의 사주이다.
午 寅 午 午   되면 항상 피곤한 사주

(66)

金木星이	十至月은	酒風中風	滯症있고
鼻塞氣가	있게되니	恒時過飮	注意하소
금목성이	십지월은	주풍중풍	체증있고
비색기가	있게되니	항시과음	주의하소

金, 木星(금, 목성)이라함은 金, 木(금, 목)일주라 십지월은 10, 11, 월이 라 겨울에 출생한 사람인데 주풍은 술로 인해 생기는 현상으로 손의 떨림 이 라던가 안면근육 마비, 팔다리가 힘이 없고, 주풍은 그 원인이 여러 가 지 이지만 고혈압이 원인도 되고 기타 많은데 추후 살피기로 하고, 체중 은 소화불량 이라 먹은 것이 항시 소화가 잘 되지 않아 나타나는 현상인데, 다 른 음식물도 분해가 잘 되지 않아 거북한 상태인데 거기에 술까지 겹쳐서 부담을 주니 주독이 항상 몸에 있고 술은 물이라 물은 차가움이니 한기가 더욱 기승을 부리고 증세가 더욱 심하여지니 항상 과음은 주의 하여야한다. 비색기 역시 가중되어 증세가 악화 될 뿐 이다.

(실전사주의 예)

己 辛 癸 壬   신금일주에 금수기가 왕 하여 주독이 풀리지 않은 채
丑 巳 丑 辰   지나친 과음으로 교통사고 있었다.

丁 丁 辛 丁   정화일주의 사주이다. 항상 비색기로 고생하였는데,
未 未 丑 亥   2003년 계미년에 코 수술을 하였다.

(67)

火旺四柱	金日主는	두드러기	腫氣之疾
木火日主	太弱하면	癎疾風病	두렵구나
화왕사주	금일주는	두드러기	종기지질
목화일주	태약하면	간질풍병	두렵구나

목화 일주라 함은 갑, 을 일주와 병, 정 일주를 말하는 것이고 사주 자체가
신약하게 되면 신경과 정신이 혼미하여 지므로 마치 정신 나간 사람 같아지
고 간질의 증세도 보인다.
기운이 처지거나 몸이 약해진 경우는 더욱 두드러진다. 불규칙적인 발작으
로 인하여 주위의 사람들을 괴롭힌다.

(실전사주의 예)

癸	庚	丙	丁	피부병환자의 사주다 .물만 바꾸어 먹어도 탈이 나고
未	子	午	巳	온몸에 두드러기가 잘 생기고 옷도 잘 탄다.
				피부이상 증세.

(68)

四柱挑花	逢刑者와	滾浪挑花	만난자는
痔疾痳疾	梅毒膀胱	呻吟함이	있게되오
사주도화	봉형자와	곤랑도화	만난자는
치질임질	매독방광	신음함이	있게되오

도화도 도화 나름이다. 삼형 살을 맞으니 온전하겠는가 말이다.
또 곤랑도화란 무엇인가?
곤 랑 도화란 天干(천간)은 합이 형성이 되고 地支(지지)에는 형살이
형성 되는 것으로 지지에서 이루어지는 것은 子,卯 刑 뿐 이다.

도화하면 제일 먼저 생각하는 것이 바람기가 아니던가?
육친관계도 살펴보아야 하겠지만 우선은 본인이 먼저 가 아니던가?
자유분방 하여진 성도덕으로 인하여 정조관념이 사라지는 세태가 아니던가?
그로 인하여 예전부터 화류 병이라 불리던 성병들이 사라지지 아니하고 이
제는 에이즈라는 무서운 공포의 대상이 온 지구를 시끄럽게 하지 아니하는
가? 모든 것이 자업자득이요 업보인 것을----------

0	丙	辛	0	천간은 丙,과 辛이 合을 이루고
0	子	卯	0	시지는 子 와 卯가 刑을 이루고
				특히 성병은 신약한 사주가 더 자주 걸린다.

보균되는 기간도 길다. 신 강한 사주는 저항력도 강하여 똑같이 외도 하였어도 신 강한 사주는 그 정도가 덜하다. 사주는 일단 강하고 보아야 하나 보다.

(실전사주의 예)

壬　壬　辛　辛　　　　　금수 냉한 사주이다, 자묘 형살에 습木이 되어
子　子　卯　卯　　　　　파격이 되어버린 사주이다.

(69)

戊己日弱	地支刑은	胃腸手術	있어보고
四柱中에	金水冷은	小便자주	보게된다
무기일약	지지형은	위장수술	있어보고
사주중에	금수냉은	소변자주	보게된다

土(토)일주가 신약하여 생기는 현상이다.
거기에 형을 첨가하니 그렇고 지지 형이므로 辰, 戌, 丑, 未(진, 술, 축, 미)를 깔고 있는 상황이니 축, 술, 미 刑(형)이므로 토는 위장계통 이라 형살이 가임되어 수술이 아니고 무엇인가?

　　0　戊　0　0　　　　　일주가 이러하니 지지의 어디 던 卯(묘)가
　　0　子　0　0　　　　　위치하게 되면 위장병으로 인한 고통이다.

　　0　己　0　0　　　　　이것 역시 마찬가지이다.
　　0　卯　0　0　　　　　지지에 子가 오게 되면 똑같은 상황이 된다.

여기서 한 번 생각 할 것은 子, 卯 형만 보지 말고 戊, 己즉 土가 卯목에 극을 당한다고 보면 어떨 런지?

사주에 金, 水가 많으면 화장실의 출입이 잦다. 왜? 金, 水가 많으니 우선 추우니까 움추린다. 추우면 피부가 거칠어지는 것은 당연한 일이지만 사주 자체가 냉한 경우는 또 달라진다.

火기가 많으면 金은 水에게는 꼭 필요한 존재가 되지만 화기가 부족한 경우 금은 수에게 오히려 화근이 된다, 가뜩이나 서늘한데 오라는 火는 안 오고 차가운 金이 와서 더욱 춥게 만드니 ,오라는 딸은 안 오고 미운 애꾸눈 며느리만 오는 형상이다.

이로 인하여 수인 신장 ,방광 기능이 제대로 작동이 안 된다.
오줌보가 수축이 되어 오그라드니 찾는 곳이 화장실이다.
저수량이 적으니 자꾸만 물이 넘쳐 배설을 해야 한다.
이것 또한 따뜻한 여름에는 무난하나 겨울이면 힘들어진다.
그렇다면 이런 사주의 소유자의 어린 시절로 돌아가 보자.
대체적으로 밤에 잠자리에서 오줌을 자주 싼 경우가 많다.
그것이 도가 지나치면 늦게까지 가는 경우도 있고 ---

金일주의 사주일 경우는 金이 강하니 木이 맥을 못 추고 그러다보니 ,木은
자율신경이라 조절이 뜻 데로 안 되니 아침에 잠자리에서 해가 중천에 올라
도 나오지를 못하게 되는 것이 아닌가?

水일주의 사주는 어떠할까?
가뜩이나 물이 많은데 또다시 金까지 합세하니 여자라 하면 남편이 맥을 못
추게 된다. 다행이 남편인 火기가 어느 정도 견딜 만하면 괜찮은데 벌써 이
정도면 힘들어진다. 자연 남자는 소식도 없고 손목을 잡아도 火인 전기가
오는 둥 마는 둥이 되고 지나치면 불감증이요.
火기가 약발이 받으면 옹녀의 탄생이라 경계선에서의 차이가 이토록 상반된
결과가 나온다.

(실전사주의 예)

庚	壬	癸	癸	금수가 왕한 사주의 예이다
子	申	亥	卯	남편 덕이 꾀나 없는 여자의 사주다.
				주식투자하여 개미군단의 일원으로 희생자가 된
				사주다.

   증권은 묘木이 습 목이 되어 별로다. 해 묘 목 국도 성립이 되나
   종이자체가 젖어있어 증권과는 거리가 멀다.

己	壬	庚	辛	임수 일주에 금수가 냉한 사주이다.
酉	戌	子	酉	젊은 나이 이지만 이성에 대해 아직
				너무 무감각하다.

(70)

四柱炎上	水火相戰	水木日生	多水木은
늦게까지	잠자리에	오줌싸게	된답니다
사주염상	수화상전	수목일생	다수목은
늦게까지	잠자리에	오줌싸게	된답니다

사주 炎上 格과, 水와 火가 대치국면인 사주의 상황에서는 염상 격 이니 이는 화기가 왕한 사주라 그리고 지지에서   火局 즉 불기운이 주동하는 형상이니 한 방울의 물이라도 어찌 남아 있겠는가?

수 역시 자기 기능을 완전히 상실할 그러니 방광이 문제되니 매일 오줌 싸고 키 쓰고 소금 얻으러 다닐 수밖에--------- 아이들 오줌 싼다고 야단 칠 것이 아니다.
사주를 한 번 분석을 하고 그것의 원인이 정신과, 자율신경인지 아니면 찬 기운으로 인한 것인지 판단을 하여 처방을 하라.

水는 비뇨기계통이요. 木은 신경, 정신, 자율신경이니 환경의 영향도 많은 것이다. 일단은 화목한 가정의 분위기가 우선이다.
최근 들어 요실금이라 하여 말도 못하고 있다가 병원 찾는 사람도 많은데 사주분석을 한번 하여보라.

운에서의 흐름이 어떠한 가 도 보고 갑자기 집안 분위기가 어떤가도 살펴보고 사주원국과도 비교하여 보라. 노쇠하여진다고 무조건 생기는 것은 아니다. 물론 어느 정도 원인 제공도 있겠지만 ----------

그렇다면 중년 또는 청년에서   보이는 이유는 무엇인가?
곰곰 생각해보라. 실질적으로 화 일주는 오줌을 안 싼다.
잠귀가 밝아서 눈뜨고 자니 대낮에 이불에 왜 쉬하느냐고 일어나서 화장실로 직행 한다.

금, 수 일주는 밤이니 마음 놓고 쉬하니 오줌 싸고 신약한 목 일주는 아침인지 밤인지 구별하다 보면 눌까 말까 망설이다 쉬하고

（실전 사주의 예）

| 辛 | 壬 | 甲 | 甲 | 午, 戌이 습이되어 壬수 일주를 괴롭힌다. |
| 丑 | 戌 | 戌 | 午 | 13세 까지 오줌을 쌌던 사주다. |

(71)

三冬春生	壬癸日生	其日主가	甚冷한데
四柱中에	不見火는	耳聾咳嗽	風疾이요
삼동춘생	임계일생	그일주가	심냉한데
사주중에	불견화는	이롱해수	풍질이요

三 冬春生(삼동춘생)---亥, 子, 丑 寅, 卯 月 生(해,자,축,인,묘 월
생)--10, 11, 12, 1, 2월
壬 癸 日 生이란---水일주를 이르며 사주 중에 불 견 화란 사주 중에 火기
가 극히 미약하거나 없는 경우이며
耳聾咳嗽(이롱해수)-----청각장애인을 말한다.

金,水(금,수)가 많은 사주는 이미 조후를 상실하고 있는 사주인데 이비인후
과 계통의 질병이 항시 따라다닌다. 특히 심기가 약하면 귀가 울리는 것처
럼 현상이 나타나고 이것이 정신면으로 연결이 되면 정신착란의 증세도 나
타날 수가 있다.
몇 년 전 방송뉴스 시간에 돌발적인 사고로 뉴스 진행도중 횡설수설하며 이
끌려나간 사람도 이런 형태로 보면 될 것이다.

金, 水 왕 하면-------火기가 맥을 못 춘다. 화기는 주로 심장계통이 되고
金기가 폐 계통이 되니 기관지가 찬 기운에 수축이 되어 해소 ,천식, 기침
으로 연결이 된다.

(실전사주의 예)

乙 丁 辛 癸   온갖 질병으로 시달리고 있는 사주이다.
巳 丑 酉 丑   기력도 쇠하여 정신도 가끔 오락가락 한다.

(72)

食神刑沖	財星逢沖	奇生虫이	많이있고
水土日柱	失道하면	便秘泄瀉	糖尿로다
식신형충	재성봉충	기생충이	많이있고
수토일주	실도하면	변비설사	당뇨로다

식신과 재성이 형, 충, 파, 해 등을 만나면 기생충이 많이 있고 수 일주 즉
임, 계 일주 토 일주(무, 기)일주가 실도 한다는 것은 자기의 기능을 상실
함. 그로 인하여 변비, 설사, 당뇨 등의 원인이 된다.

예전에는 기생충이 기승을 부린 적이 꽤 오래 있었다.
학교 교실 벽 에도 큼직하게 포스터까지 등장하고 그랬었다.

이미 지나간 추억속의 이야기 인데 ------------
요즈음 생각지도 않게 수입김치에서 기생충 이야기가 나오니 어처구니가
없다. 원래 기생충은 후진국에서 나오는 이야기 인데 어찌 작금에 이르러
이런 일이 생기는지 모르겠다.

요즈음 사주 추명을 할 때 기생충 운운하는 것은 우스운 이야기 이고,
식신이 형, 충 하면 여자는 그릇을 잘 깬다.
살림살이 가운데서 깨질 것이 무엇인가?
그릇이 아닌 가 그래서 또 다른 면으로 살펴보자.

긍정적인 면으로 보면 구 모델을 신 모델로 교체 한다고도 볼 수 있는 면도
있다. 형, 충일 경우는 지출이 손해가 돼서 장만하는 것이요.
합이 들 경우는 웃으면서 기쁜 마음으로 장만하는 것이 된다.
재성은 음식도 되니 추가하여 추명하면 될 것이다.

재성이 형, 충 되면 음식에 체하기도 하고 심하면 제가 집 음식 잘못 먹고
식도가 막혀 사망하는 수도 있고, 재다 신약일 경우 구토 도중 식도가 막혀
사망하는 수도 있으니(재다 신약일 경우) 재성이 형, 충에 임할 때 항시 주
의하도록 이야기 하여주라.

지나친 과음, 과식 주의하고 위경련, 위궤양도 주의요.

*변비는 火기가 왕한 사람에 많이 생기는데 거의 다혈질의 성격이 많다.

   *이런 사람은 아침에 일어나면 시원한 냉수 한 사발이 어떨 런지---
   *사주에 水기가 없다고 무조건 물 자꾸 마시면 큰일 난다.
   *전체적인 파악을 먼저 하고 결론을 내려라.

(실전사주의 예)

| 甲 | 己 | 己 | 癸 | 조토에 목기가 왕 하여 수기가 맥을 못 춘다. |
| 辰 | 未 | 卯 | 卯 | 물을 많이 먹으면 손과 얼굴 그리고 몸이 전체적으로 붓는 체질. |

   * 설사의 경우는 금, 수가 많아 사주가 냉한 사람이 많고
   * 당뇨의 경우는 토가 많은 사람이 주의해야 하고.

(73)

火日柱가	融融한데	四柱無水	하게되면
咽乾口燥	唾不足해	消化不良	틀림없다
화일주가	융융한데	사주무수	하게되면
인건구조	타부족해	소화불량	틀림없다

火일주는 丙, 丁일주를 말하고 융융하다 함은 왕 함이요.

사주에 水가 없으니 일단은 건조 함 이요, 입이나 목구멍이 건조하면 자꾸만 타액(침)이 마르게 되는데 타액이 부족하면 이 또한 소화불량의 원인이 되어 소화에 지장이 오고 소화불량이 변비로 바뀌게 된다.

(실전사주의 예)

乙 丙 庚 甲
未 申 午 寅   병 火 일주에 水기 라고는 일지에 임 水이다.

(74)

四柱中에	刑沖殺은	자라날때	몹시울어
父母애를	태워주니	父母勞苦	배곱이라
사주중에	형충살은	자라날때	몹시울어
부모애를	태워주니	부모노고	배곱이라

사주 중에 형, 충, 살이 많으면 삶 자체가 많은 고난과 시련 그리고 역경이 많다. 그만큼 순탄하지가 않다는 이야기다. 상대방의 어려움은 그만큼 많이 이해 하여주는 장점이 있으나, 때로는 지독하다는 소리를 들을 정도로 일에 매진하기도 한다.

목적을 위해서는 물, 불을 안 가리는 경우도 있다.
대체적으로 두뇌는 명석한 편이나 빛을 보는 사람이 그리 많은 편은 못된다.

(실전사주의 예)

乙 丙 庚 甲 천간으로 갑, 경, 병, 경 沖 이요, 지지로는 자, 오충에
未 子 午 子 자, 미 원진이다.

丁 庚 癸 乙   천간으로는 정계 충이요, 지지로는 축술미 형살이다.
亥 戌 未 丑   술, 해 천문성이 돋보인다.

무조건 끝까지 파격 사주라고만 보는 것도 위험하다. 오히려 파격이 되어야 吉(길)이 되는 사주도 있는 것이다. 일단 형이나 충이 많은 사주는 파격사주로 본다. 아기가 유달리 보채고 울 때는 일단 건강의 문제를 처음으로 보나 환경을 잘 살펴보아야 한다.

집안의 기운이 쇠하거나 기의 흐름이 원만하지 않으면 아기는 희한하게 그 기운을 감지하고 울어댄다. 자라면서도 아이들이 속을 썩이면 그 집안에 문

제가 있는 것이다.

간접적인 원인일 수도 있고, 직접적인 원인일 수도 있지만 아이의 환경에 무엇인가가 변화가 느낌이 올 정도로 오고 있다는 것이다.
그것이 작용하는 면에 있어서 부정적인 방향으로 흐르고 있다는 것이다.
또한 수맥과도 연관을 지어서 생각을 해 볼 수도 있는데 아이들은 항상 환경이 정갈하고 깨끗한 곳에서 키워야 올바른 사고방식에 건전한 마음을 갖게 되고 또한 건강하게 자라게 되는 것이다.

아이들이 심하게 울 때는 여러 측면에서 두루 살펴보고 결론을 내려 현명하게 자녀를 키우도록 힘써야 할 것이다.
주로 그 원인은 어른에게 있음을 재삼 확인하도록 해야 한다.

(75)

正四七十	寅未時와	子午卯酉	未日時는
小兒時에	夜啼甚해	父母걱정	많았도다
정사칠십	인미시와	자오묘유	미일시는
소아시에	야제심해	부모걱정	많았도다

정 사, 칠, 십 이란 순서를 이야기 하는 것인데 정이란 1이요,
나머지는 4,7,10을 설명하는데 寅, 申, 巳, 亥를 말한다.
지지의 순서대로

  寅---1, 巳----4, 申---7, 亥----10
  숫자의 순서와 寅, 申 ,巳 ,亥를 잘 구별하도록
  寅, 申, 巳, 亥의 寅 未 時에 출생한 자와

子 ,午, 卯 ,酉의 未日이나 未時에 출생한 자는 夜啼(야제)가 심했다
夜啼(야제)----밤에 많이 우는 것 그로 인하여 부모의 걱정이 매우 심하였
   다. 아기들이 밤에 많이 우는 것은 낮과 밤이 바뀌어서 많이
   우는데 환경의 변화와 연결해서 응용을 해보도록 하자.

(실전사주의 예)

乙 丙 戊 丙   어학학원의 선생님의 사주이다.
未 午 戌 午   형제가 많은 탓 일까? 자랄 때 꽤나 울보였다.

아이가 보채고 심하게 우는 것은 집안이 뒤숭숭하고 어수선하다고 보라, 진행하는 일이 신통치가 않음을 감지하여야 한다.
아이들은 영이 맑고 깨끗하여 상황을 암시하는 것이다.

(76)

*사계절이라 함은 辰, 戌, 丑, 未 月을 말하고

   진,술,축,미———————————————— ——酉日 이나 酉時출생
   春(춘)—————寅,卯(인묘) 월생—————————午日 이나 午時출생
   夏(하)—————巳,午(사오) 월생—————————酉日 이나 酉時출생
   秋(추)—————申,酉(신유) 월생—————————子日 이나 子時출생
   冬(동)——————亥,子(해자)월생—————————卯日 이나 卯時출생

   * 쉽게 암기하는 방법—————月이 生 하는 時

(실전사주의 예)

己　乙　乙　丁
卯　酉　巳　未　——————사, 오 월에 출생, 유시의 경우

壬　乙　癸　乙
午　酉　未　巳　—————진, 술, 축, 미 월에 ,유시의 경우

丙　壬　庚　辛
午　午　寅　丑　——————인, 묘 월에, 오시인 경우

(77)

(78)

寅申生이	巳亥時와	卯酉生人	子午時는
개에한번	물려보니	猛犬注意	해야하오
인신생이	사해시와	묘유생인	자오시는
개에한번	물려보니	맹견주의	해야하오

(79)

丑未生이	辰戌時와	丑未戌日	柱逢戌도
狂犬猛犬	물리우니	恒時犬口	注意하소
축미생이	진술시와	축미술일	주봉술도
광견맹견	물리우니	항시견구	주의하소

예전에는 개가 참 많이도 다녔다. 집집마다 개 키우는 집도 많았었다.
그러나 지금은 그 형태가 완전히 다르다, 개를 키워도 애완용이다.
개의 크기도 줄었고 종류도 애완견으로 거의가 변화하였다.
특별한 경우 외는 큰 개를 보기가 힘들다.
보신용 개도 있지만 예전에는 보신용 개도 많았었는데 지금은 그에 대한 논란 또한 적지가 않다. 전문적으로 개를 키우는 농장이 있으니----
광견병에 걸린 개들도 종종 볼 수가 있었는데 이제는 지난 추억의 이야기다.
현세는 조류독감이 창궐하고 있는데 이런 비유는 어울리지 않을 것 같고 하여튼 예전에는 외국인들 한국에 처음 와서 개 조심 씨 계세요? 하고 했다는 이야기도 많았었다.
가축에 의한 병 또는 가축을 조심하라는 시대적인 이야기다.
그럼 현세에는 어떻게 해석을 해야 옳을 것인가?
역시 개는 개인데 물릴 정도의 개는 접하기가 힘들다. 그저 참고만 하기에는 뜻이 너무 아쉽고, 각자가 현세에 맞게끔 추명해보라.

*간혹 개를 전문적으로 키우는 곳에서 아이들처럼 약한 이를 공격하여 살상하는 경우가 있는데 가두어 키우는 것에 대한 스트레스가 쌓여 성격이 난폭해져 공격적이 되어버려 이러한 일이 생긴 것이다.

직업에 관하여

현시대에는 직업도 가지가지다.
크게는 남, 여 구분을 하여보기도 하지만 그 벽도 많이 허물어져가고 있다.
예전에는 직업의 직종이 사, 농, 공, 상 을 기준하여 그에 연관된 직종에서
국한된 정도였으나 지금은 상상도 못할 정도로 직종이 세분화 되어 세상 돌
아가는 형세에 뒤지게 되면 상담 할 때 어려움이 따른다.

명리도 틀어 박혀서 하는 명리가 아니라 직접 실전에 실전을 거듭하여야 정
확한 추명을 할 수 가 있을 것이다.

입시철에는 어느 학과가 인기가 있고 전망이 어떻고 추세가 어떠한지 증권
에 있어서도 주가가 어찌되고 흐름이 어떠한지?
업종도 어떠한 업종이 뜨고 지는 지도 빨리 파악을 하여야 상담 시에 막힘
없이 발 빠르게 상담을 할 수 가 있을 것이다.

그에 대한 제일 빠른 방법은 신문을 매일 매일 부지런히 읽고 필요한 부분
은 스크랩도 하고 필요한 부분에 대한 책도 빠짐없이 필독을 하여야 할 것
이다.

대인 관계도 많아 많은 사연도 들어보고 직접 겪어도 보아야 진정한 상담의
희열을 느낄 것이다.

오행에 따른 직업의 분류

*木(목)---------목재, 섬유, 의류, 농장, 교육, 출판, 약초, 이미용, 악기, 기에, 가구, 통신, 양재, 건축 인쇄, 의약, 카운슬링, 가공업, 번역, 집필, 문화사업 ,양로원, 놀이방, 학원 업, 문구판매, 과목, 공예, 원예업, 건재상, 분식업

*火(화)---------화학 약품, 유류 및 제반상품, 화학계통, 전기, 전자, 통신사 업및 인터넷 관련사업, 약품 취급 관련 직종, 교육관 사업, 언론방송계통 및 관련 사업 열 가공 계통, 항공관련 사업 및 연관 분야.

*土(토)---------농업관련 분야, 부동산 관련 사업 및 개발사업, 종교 및 관련 업종, 철학 및 관련 직종, 토지개발공사, 개발사업, 중개역할 관련 분야.

*金(금)---------철강,광속,금속,제련,중공업분야,경공업 분야, 자동차 사업 및 관련 분야, 광산개발,지하자원개발,해저탐험,유전개발, 기계조립, 공구, 철물제조 판매, 군, 경, 검찰, 항공 및련 사업

*水(수)--------수산물,주류업,해저개발,유전탐사,유흥업,관광업,냉동식품,해운업,식품업,수도사업부,호텔,숙박업,법과계통,법무사, 건강관리센터, 수영장빙상계통, 물과 연관된 업종

(80)

驛馬官財	印綬者는	國際機關	登名하고
重重地殺	驛馬多人	通譯官을	하여본다
역마관재	인수자는	국제기관	등명하고
중중지살	역마인수	통역관을	하여본다

역마살이 관성, 재성, 인수에 해당하면 국제기관에서 출세하고 지살과 역마가 많은데 인수 또한 많으면 아는 것이 많으므로 통역관이 되어본다.

寅, 申, 巳, 亥가 역마 인데 그 자체가 역마로써 財나 官이되어 있을 때는 외교관으로써 해외출입이 잦고 외국기관에 근무도 하여보고 ,해외지사 근무로 국익에 일조하고 이름을 날린다.
통역관에 어울리는 일주는 화 일주가 제격이다.
화 일주는 다른 일주 보다 말을 잘한다. 어학계통에 발달이 되어있으니.

(실전사주의 예)

癸　丙　甲　丙
巳　寅　午　申　　현재 무관으로 해외에 파견근무중인 사람의 사주이다.

(81)

四柱中에	財官合은	金融財政	出世하고
丑月生人	丁巳日은	支店長을	하여본다
사주중에	재관합은	금융재정	출세하고
축월생인	정사일은	지점장을	하여본다

0　丁　0　0　　월지와 일지가 합하여 재국을 형성했다.
0　巳　丑　0　　합을 해서 들어왔으므로 재정 계, 금융계가 제격.

사업도 한 번 해 볼만 할 터인데 왜 월급생활을 할까? 신약으로 사주가 약하다. 일지, 월지가 국을 이루니 내 돈 벌려고 하는 것이 아니고 남의 돈 벌어주는 사주다. 요즈음은 연봉제,CEO 복잡하므로 다 장단점이 있다. 사주에 재고나 관고가 있는 사주는 금융계통에서 출세한다.

예전에는 주로 은행 쪽을 위주로 하였으나 지금은 그분야가 세분화되어 증권, 부동산 ,등 기타 타 분야라도 재산증식에 연관된 분야면 전부 이에 해당이 된다고 보면 될 것이다.
재2금융권,　사채 등등-중요한 것은 사주가 신강, 신약에 따라서 등급이 정

해지는 것이다. 정사 일주가 재 ,관 격으로 연결이 되면 정계도 넘보게 되
는데 대체적으로 크게 성공하는 경우가 별로 없고 결국에는 다시 그 밥을
먹게 되는데 그것도 다 타고나야 하는 것이지, 과욕으로 패가망신을 하는
사람을 우리 주변에서 자주 보지를 않는가?

사람의 욕심은 끝이 없는 법 財는 官을 생하지만 印까지는 못한다. 그래서
官으로 연결이 되어도 빛을 못보고 그럭저럭 끝나는 것이다. 또다시 재로
돌아오게 되는 이유인 것이다. 송충이는 솔잎을 먹는 법이 바로 그런 연유
에서다.

(실전사주의 예)
丁 辛 戊 乙   현재 모 은행의 지점장의 사주이다.(2005년)
酉 酉 寅 未   학창시절 잠시 친척집에서 거하면서 공부 하였다.
                 통솔력과 두뇌의 우수성을 인정받으며 성실한 생
                 활. 신강하고, 재와 관도 확실하여 충분히 다스
                 려 나간다.

(82)

丑月庚日	出生者와	庚日生人	丁丑時도
身傍官庫	놓았으나	亦是銀行	公務로다
축월경일	출생자와	경일생인	정축시도
신방관고	놓았으나	역시은행	공무로다

丑월의 庚일생 이라고 하면 丑은 지 장간에 癸, 辛, 己로서
庚의 입장에서 보면 관고는 아니다.
庫로 보게 되면 自庫가 되는 것이다.

0 庚 0 0   다시 한 번 관계를 잘 살펴보도록 하자.
0 0 丑 0   그럼 官庫가 되려면 어떻게 하여야 할까?

官庫가 되려면 戌이 되어야 한다. 戌----辛 ,丁 ,戊 (지 장간)
그러므로 戌月 庚 日이 되어야 문장이 옳은 것이다.

庚 日 生 人 丁丑 時도 경일 생인 술시로 바뀌어야 하는데 경일에 술시는
庚 日에 丙 戌時가 된다.

   * 종합하여 보면 戌月 庚 日, 庚 日 丙 戌 時가 맞는 것이다.

(실전사주의 예)

己　庚　庚　壬
卯　寅　戌　寅　　　　　　戌월에 庚일인 사람의 사주이다.

(83)

四柱中에	財旺格과	棄命從財	놓은者도
財政機關	錄을타서	財務銀行	稅務로다
사주중에	재왕격과	기명종재	놓은자도
재정기관	록을타서	재무은행	세무로다

재정기관이라 함은 은행,재무부,국세청,국영기업체,세무관등 여러 기관이 있다. 사주에서 재 왕격이라도 주의 할 것이 있는데 정재와 편재구별이 되어야 한다. 정재로 되어 있으면 금융, 재경 공무원이지만 편재로서 신왕제왕 일 경우는, 사업가나 재벌 금융계의 거두로써 두각을 나타낸다
.
사채시장 ,투기의 큰손으로도 두각을 나타내고 이것이 편재와 정재의 차이 이다. 정재는 안정된 수입에 기반을 두지만 편재는 통이 크다. 고로 적은 돈은 눈에 안차고 일확천금식의 큰돈과 게임을 한다.

기명종재는 종재 격 인데 자신을 버리고 삶 하여야 하는 사주인데 종할 수 있으므로 棄 命 이라는 소리가 나온다. 이러한 종재격도 三合, 局이 되면 큰손 이거나, 재벌이 된다.

(실전사주의 예)

癸　戊　戊　庚
亥　申　寅　戌　　　　　　고인이 되신 S 재벌 창업주의 사주이다.

丁　庚　丁　乙
丑　申　亥　卯　　　　　　얼마 전에 작고하신 H그룹 창업주의 사주이다.
　　　　　　　　　　　　　신왕 하고 財 왕 하여 재벌이 된 사주이다.

시상에 정관이 있으나, 습木이 되어 관을 생하기는 약간 무리가 따르게 된다, 재는 관을 생하나 정치까지는 무리수인 것.
대선에서의 패배는 이러한 연유에서 이다.

(84)

寅日生人	巳或見申	巳日生人	寅或見申
申日生人	寅或見巳	子日見卯	卯日見子
인일생인	사혹견신	사일생인	인혹견신
신일생인	인혹견사	자일견묘	묘일견자

(85)

丑日生人	戌或見未	戌日生人	丑或見未
未日生人	戌或見丑	名登警察	하여본다
축일생인	술혹견미	술일생인	축혹견미
미일생인	술혹견축	명등경찰	하여본다

* 84,85의 종합 설명이다.

```
0  0  0  0            0  0  0  0         0  0  0  0
0  寅  0  0  ------   0  寅  巳  0 ----  0  寅  申  0
```

*이와 같이 인일생인이 사 와 신을 타지지에서 만나거나 (사주의 예)
癸　壬　戊　丁
卯　寅　申　酉 --------　　　윤보선 대통령의 사주이다.

*사일생인이 인 과 신을 타지지에서 만나는 경우(사주의 예)
甲　己　丙　丙
子　巳　申　子 --------　　　김구 선생님의 사주이다.

*신일생인이　인 과 사를 타지지에서 만나는 경우(사주의 예)
戊　庚　辛　丁
寅　申　亥　巳　　　　　　지지에 인,신,사,해를 모두 갖추고 있다.
　　　　　　　　　　　　사주 또한 강하여 귀격의 사주이다.
　　　　　　　　　　　　초년부터의 이주가 심하였다. 박정희 대통령의
　　　　　　　　　　　　사주이다.

 *子일 생인이　묘를　다른 지지에서 만나거나
 *卯일 생인이　자를　다른 지지에서 만나거나
　　이상은 84번의 예이고
丑일생인이 타지지에서 戌 혹 未를 만나거나
戌일생인이 타지지에서 丑 혹 未를 만나거나
未일생인이 타지지에서 戌 혹 丑을 만나거나 하는 경우인데

이상은 모두 인 ,사, 신, 축 ,술, 미, 자, 묘 형살에 해당이 되는데 형살은
법관,군계통,정보계통,경찰,의약계통등으로 연결이 되고 의사일 경우 똑같
은 의사라도 형살을 놓으면 찢고, 꿰매고, 두들기고, 맞추고 외과계통의
집도 의로 수술 전문의 이다.

(86)

時上一貴	中格者는	警務課長	흔히보고
時上一貴	上格者는	內務長官	흔히본다
시상일귀	중격자는	경무과장	흔히보고
시상일귀	상격자는	내무장관	흔히본다

時上 一位 貴格(시상 일위 귀격)이란 時上에 偏官 格을 말하는데 중격자와
상격자에 대한 차이의 설명인데 경무과장, 내무장관 한 것은
　　　　　　　　*서열에 있어서의 차이를 설명한 것이다.
　　　　　　　　*일주가 얼마나 강하느냐의 차이에 따른 설명인 것이다.

(중격의 사주)

戊 庚 丙 甲
寅 午 寅 午　　　　　　　중격에 대한 사주이다.

(상격의 사주)

辛 庚 癸 癸　　　　　상격에 대한 사주이다.
巳 申 亥 巳

8.15후 수도 경찰총장과 국무총리를 역임한 장택상 씨의 사주.

(87)

乙日庚日	支金局은	內務次官	흔히보고
四柱中에	從格印綬	政治家에	많이있다
을일경일	지금국은	내무차관	흔히보고
사주중에	종격인수	정치가에	많이있다

乙(을)일주가-----地支(지지)에 金 國(금 국)---從殺格(종살격)
金(금)일주가-----地支(지지)에 金 局(금 국)---從革格(종혁격)

왜? 내무차관이라고 하였을까?

예전에는 내무부가 치안관리에는 선봉 이였다. 그렇다고 지금은 아니라는 이야기가 아니다, 6.25전후의 상황이므로 그 당시에는 막강한 권세가 있었다. 그 후로 정권이 많이 바뀌면서 소위 실세라는 눈에 안 보이는 자리들이 생기면서 인식이 많이 달라진 것 뿐 이다.
전시의 병권과도 같을 정도로 막강하다는 표현으로 해석하면 된다.

金이라는 오행의 성격을 견주어서 생각하면 될 것이다.
종격인수라 함은 인수로서 종하는 사주를 말하는데 인수에 인수 국을 깔고 있으면 대학교수이 학, 총장인데 정치가에 많이 있다 함은 교수나 학자출신으로 정치에 입문을 한다는 것인데 이것은 예전의 조선시대에나 통하는 유교적인 생각에서 나온 것이라 생각되는데 틀린 설명은 아니다.

예전에는 공부를 잘해 학문도 깊어야 벼슬을 했다.
과거라는 시험을 거쳐 등용이 되었으니 그리고 벼슬을 하면 자연 백성을 다스리는 위치에 앉게 되어 모든 것을 관장하였으니 맞는 말이다. 그러나 현세는 모든 것이 구분이 되어있다.

정치와 학문은 연결이 힘든 것이다.
정치는 관으로 인을 생하는 역할인 것이다. 순서로 보면 자연 아래가 되어야 정도인 것을 거꾸로 안생을 사는 것이다.

인수로 국을 이룰 정도면 만인을 가르치고 선도하는 지도자가 되는 것이 정도이거늘 術(술)로 가득 찬 정치와 연계된다는 것은 명예를 존중하고 생명처럼 여기는 분들에 대한 모독인 것이다.

인수는 원래가 청(淸) 격 이므로 까마귀 노는 골짜기에는 백로가 가는
것이 아닌데 종종 정치판에 끼어들었다가 결국은 거의 대부분이 개망신 당하고 결국에는 다시 제자리로 들어와서 인생무상 ----- 운운하는 것을 보면 아무것도 아닌 것을 오행의 원리만 알아도 그리 어리석은 행동은 그러나 문제는 있다.

아는 놈이 면장을 해야 할 것이 아닌가?
교육부장관 ? 요즈음은 부총리로 승격이 되어 참으로 높은 자리다.
행정은 행정가가 하는 것이다. 학자는 학자고 어디 팔방미인 아닌
사람이 하나 둘인가?
위에서 노는 것 쳐다보는 것도 낙이다, 즐거움 또한 되는 것이다.

청빈하여 입바른 소리 잘하고 융통성 없어 왕따다. 정치판에서 술객들과는 동화가 잘 안 된다. 이용만 당하고 허탈한 것을------------- 선생님 소리 아무나 듣는 것이 아니다.
인수에 종하는 사주의 성격은 굳이 설명이 필요 없다.
내 맘 같겠지 하고 나가는 것이다, 그런 설명인 것이다.

(88)

日主標準	丙庚星은	警檢察에	出世많고
水木日에	戌亥日時	法官中에	흔히본다
일주표준	병경성은	경검찰에	출세많고
수목일에	술해일시	법관중에	흔히본다

일주 기준하여 병,경 성들은 성격들이 다부지다.
병은 화로써 질서와 순서를 중시하고 ,예를 우선으로 하고 경은 금으로써
의리를 최우선으로 하고 있으므로 병경은 사회질서 기강과 의로써 불의를
단속하니 경찰과 검찰의 표상이 되는 것이다.

```
0    丙    庚    0          경金은 병 火에게 편재로써
0    0    0    0          환경의 지배로 해석이 된다.
```

```
0    경    병    0          병화는 경金에게 편관으로써 그릇,
0    0    0    0          됨됨이로 통을 말한다. 통이 크다.
```

丙 ,庚은 대체적으로 검찰, 경찰, 법무계통, 정보계통 등 두루 쓰인다.
운에서의 흐름이 원할 할 시 정치에도 연결이 된다.
요즈음 정치판을 보면 검사출신이 상당히 많음을 보면 알 것이다.
항상 금일주가 왕하고 화를 잘 만나고 있으면 잘 제련된 쇠로써 명검이 되
어 두고두고 가보로서 보관이 될 것이요, 에밀레종과 같은 유명한 종이 되
어 후세까지 추앙을 받는 귀한 보물이 되는 것이다.

水일주는 원래 그 자체로 법관도 되는데 ,다른 분야도 있지만 여기서는 법
관을 위주로 한다. 특히 戌이나 亥는 천문성이라 법관 또한 많다.(여기서는
일과 시로 논하였음.)

          木일주는 어떻게 될까?
木은 인정이고, 교육이다. 목 일주면 같은 법관이라도 교육 분야로 보면 된
다. 亥는 木에 있어서 인수가 되고 戌은 식상으로 庫가된다.

戌과 亥를 두루 갖추었다면 인수와 식상을 겸비함이라,
수 목, 화가 고루 갖추어짐이니 아는 것도 많고,
교육도 으뜸이라 법원연수원이 제격.
술이나 해가 일,시, 월에 두루 갖추어지면 같이 보면 된다. 그럼 년은 어떨
까?
*년은 실제로 그 사주의 사람의 어린 시절이므로 가정 쪽으로 해석을 한다.

```
     *월은 주된 환경의 표상이므로
 * 亥월,戌월------------법관가문
 * 卯, 酉, 戌 월--------의술관련, 의학 관련 가문
```

(89)

丁己日生	財官格도	法權掌握	많이보고
飛天祿馬	갖춘者는	檢察廳長	흔히본다
정기일생	재관격도	법권장악	많이보고
비천록마	갖춘자는	검찰청장	흔히본다

丁 火, 己 土 일주가 재관 격을 갖추면 법권장악을 많이 본다함은 법권도 법권 나름이다. 판검사에서 끝으로 가는 것은 결국 변호사가 아닌가?
丁화는 ----혀요
己토는-----입이 아닌가?
판사 검사도 입으로 혀 놀려서 먹고 사는 것이요
변호사도 입과 혀 놀려서 먹고 사는 직업이 아닌가?
사주에서 재와 관이 고루 갖추어지면 상격 사주인데 그 중에서도 정, 기 일생이 유달리 강한 면모를 갖추고 있다는 말이다.
비천록마를 갖춘 자는 검찰청장 흔히 본다하였는데 과연 이유는 무엇일까?
우선 비천록마를 분석하여보자.

비천록마란?

飛天(비천)이란?-----暗沖을 이야기 한다.
암충이란?--장간이 沖되는 것을 뜻하고
祿(록)------국가의 록을 먹으므로 관료니 정관을 의미하고
馬(마)란 -----말이므로 내가 수족 같이 부리는 존재이므로 財(재)를 의미하고 충이 된다는 것은 밖으로 튕겨져 나오게 되므로 일단은 성분 분석이 필요하고 충이된 장간이 正財, 正官, 正印(정재, 정관, 정인)이 되고 ---셋
또는   正財 ,正官(정재, 정관)----------둘이 되고
            正官, 正印(정관, 정인)----------둘이 되고
   *주로 정재와 정관 둘을 설명하나 정인 까지 포함시켜 응용을 하고 있다.
암충이 되는 것은 지지에 같은 자가 셋 이상일 경우 성립이 되는데 지지전체에서 성립이 된다면 그 이상 더 좋을 수가 없고 하여튼 충을 해서 밖으로 끄집어내서 나에게 절실하게 필요한 재, 관, 인으로 사용 하는데 이에도 갖추어야 할 조건들이 있다.
사주원국 자체에 암충에 해당하는 자가 없어야 한다. 그러니 조건이 까다롭다.
그리고 암충 된 장간이 일간에게는 정재, 정관, 또는 정관, 정인이 되어야

하고 또는 정재, 정관, 정인이 되어야 하는 것이다.
또한 충이된 장간이 정과 편을 논할 때 偏(편)이 되지를 말아야 한다.
재, 관, 인 모두가 정도를 행하는 正이 되어야 하는 것은 당연한 것이다.
偏이 된다면 그것은 그릇된 것이요, 항시 위험요소를 안고 있으므로 부정적인 것이다.
암충 하는 자를 합 거 하거나 충을 하여도 묶이거나 파괴되어 진정한 진격으로 안 본다.
위의 요건들이 운에서의 작용도 같이 본다.
예를 들어 보기로 하여보자.
지지에 子(자)가 많을 때-----午(오)를 자오 충 하여--재, 관, 인으로 사용
　　　　　　　　　　　　　　　午---丙, 己, 丁(지 장간)
지지에 午(오)가 많을 때-----子(자)를 자 오충 하여--재, 관, 인으로 사용
　　　　　　　　　　　　　　　子------壬, 癸(지 장간)
지지에 寅(인)이 많을 때-----申(신)을 인신 충 하여--재, 관, 인으로 사용
　　　　　　　　　　　　　　　申(신)----戊,壬,庚(지장간)
자자에 申(신)이 많을 때-----寅(인)을 인신충 하여--재, 관, 인으로 사용

*육십갑자에서 비천록마격에 해당하는 것은 무엇이 있을까?
辛　癸　壬　庚　丁　丙
亥　亥　子　子　巳　午　　원서에서는 이상의 6가지를 설명하였는데
　　　　　　　　　　　　　원칙적인 측면에서 본다면 신해, 계해2가
　　　　　　　　　　　　　지만이 비천록마격에 들어간다.

　　　　　　辛
　　　　　　亥 -------지지에 亥가 많으면 비천록마가 되는 것은
　　　　　　　亥가 巳를 沖해와서 巳(사)---戊, 庚, 丙 (지 장간)
　　　　　　　巳중 丙과 戊가 각각 辛에게　丙은---- -- 정관
　　　　　　　　　　　　　　　　　戊----------정인

이와 같이 정관과 정인이 되어 쓰이고 있어서 인데 굳이 그렇게 보지 않아도 되는 측면이 있는데 ,천라지망살 하면 진, 술, 사 ,해 인데 게다가 술, 해는 천문성인데 해가 많으니 얼마나 명석 하겠는가?

거기에다 술, 해 두 가지를 다 갖춘다면 더 설명이 필요 없을 것이다.

亥자체가 水이므로 자연 법관인 것이다.
* 지지에 해가 전부 있어 종아 격이라고 볼 때

0　辛　0　0　　　이렇게 된다면 용신은 자연히 甲 木(갑 목)이 된다.
亥　亥　亥　亥　　금생수--수생목하여 종아격이 변하여 종재 격이 된다.

* 계해 일주이면 어떻게 될까?
　0　癸　0　0　　　계해일주가 지지에 해수를 전부 놓고 있다.
　亥　亥　亥　亥　　완전한 윤하 격이다.

비천록마격이 되는데 수 일주에 천문성을 놓고 있으니 얼마나 영리하고 또
한 온통 청수로 가득하니 얼마나 청렴하겠는가?
해중 갑 목이 용신이 되는데 ,원래 해가 넷 이면 삼합과 동일하다고 보아도
된다.
다른 예도 한 번 분석을 하여보자.

0 庚 0 0	지지에 자수를 많이 깔고 있다.
子 子 子 子	금,수 쌍청인 사주이다.
	午화를 충해서 와도 사주가 너무 깨끗해 혼탁한 속
	세와는 크게 인연이 없어 보인다.
	결국에는 수도자, 구도자의 길을 걷는 사람이 어울
	린다.

| 0 丙 0 0 | 지지에 오 화가 많은데 자를 충 하여 와도 |
| 午 午 午 午 | 자중 계수 하나 이므로 별로 힘을 못 쓴다. |

정재, 정인이 없으므로 아무 쓸모가 없다. 방합이고 ,염상격으로 본다.

0 壬 0 0	지지에 자수가 많다.
子 子 子 子	자는 양인이고 방 합이고 또한 동합이다.
	午화가 沖이되어 와도, 별로가 되어 버린다.

0 丁 0 0	완전한 염상격의 사주다.
巳 巳 巳 巳	지지에 巳화가 놓여 있고 亥수가 와서 충해 오더라
	도 亥중 甲목,壬수가 연결되어도 좋은 팔자 못된다.

결국은 오행과 육친으로 연결해서 좋아야 좋은 사주가 되는 것이다.
생 극 제화가 항상 우선이고 ,격에만 너무 집착을 하지마라 .

(90)

水日格局	事業家는	貿易事業	많이보고
壬日火財	놓은자는	飮食物業	많이한다
수일격국	사업가는	무역사업	많이보고
임일화재	놓은자는	음식물업	많이한다

水일주라 함은 壬癸일 생이라 일주 자체가 역마, 지살이다.
거기에 격을 이룸이라 하니 그 성향이 더욱 확실해진다.
사업을 한다면 흘러야 하니 이리저리 왔다갔다 무역업이 제격이다.
水일주에 火재라 하였으니 재는 음식으로도 연결이 되니 식품, 요식업 계통
이다.

火가 재(財)이니 ,음식이라 불과 연관이 되니 끓이는 것과도 연관이 된다.
요식업 중 에서도 탕 류가 어울린다. 장국 종류도 괜찮다.
水일주가 음식을 하면 조금 짜다, 수 일주는 소금과 연관이 되므로--------
수 일주는 바닷물을 생각하면 된다. 바닷물은 짜므로 수는 짜다. 곧 소금이
다.
(사주의 예)

丙　乙　辛　壬
戌　亥　亥　戌　　　　　해운업으로 대성하신 분의 사주이다.

乙　辛　辛　辛
未　亥　卯　卯　　　　　 식품업으로 성공한 분의 사주

庚　壬　甲　丙　　　　식품가공업으로 시작 대성하고 종업원 지주제로
子　申　午　寅　　　　　　하여 직원의 후생복리에 관심이 많으셨던 분
　　　　　　　　　　　　　의 사주로 작고 하셨다.

(91)

庚申子辰	寅日낳고	申亥子月	태어난자
事業길로	나선다면	釀造業을	많이하고
경신자진	인일낳고	신해자월	태어난자
사업길로	나선다면	양조업을	많이하고

庚　　庚　　庚　　庚
申 ,　子 ,　辰 ,　寅　　경신,경자,경진,경인 일주가 월주에 신,해,자 월에
　　　　　　　　　　　출생을 하게 되면 사업 길로 나설 경우 양조업을
　　　　　　　　　　　많이 한다고 하였는데 이유는 무엇일까?

예전의 양조업하면 쉽게 생각해서 막걸리가 생각이 나는데 지금은 다르다.
위스키 ,포도주 ,특별제조주 이름도 기억하기 힘들 정도의 종류도 다양하
다.소주, 맥주는 기본이고 金일주가 지지에 수국을 이룬 형상이 연출되고
있다.
일주가 금 일주인데 재능이 물 흐르듯 흐른다.

기능을 발휘하는데 물로 흐르고 있으니 사업을 하여도 물과 연관이 되어 양
조계통 지금은 생수 ,음료, 주류 등 다양하게 변화하고 있으니, 시대에 맞
춘 해석이 필요하다.

(실전사주의 예)

甲　庚　辛　壬
申　辰　亥　辰　　　　　주류도매로 현재 성업 중인 분의 사주

(92)

壬申壬子　壬辰日生　　事業길로　나설때면
무 역 계　아니면은　여관업을　많이한다

壬　　壬　　壬
申 , 子 , 辰　　　임신, 임자, 임진 일주를 갖춘 사람이 사업 길로
　　　　　　　　　진출을 하게 되면 무역업이나 여관업을 한다고
　　　　　　　　　하였는데 시대적인 감각으로 해석하여보자.
무역업은 당연한 흐름이고 지금으로 얘기하면 수출산업에 종사하거나 운영
하며 ,국가의 일익을 담당하고 있는 것이고, 여관업이라 하면 호텔급 정도
가 되겠다. 부드러운 표현을 하자면 관광업으로 해석하는 것이 좋겠다. 한
발 더 나가면 레저산업도 괜찮고------------------------------
그것도 그릇에 따라 차이가 난다, 큰 그릇은 대형 호텔이요, 중간급은 숙박
업으로 모텔이 적합하고 그릇이 워낙 적으면 그 아래 급 ,그것도 안 될 경
우는 그 업에 종사하는 것이 되고,--------------
이에 해당하는 업종을 보면 여행,숙박업,주류,음료,양조계통,생수,주유업도
되고 수산업 ,양식업, 직장으로 치면 해양수산부 ,수자원 개발 공사 등이
되겠다.

壬수 일주가 지지에 수국을 이루는 지지가 형성이 되기 쉬우므로 선택이 된
것이다

(실전사주의 예)

甲　壬　戊　乙
辰　辰　子　亥　　　　　현재 대형 사우나를 운영하고 계신분의 사주.

(93)

食神生財　食神合財　飮食食品　그事業에
得財億金　하게되니　五行之理　어길손가
식신생재　식신합재　음식식품　그사업에
득재억금　하게되니　오행지리　어길손가

식신이 생재 한다 함은 식신은 재능, 기능으로 기술로 열심히 일을 해서 로
또를 바라는 마음이 아닌 성실과 근면으로 부를 축적한다는 설명.
식신이 재와 합이 되는 것은 적성에도 맞고, 천성이라 재라 함은 사람이 입
으로 취하되 선택하여 내 마음대로 하므로 음식계통이라 식품도 되니 사업
을 한다고 하면 식품계통,농산물가공업,식품가공,자연식품,건강보조식품도
해당하고 역마나 지살이 임하고 있으면 식품유통업도 아주 길하다.
요즈음 유행하고 있는 식품체인점 같은 것도 권장 할만하다.
음식점 체인점도 가능하고, 식품과 연관된 조미료 ,간장, 된장 ,고추장등
기타 부수로 들어가는 종류도 괜찮다. 생선가공업 ,유제품도 좋고 축산가공
업도 좋다.

(실전사주의 예)

癸　乙　庚　己
未　巳　午　未　　　　　요리사 자격증을 취득하여 일하고 있는 분.

(94)

注中土星	食神財는	米穀土地	農業좋고
建築土石	被服纖維	紙物業에	成功한다
주중토성	식신재는	미곡토지	농업좋고
건축토석	피복섬유	지물업에	성공한다

사주에서 토성이 재성에 해당하고 식신이 생하는 경우를 살펴보자.
토가 재성이므로 토에 관련된 부분에 관한한 일가견이 있다고 볼 수가 있는
것이다. 식신이 土를 생하므로 식신은 자연히 火가 되는 것이고 그러면 토
에 관련된 것은 어떤 종류가 있을까?

토성은 흙과 돌을 포함한다. 이것과 연관이 되는 것은 농업계통으로 연결이
되는 것이다. 농업 쪽으로 보면 농사요,원예,하우스,버섯재배,약초재배,특
용작물도 해당되고, 흙이나 돌로 연결하면 골재요 레미콘사업도 좋고 ,벽돌
연탄, 탄광업, 금광업도 좋고 건축업과도 연관을 지어 볼 수도 있다.
재성이 토이니 일주는 자연 목 일주가 되고 그러다 보니 목 일주와 연관이
되는 섬유 ,피복, 지물과도 연관이 된다.

여기서 참고 할 것은 일주가 식신생재가 제대로 이루어지는 가를 살펴보아
야 한다.
일주가 왕 하여 식신이 제대로 능력을 발휘하면 금상첨화이나 일주가 허약
하기 이를 데 없어 골골하면 식신이 생재를 하여도, 내가 취하기가 힘들어
남 좋은 일만 시키는 것이다. 결국은 월급쟁이 밖에 안 되는 것이다.

(실전사주의 예)

癸　甲　丙　丙　　갑목 일주의 사주인데 신약이다.
酉　申　申　戌　　큰 욕심 없이 무난히 생활을 하신 분이다.

재성이 관으로 합을 하여 직장생활 욕심 없이 하고 현재 아들만 세 명이 있다.

(95)

지살역마	印財日德	運輸事業	하게되고
傷官食神	太旺無格	雇人이나	屠牯로다
지살역마	인재일덕	운수사업	하게되고
상관식신	태왕무격	고인이나	도고로다

지살이나 역마가 인수나 재성 그리고 일덕에 해당할 경우 직업으로는 운수업계통을 하게 되는데 ,상관이나 식신이 태왕하고 격이 성립이 되지 않을 경우는 남의 품팔이를 하거나 ,고기 잡는 일에 종사 하거나 ,육축을 다루는 업에 종사하게 된다.

지살이나 역마가 인수에 해당할 경우---인수는 공부도 하고 귀인 취급을 받게 되는데 똑같은 역마 지살이라 하여도 재성에 놓은 것 하고는 약간의 차이가 있다.
돌아다니면서 구경하고 기획하면서 하는 운수업이니 관광계통이다 ,금강산 관광 사업 식으로 국가적인 사업도 생각해 볼 수도 있다.

관광계통도 규모가 큰 것이다. 이정도의 사업을 할 정도면 국이 형성되는 정도는 되어야 할 것이다.
재에 해당 할 경우는 천직처럼 매달려서 하는 직업이 된다.
이도 또한 즐겁고, 괜찮은 것이다.
일덕이라 함은 일덕격을 칭하는데 일덕격을 살펴보자.

甲　丙　戊　庚　壬
寅　辰　辰　辰　戌

갑인, 병진 무진, 경진 ,임술 일주를 설명하는데 대체적으로 이공계통이다.
일지에 복덕을 갖추고 있다하여 붙여진 이름인데 형, 충, 파, 해, 공망 등이 없어야 제대로 인정을 받는다.
이공계 계통이므로 운수계통 운수업이란 현재로 보면 자동차회사 근무도 가능하고 그와 연관이 된 직종에 종사하는데 특히 인수에 해당하면 자동차 디자이너가 딱 어울린다.

식상이 태왕한 사주는 인수가 맥을 못 춘다, 자손이 너무 많다보니 어미가
허리가 휘어진다. 뒷바라지하기도 힘들어지고 너무 많으니 챙겨주지를 못한
다.
그러다 보니 자손은 제 멋 데로 자라기 마련이니 커서 문제아가 되는 것이
다.
학교를 다닌다쳐도 일진회 같은 불량 서클에도 참여하게 되고 골치다.
그나마 사주가 신왕 한 기운이 흐르면 완전 문제아에 ,골수분자요 반항아
다.
윗사람알기를 우습게 알고 항상 하극상의 기질이 풍부하여 관리가 불능.
항상 다자무자 식으로 재주가 너무 많다보니 정작 써먹을 재주가 없다.
한 우물을 파야 하는데 그것이 흠이 된다.

반대로 일간 자체도 약하고 상식이 태왕 한 경우는 쉬지 않고 부지런히 일
을 하여도 인정을 받지도 못하고 바닥에서 해매이게 된다, 인수가 힘을 못
쓰니 아는 것이 있어야 면장을 할 텐데 가방끈이 너무나 짧다.
그러다 보니 남들이 기피하는 업종을 선택하게 되는데 천한 직종이 된다.
지금은 직업에 귀천이 사라진지가 한참이다.
어느 분야이던 전문가가 되면 그것이 귀한 직종이 되는 것이다 ,본인에게
말이다.
현재의 업으로 인하여 모든 행복을 누리게 된다면 그것이 실로 행복이니까.
부지런하면 모든 복은 본인의 것이 되는 것이다.
누구는 노숙자가 되고 싶어 되겠는가?
잘못되면 조폭도 되고 범법자가 되기도 한다.

(실전사주의 예)

癸　戊　戊　丁　　　일주가 무진으로 일덕격이다.
丑　辰　甲　酉　　　견겁이 왕하여 동업하다 망했다.(2003년)

(96)

四柱中에	寅巳驛馬	航空界에	職業이요
申亥驛馬	臨財하면	水産漁獵	成財하네
사주중에	인사역마	항공계에	직업이요
신해역마	임재하면	수산어렵	성재하네

사주 중에 역마에 따른 직종의 분류를 설명한 것이다.
역마는 인, 신, 사 ,해를 말하는데

인, 사----화기가 많아 증발되므로 날라 가므로 ---항공 즉 비행기
해----수(수)기가 많음으로 물이 되므로---수로 즉 배, 잠수함
신-------금기가 많으므로 쇳소리가 난다-------철도나 자동차

*사람이 행방이 묘연하다 ,이럴 때의 표현을 빌려보자.

인사가 역마인 사람-------날라 갔군 ,안개처럼 사라 졌군
해가 역마 이거나 운이 그럴 때-------잠수했나 봐
신이 역마 이거나 운이 왔을 때-------줄 행낭 쳤군, 뺑소니치다
사주에 인이나 사가 있는 사람의 직종-----항공계와 인연이 깊다.
우리나라에서는 KAL ,ASIANA
외국일 경우---외국의 항공회사
여성의 경우-----스튜어디스나 공항판매 항공운수 관련업 역마가 없을 경우
는 화기가 많은 사람이 관련 업종에 종사하게 된다.

* 상관으로 나쁘게 작용을 할 경우 ----항공기내에서 음주 소란행위공항 내
          에서 풍기문란 행위항공기 피해사고, 밀수 ,심부름 잘못 구속
*신과해가 역마로 작용을 할 경우신중의 壬수 ,그리고 해중의 임수가 큰
          작용을 한다.

수산, 어업 쪽에 종사를 하게 된다 직장을 갖게 되면 해양수산부나 이와 유
사한 업종과 연관된 회사에 근무하게 된다.

식품업에 연관된 회사 일 경우----참치가공, 생선어묵 ,황태, 수산물 시장
유통에 연관된 경우--------------활어유통 ,수산물 가공 및 유통
기타업종도 연관된 부분이 물과 연관이 된다, 선박은 쇠와 물이므로 당연히
연관된 업종에 들어 간다-----선박, 해운회사 ,항만 해운청

* 상관으로 나쁘게 작용을 할 경우 ----해양 오염사고 ,양식장 피해,수산물
                    사고,폐수사고,해상밀수.어선납치

*좋게 작용을 할 경우----------------해저탐험, 유전발견, 온천개발, 수상
                    도시구경, 해저박물관 구경

(실전사주의 예)

辛　壬　辛　庚
亥　寅　巳　申　　　지지에 인,신,사,해 를 전부 갖춘 사주이다.
                  해병대를 제대하고 현재 일본에서 열심히
                  생업에 종사하고 있는 분의 사주이다

(97)

戊辰丁丑	丙戌乙未	甲辰癸丑	壬戌日生
巳卯未戌	其日主는	牧畜業을	하지마소
무진정축	병술을미	갑진계축	임술일생
사묘미술	기일주는	목축업을	하지마소

甲　乙　丙　丁　戊　壬　癸
辰 , 未 , 戌 , 丑, 辰, 戌, 丑　　백호 살에 대한 설명이다.

백호일주를 갖춘 사람은 목축과 연관된 업종은 하지 말라는 설명이다.
생업에 종사하는 사람은 어찌하는가? 잘되고 있어도 항상 조심을 하고 안
될 경우는 가능하다면 다른 직종을 택하라 이유는 본인이 백호대살인데 잘
될 이유가 없다. 짐승과 연관을 시켜보자. 지지의 12지와 연관을 시켜 보면
될 것이다. 꼭 해야 할 경우는 본인의 지지와 연관된 동물은 피하라.

*백호대살 이란?
7종으로 사주원국에 어디에 있던 해당이 되는데 육친으로 어디에 해당 하는
가 살펴서 추명을 하는데 이 살의 작용을 살펴보면
횡사,급사,흉사수술사고,교통사고,출산사고,불의의 사고, 해난사고, 자연재
해 등
바람직하지 않은 사고로 인한 여러 상황 등을 말한다.

(실전사주의 예)

甲　壬　甲　壬　　　월지에 진중 계수가 백호살에 임하여
辰　午　辰　寅　　　사촌이 교통사고로 사망하였다.

(98)

四柱中에	木財星은	林産造林	成財하고
寅卯夏月	庚辛日生	電氣工業	致富한다
사주중에	목재성은	임산조림	성재하고
인묘하월	경신일생	전기공업	치부한다

목이 재이므로 금 일주의 사주다. 일주 자체가 금 이므로 나무와 연관이 된
다. 자연 목재와 관련된 사업을 하면 적성에 딱 어울린다.
임산, 조림도 당연히 좋고,가구업,목재업,조경산업,육림,원예도 좋고, 분재
도 이울린다. 인 ,묘, 하 월이라 힘은 인, 묘 ,사, 오 月이라 경신 일생 이
면 월지에 재를 놓고 있는데 그 재가 화니 전기, 통신 계통인데 인터넷, 컴

퓨터분야도 추가 하고, 같은 직업이라도 자기 사주에서 재성이 어우러지면, 다른 사람보다 성공하는 비율이 훨씬 높다. 남이 부장이면 나는 사장을 하게 된다.

(실전사주의 예)
戊　辛　丁　己　　　대학졸업 후 군 입대로 2006년 이제 막 제대.
子　巳　卯　未　　　현재 취업을 준비하고 있는 분이다.
　　　　　　　　　　목화 양쪽을 다 겸하고 있다.
　　　　　　　　　　연상의 여인과 인연이 있었고 헤어졌다.

(99)

甲乙日生	水印놓고	火星에다	泄精하면
라디오와	電氣業에	成工함이	있으리라
갑을일생	수인놓고	화성에다	설정하면
라디오와	전기업에	성공함이	있으리라

목 일주이니 인성은 자연 수 성이 되고 식상은 화가 된다.
흐름이 원만하여야 목화통명이 이루어진다.
흐름에 있어서 문제가 생기면 이야기는 달라진다.
화성이 식상이므로 재능을 전자, 전기 ,통신 분야에 펼친다.
직장인일 경우 정통부,통신공사,과학기술처,우체국,전화국,이동통신사업부

과학기술분야에서도 IT분야도 이것에 속하게 된다.
목화통명이므로 화는 그림에도 일가견이 있으므로 그래픽분야도 어울린다.
라디오라는 소리는 사라진지가 벌써 오래다.

(실전사주의 예)

丙　甲　癸　癸　　　갑목 일주에 인성인 수가 왕하여 일찍이
寅　午　亥　酉　　　공부에 전념하였고, 화성인 식신이 왕하여
　　　　　　　　　　공대 교수이다.

(100)

四柱中에	金財星은	鐵物金屬	利益있고
丙日日德	木印星은	木工木手	많이본다
사주중에	금재성은	철물금속	이익있고
병일일덕	목인성은	목공목수	많이본다

사주가 금이 재성이면 일주는 당연히 화가 된다.

그리고 인수는 목이 되고 금이 재성일 경우 적합한 직종은 금속 ,기계, 기
구철강,산업기자재,자동차생산,선박제조,주물,금은세공업,악세사리,경금속
비철금속 ,제련업 ,광산도 가하고 ,광업,--------- 금은 돈과도 연관이 된
다 소위 쇳가루 하지 않던가?
그렇다면 또 다른 직종도 나타나게 된다. 금전을 이용한 사채업이나 고리대
금업, 전당포 ,금융기관도 연결이 되고 사금융, 증권, 채권, 주식업----병
일에 일덕격이라 함은 병진일 하나다.
목이 인수니 나무를 다루는데 일가견이 있다.
조림 ,육림도 해당이 되고 목공예, 토목분야, 건축, 실내인테리어,--나무를
이용한 모든 분야에 어울린다.
건축으로 연결이 되면 설계도 된다. 건축가인 것이다.

(실전사주의 예)

辛　丙　甲　辛　　　　병진 일주의 사주다.
卯　辰　午　酉　　　　현재 건축설계 사무실에 근무 중이다.

(101)

春生丙丁	夏生戊己	秋生壬癸	冬甲乙은
敎壇올라	敎鞭잡고	呼名萬人	芬走하다
춘생병정	하생무기	추생임계	동갑을은
교단올라	교편잡고	호명만인	분주하다

春생 병정이라 함은 병정 火 일주가 봄에 출생이고 -------寅, 卯 월 출생
　　　　　　　　　　　　　　　　　　　　　　　에 火일주
夏생 무,기라 함은 무, 기 土일주가 여름에 출생이고------巳, 午 월 출생
　　　　　　　　　　　　　　　　　　　　　　　에 土일주
秋생 임,계라 함은 임 ,계 水일주가 가을에 출생이고------申 ,酉 월 출생
　　　　　　　　　　　　　　　　　　　　　　　에 水일주
冬生 갑,을이라 함은 갑, 을 木일주가　겨울에 출생이고---亥, 子 월 출생
　　　　　　　　　　　　　　　　　　　　　　　에 木일주
공통점은 전부가 월에 인수를 만난 것이다. 월지는 지지자체는 하나이지만
그 기운은 곱이다.
선천적으로 인수를 갖고 태어나면 성품이 선비이다 ,만인의 존경의 대상이
되는 전형적인 교사요, 사도요, 인생의 안내자다.
교단에 올라 만인의 이름 부르기에 바쁘다. 선생님은 항상 학생들의 출석부
를 갖고 다니면서 수업 시작 시 항상 이름을 부르니까, 해마다 각 교실 다
니면서 부르시니 그 인원수가 얼마나 되겠는가?
요즈음은 흔한 것이 박사다 하지만 그래도 그것이 어디 그리 쉬운 일인가?
세계적으로 존경받던 줄기세포의 황우석 박사님도 논문 조작으로 인하여 명

성에 금이 가고 말았지만 이제 세상은 가르치는 교사만 있는 것이 아니라
연구하면서 명성도 쌓아가는 그러한 시대인 것이다.
항상 존경받는 분들이 선생님인 것이다.

(사주의 예)

戊　丙　丙　己　　한국 교육계에 한 획을 그으신 분의 사주다.
戊　寅　寅　亥　　병화 일주에 월지에 인수를 놓아 득령이요.
　　　　　　　　　일지에 인중 병화라 득지요 인과 해가 목국을
　　　　　　　　　이루니 인수국이라 득세가 되고 대학교수요.
　　　　　　　　　총장을 역임하신 분의 사주이다.

(102)

三六九臘	庚辛日과	申酉月에	戊己日生
三冬月에	庚辛日生	그도또한	敎育家라
삼육구랍	경신일과	신유월에	무기일생
삼동월에	경신일생	그도또한	교육가라

三 六 九 臘(삼육구랍)---3,6,9,12월을 가르친다. 경, 신 일생------金일주
금일주가 월지에 토인 인수를 갖고 태어난 것이다.

신, 유월에 무, 기 일생 이라함은 무, 기 土일주가 가을에 출생함이요.

삼동 월에 경, 신 일생 이라함은 경신 金일주가 겨울에 출생함이요. 이들
역시 교육자 사주인데 월에 인수를 갖추고 있거나 식상을 갖추고 있으면 교
육자의 사주인데 인수를 갖추고 있는 것이 더욱 확실하다.

요즈음은 교육자의 분류가 상당히 다양하다 업종이 세분화가 되다보니 각종
분야에서 교육의 장이 생기고 있다.

교육자의 위치에 서게 되면 항상 몸과 마음을 다스려 만인의 모범이 되도록
각자가 더욱 신경을 써야한다.
지도자로써의 자질도 중요하고------- 예전에는 학교 교육만이 교육인 줄
알았으나 이제는 여러 분야에서 전문적인 전문인을 양성하는 기관도 많이
생겨 흔한 것이 선생님처럼 되었으나 귀하고 귀하신 분이 선생님인 것이다.

(103)

春夏月에	甲乙日生	三冬月에	壬癸日生
酉月生人	丁丑日生	舌端生金	敎育家라
춘하월에	갑을일생	삼동월에	임계일생
유월생인	정축일생	설단생금	교육가라

춘하 월에 갑, 을일 생이라 함은 목 일주에 인, 묘, 사, 오 월생이고
삼동 월에 임, 계일 생이라 함은 수 일주에 해, 자, 축 월생이고

유월 생에 정, 축 일생은 舌端生金(설단생금)이라 하였는데 혀끝이라 한 것
은 혀를 놀린다, 즉 움직여서 그것은 집에서 어머니가 맛을 보는 것을 의미
하는 것 같으나 또 다른 의미로 보면 금전 즉 돈맛을 보는 것이니 돈을 버
는 것 즉 방법이요 ,생활수단인 것이다.
교사들도 전공과목이 있는데 오행으로 구분하여 일주별로 살펴보도록 하여
보자.

목 일주----전형적인 선생님이시다.음악,동양화,서양화,조각,서예등주로
　　　　　　예능 쪽의 선생 님 이시다 원예계통
화 일주----말이 많다 ,웅변도 좋고 주로 전공보다는 활동적인 분야,
토 일주----주로 듣는 쪽이다 카운슬링, 윤리 도덕 ,국어, 한문 ,역사학
금 일주----체육학계통, 정형외과
수 일주----법정계열, 상경계열

(사주의 예)

戊　甲　戊　庚　　　　갑木 일주의 사주이다.
辰　子　子　申　　　　지지 전체가 인수 局을 형성하고 있다.
　　　　　　　　　　　사주 전체의 기운이 일주인 갑木으로
모여 인수인 물이 솟구치는 형상을 이루고 있다. 학원 설립자의 사주.

(104)

亥月丁亥	卯未日生	戌月壬癸	透辛金과
戊己日에	寅月出生	口呼萬人	스승이라
해월정해	묘미일생	술월임계	투신금과
무기일에	인월출생	구호만인	스승이라

0 丁 0 0 　　0 丁 0 0 　　　0 丁 0 0
0 亥 亥 0 　　0 卯 亥 0 　　　0 未 亥 0

정 火가 지지에 해,묘,미 목 局을 형성하고 있다.
亥(해)는 甲목으로 보면 된다
원래 정화는 그 자체가 교육계와 일맥상통 한다 ,지지에 인수 국을 놓고 있
으니 자연교육자가 된다.
정화는 목소리도 크고, 구설에 휘말리지 않도록 하여야 한다.

辛 壬 0 0   0 癸 辛 0
0 0 戌 0   0 0 戌 0

천간으로 辛금이 투출하고 壬, 癸일주가 戌월에 출생하였다.
지장간에 戌중 辛금이 있고 ,천간으로 辛금이 있어 인수 격을 이룬다.

0 戊 0 0   0 己 0 0
0 0 寅 0   0 0 寅 0

戊토, 己토 일주가 월지에 인중 병화를 깔고 있다. 자연 인수가 되고 있다.
인목은 지 장간에서 목생화, 화생토로 병화를 중심으로 잘 흐른다.

(105)

申酉月에	甲申日과	四柱印局	또는透印
人人指曰	敎師라고	呼稱함이	있으리라
신유월에	갑신일과	사주인국	또는투인
인인지왈	교사라고	호칭함이	있으리라

신,유 월이라 함은 가을이요, 금의 기운인데 갑木 일주에 월지에 금이면 일
단은 실령을 하여 제대로 기운을 못 쓰고 갑木에 신 金은 칠살이고, 유 金
은 정관이 되나 교육과는 약간 거리가 생긴다.
신월은 신자진하여 수국을 이룰 가능성은 있지만 유금은 수로 바뀔 근거가
없다 ,고로 천간에 임 ,계수가 투 간이 되어 인수로 흐름이 이어지면 다행
이지만 일단은 관망이다.
금이 와서 인수로 이어진다면 체육계의 지도자로 볼 수는 있을 것 같다.
선수생활을 한 후에 지도자로 나서는 경우가 많으므로 굳이 본다면 그렇다.

0 甲 壬 0   이 경우는 신중 임수로 보고 천간에 임수가 투 간되어
0 申 申 0   인수가 형성이 된다.

0 甲 癸 0   일지와 월지에 금이 막강하다, 천간에 계수가
0 申 酉 0   투 간되어 갑 목 일주에게 기운이 몰린다.
              이 경우는 체육계의 지도자 또는 교육자로 봐야
              할 것 같다 .체육교수나 ,체육선생님이 맞겠다.

(106)

以上五局	태운몸이	敎育界에	안나서면
言論機關	文藝從事	文敎行政	進出이라
이상오국	태운몸이	교육계에	안나서면
언론기관	문예종사	문교행정	진출이라

이상 오국이라 함은 101~105 까지를 말하는데 여기에 해당하는 사주를 가진 사람이 교육계에 종사를 안 하게 되면 월지와 일지가 연관이 되므로 배우자, 가족 중 있게 되고 선생님소리 듣는 직책에 종사하게 되고, 그 외로는 언론기관, 문예계종사, 교육부, 검정시험, 기타교육과 연관이 있는 직종에 종사를 하게 된다.

(사주의 예)

乙	甲	癸	丁	언론사의 사장을 역임하신 분의 사주이다.
亥	寅	卯	巳	갑木 일주에 기운이 왕하고 발표력이
				선천적으로 타고난 사주이다.

(107)

曲直格과	戊日印局	四柱多金	寅日丑時
그림그려	名畫되고	글씨쓰면	名筆이라
곡직격과	무일인국	사주다금	인일축시
그림그려	명화되고	글씨쓰면	명필이라

여기서는 곡직격에 대한 설명이 필요할 것 같다.
곡직격이란 목 일주가 지지에 전체적으로 목으로 구성이 된다.
본래 목은 기운이 있고 많으면 곧고 바르게 되나, 그 기운이 약하고,
작으면 굽어지기 때문에 曲(곡)자를 쓴 것이다.

곡직격을 인수 곡직격이라 고도 한다.
木 일주는 성품자체가 온화하고 인정도 많고 ,예술적인 감각이 풍부하여 그림, 글씨, 노래 등 소질이 다양하다.

木일주 사주가 인성국을 이루고 있으면 인성인 火가 왕한 것인데 화는 예지력이요. 스크린이라 글과 그림에는 재능을 보이게 된다.
화기가 너무 지나치다 보면 기인소리를 듣기도 한다.
사주에 금이 많고 인일 축시 생 역시 글과 그림에 소질이 풍부하다.

(사주의 예)

辛　丁　辛　癸　　　정화 일주가 지지 전체에 금국을 이루고 있다.
丑　酉　酉　丑　　　천간으로도 일간을 제외하고는 금이다.
　　　　　　　　　　매우 드문 형태의 사주로 귀격에 속한다.

(108)

木火旺局	庚辛日生	그도또한	名畵家요
傷官格局	印星旺은	演藝人에	많이본다
목화왕국	경신일생	그도또한	명화가요
상관격국	인성왕은	연예인에	많이본다

목화왕국이라 함은 木과 火의 연계성이다. 목과화의 기운이 어우러져서 작품을 만드는 것이다, 그야말로 목화통명인 것이다.

나무가 아무리 많아도 쓰임새가 없으면 소용이 없고 불이 있어야 휘어지기도 하고 타기도 하는데 국을 형성할 정도로 왕성하다면 필히 이루어지는 것이 아닌가?

목도 음목의 경우는 유연성에서는 타의 추종을 불허하니 운동을 하게 되면 기계체조선수도 어울리고 리듬체조도 좋고------

상관이 격국을 이루고 인수도 왕 하다면 아는 것도 많고 발표력도 좋으니 남 앞에 나서서 부족함이 없으니 팔방미인이라 연예계진출이라 그중에서도 연기를 앞세우는 쪽이 어울린다.

요즈음의 연예인들은 전부다 팔등신에 팔방미인들 이다. 어설픈 연기로 하다가는 금방 낙오되기 십상이다.

金 일주들은 대체적으로 결실의 계절 가을이므로 마무리가 좋은 편이다. 야무지고 판단력도 우수하다.

(실전사주의 예)---여성

丁　庚　壬　辛　　　경金일주의 사주로 현재 가수겸 탤런트로도
卯　午　辰　酉　　　활약을 하고 있는 분의 사주이다.

아버님의 적극적인 도움과 본인의 부단한 노력으로 성공을 한 경우이다.

(109)

丁丑酉日	丙戌辰日	更逢財星	或印星은
印刷文房	書藝家니	筆耕紙業	분명하다
정축유일	병술진일	갱봉재성	혹인성은
인쇄문방	서예가니	필경지업	분명하다

丁　丁　丙　丙　　　왼쪽 의 일주가 재성이나 혹은 인성이
丑 , 酉 , 戌 , 辰　　　있다면 인쇄, 문구계통, 서예, 필경 지업사 한다.

필경은 이미 없어진 업종이다. 예전에 학교에서 시험 볼 때가 생각이 난다,
토시를 팔에 하고 ----------
지금은 복사, 제본집이고, 인쇄소, 종이 파는 지업사, 벽지집, 문방구, 등
등이다.
화 일주에 관한 설명으로 지지에 재성을 놓고 또 재성이 있거나 ,인성이 있
으면 상기업종에 종사하게 된다는 설명이다.

(실전사주의 예)
辛　丁　辛　辛　　정유 일주인데 지지에 인성과 재성을 놓고 있다.
丑　酉　卯　亥　　재성의 기운이 워낙 강하다.

(110)

日德印星	놓은자는	化學科學	技術者요
甲丙戊庚	戊日壬辰	工業界가	많이된다
일덕인성	놓은자는	화학과학	기술자요
갑병무경	술일임진	공업계가	많이된다

일덕격인 사주에 또다시 인성을 갖추고 있으면 이공계로 화학 기술자요.
갑술, 병술, 무술, 경술, 임진 등 일덕격을 갖추면 공업계로의 진출이 활발
해진다.
구체적인 설명을 추가한다면 화학, 공업 과학 등 이공계 쪽에 대한 설명이
다. 대체적으로 진일, 술일이면 이공계다 하고 보면 편하다.

庚
戌　　경술일주를 예로 보자, 이미 지지에 術중 戊토를 갖고 있으므로
　　　인수를 갖고 있는 것이다.
丙
辰　　병진일주의 경우는 辰중 乙목으로 인수가 갖추어져있다.

(실전사주의 예)

壬　庚　辛　癸　　　경진 일주의 사주이다.
午　辰　酉　卯　　　현재 건설계통으로 공무원으로 재직 중.

(111)

卯酉戌中	二字相逢	百草試嘗	醫業하고
亥子丑月	辛丑未亥	杏林之業	活人한다
묘유술중	이자상봉	백초시상	의업하고
해자축월	신축미해	행림지업	활인한다

묘유술중 이자 상봉이라 함은 두 글자이상이 사주에 있음을 이야기 하는데,
백초시상이라 함은 백 가지의 풀을 이로운지 해로운지 맛을 보니 의술과 관
련된 업종에 종사하거나 본인이 직접 해당업무에 종사하게 된다는 뜻.

해자축월 삼동 월에 출생한 신축, 신미, 신해 일주를 갖춘 사람은 의약업에
뜻을 두고 활동을 하니 인명을 구하는 일에 종사하게 된다.

묘, 유, 술에 관하여

卯(묘)
묘는 봄에서도 가운데인 중춘에 해당되고 시간으로는 오전5시에서 7시까지
이다. 습목이고 활목으로 살아있다 .연약한 목이라 풀, 뿌리, 약초, 묘목
등에 해당이 된다. 사주에 묘가 많이 있으면 약손이라고 한다. 천파살이고
바람인 풍에 해당한다.

酉(유)
가을 중에서도 제일 맑고 깨끗한 중간의 가을이다, 금중에서도 귀한 금이
다.

戌(술)
저녁7시에서 9시까지이다.
戌은 山으로 치면 火山이다.

천라지망살, 鐵鎖開金殺(철쇄개금살)
묘, 유, 술 은 철쇄개금살 이라 하여 남의 고민이나, 고통을 해결하여 주는
마치 해결사와 같은 역할을 하는 것으로 굳게 잠긴 쇠자물통을 열어주는 열
쇠와 같은 역할을 한다하여 붙여진 명칭으로, 연관되는 업종은 의술과 연관
되는 것이고 정신적인 상담도 하여주는 카운슬링이나 역학자도 포함이 되고
시간 상 으로 보면 묘시는 아침의 일출 시간이고, 유는 일몰이 되는 시간이

고 술은 하늘이 열리는 시간이므로 이에 해당하는 자는 의술 ,종교, 역학, 상담역에 나선다면 일가견을 이루게 된다. 행림이란 의약업을 말한다.

(실전사주의 예)

甲 己 癸 癸   기토 일주에 년과 월의 지지에
辰 未 卯 卯   묘를 둘 갖추고 있다. 현재 무속업에 종사.

(112)

夏月辛未	巳卯日更	更逢月時	辰或戌은
手執藥秤	하게되니	君臣佐使	製藥이라
하월신해	미사묘갱	갱봉월시	진혹술은
수집약칭	하게되니	군신좌사	제약이라

하 월이라 함은 사, 오, 미, 월을 말하고 夏월 신, 해라함은 사오미월의 신해, 신미, 신사, 신묘일을 말하고 봉경월시 辰 혹 戌은 월지나 시지에 진이나 술이 있음을 설명한다.

*수집약칭(手執藥秤)이라 함은 ---손에 잡은 약을 저울에 달아본다는 뜻
*군신좌사(君臣左使)라 함은 -----약의 처방을 내는데 쓰는 말로써 ,약의 사용하는 용도의 정도에 따라 주된 약을 군약(君藥), 보조역활의 경중에 따라 신약(臣藥), 좌약(左藥), 사약(使藥)으로 나누어 구별을 하였다.

제약이라 함은 약재를 필요에 따라 배합을 하여 필요한 약을 짓는 행위를 말한다. 여기에 술, 해 천문성이 더하여 지면 더욱 확실하다고 보는 것이다.

辛 辛 辛 辛
亥 未 巳 卯   ----각각의 일주에 月이나 時에 辰이나 戌을 만남을
                 설명한다.

(실전사주의 예)

壬 辛 癸 壬   현재 약국을 운영하고 계시는 분의 사주이다.
辰 巳 丑 辰

(113)

甲申日生	逢寅巳와	五陰巳日	逢寅申과
丁未日生	逢庚戌도	醫藥之業	分明하다
갑신일생	봉인사와	오음사일	봉인신과
정미일생	봉경술도	의약지업	분명하다

갑신 일생이 寅과 巳를 만나면 인, 사 형이요, 오음사일이라 함은 을, 정,
기, 신, 해 일인데 지지에 巳를 놓고 있음이요.
정미일생이 경, 술을 만나도 의약업에 종사하게 된다는 설명이다.
일지에 辛을 놓고 있으면 寅이나 巳를 만나면 寅巳刑이 이루어지는데
다른 일간들도 많은데 꼭 甲木 일주를 택하였을까?
갑목 자체가 仁術(인술)이므로 확률이 더 높기 때문인 것이다.

乙 丁 己 辛 亥	이 일주들은 인목이나,신금이 연결이 되면
巳 巳 巳 巳 巳	인, 사, 신 형살이 연결이 된다. 그렇기 때문에
	의술이나 그와 연관된 직종에 종사하게 된다.

정미일생이 월이나 시에 경술과 연결이 되면 어떻게 될까?

0 丁 庚 0	미술 형이 되어 의업과는 연관이 되나 재가
0 未 戌 0	강하다. 진정한 의사라면 인성 또한 강해야 하는데
	재성 이 강하므로 돈이 우선 앞장을 선다.

약재상이 어울린다. 꼭 의술로 연결한다면 재대로 배운 의술이 아니라 보조
역활의 의술로 돈을 번다. 야매로 하는 의사 즉 돌팔이 의사가 된다. 그러
다보면 사람 잡는 의술과도 연관이 된다. 왜냐하면 형살이 있기 때문에

(실전 사주의 예)

| 庚 丁 己 乙 | 정화 일주의 사주이다. |
| 戌 巳 卯 卯 | 현직의사로 개원을 준비 중 이다. |

(114)

戊申日生	逢寅巳와	戊寅日生	逢巳申도
亦是醫業	因緣이니	萬人救活	하리로다
무신일생	봉인사와	무인일생	봉사신도
역시의업	인연이니	만인구활	하리로다

무신일주가 인이나 사를 만나면 인사 형이 성립이 되고.
무인일생이 사와 신을 만나도 역시 인사 형이 성립이 되고.
결국은 인사신 삼형살이 성립이 되면 의업에 종사한다는 설명이 되는데.

*직접의술을 행하거나 그에 연관된 직업에 종사하게 된다는 설명이다.

戊   戊
申 -----寅이나 巳를 만날 경우   寅 ------申이나 巳를 만날 경우

(실전사주의 예)

甲 甲 辛 乙   갑목 일주의 사주로 현재 의업에 종사
子 申 巳 未   하고 계시는 분의 사주이다.

(115)

庚壬申日	逢寅巳와	庚壬寅日	逢巳申도
醫藥界에	入身하여	活人功德	하게되네
경임신일	봉인사와	경임인일	봉사신도
의약계에	입신하여	활인공덕	하게되네

경신일주와 임신일주 역시 주중에 인이나 사를 만나거나 경인 임인일주가
주중에 사나 신을 만날 경우 그 역시 의약업에 종사하게 된다는 설명이 된
다. 즈음은 의술이라고 하여 꼭 사람만 지칭하는 것이 동물을 상대하는 수
의사도 연결이 된다. 세상이 그만큼 다변화가 되었다는 설명이 된다. 근래
에는 애견업도 하나의 직종으로써 자리매김이 된듯하기도 하다. 관련된 직
종으로는 훈련업, 미용업, 관리 업종이 되겠다.

파격으로 본다면 도축 관련업이 연결되고, 역마에 연결이 되면 육류 유통도
좋고 ,지금은 직업에 대한 귀천이 사라진지도 오래다, 내가 열심히 하면 그
것이 천직이요 ,올바른 직업인 것이다. 긍지가 필요한 것이다.

의약업에 종사하는 경우는 그에 대한 긍지와 책임감 또한 막중함을 알고 열
심히 하여야 할 것이다.

庚   壬   庚   壬
申--寅이나 ,巳   申 ---寅이나 ,巳   寅 , 寅 ---申이나, 巳

          인, 사, 신 삼형살이 형성이 되는 경우이다.

(116)

寅戌夏月	庚寅火局	卯月生에	甲子日生
冬月生人	壬辰日生	醫藥之業	從事하고
인술하월	경인화국	묘월생에	갑자일생
동월생인	임진일생	의약지업	종사하고

인, 술, 하월이라 함은 인, 술, 사, 오, 미월에 대한 설명이다.
경인이라 함은 경인일주가 지지에 화국을 이룬 것을 말하는 것이고,

```
0   庚   0   0
0   寅   戌   0      경인일주가 월지에 술 토를 놓아 화국을 이룸.


0   庚   0   0
0   寅   午   0      경인 일주가 월지에 오 화를 놓아 화국을 이룸.


0   庚   0   0      경인일주가 월지에 사화를 놓아 인중병화, 사중병화로
0   寅   巳   0      화국을 형성하고 인사 형을 이루고 있다.
```

묘월 생에 갑자일생은
```
0   甲   0   0      일지와 월지가 子, 卯 刑殺을 이루고 있다.
0   子   卯   0      게다가 월지에 양인을 놓고 있다.
```

冬월생인에 임진 일 생이라 함은 해, 자, 축 월생이요 임진 일생이라

```
0   壬   0   0      임진 일주가 월지에 양인을 놓고 있다.
0   辰   子   0      辰은 이공계로 연결이 된다.
```

(117)

甲戌日과	戊戌日生	甲乙日生	月或時乾
戊己日生	時或月乾	刀圭之業	하게된다
갑술일과	무술일생	갑을일생	월혹시건
무기일생	시혹월건	도규지업	하게된다

갑술, 무술, 갑을 일생이 월이나 시에 乾(건)이라 하였으니 술, 해라 천문
성이고 무기 일생이 시나 월에 乾이니 戌, 亥이고
건이라 함은 구 궁도에서 설명하는 건방의 술, 해 즉 천문성이라 의업에 종
사하는 일을 하게 된다. 역술 및 상담역이요 어려움을 해결하니 아픈 사람

치료하는 의술이 제 격이라. 그것도 다 팔자 인가보다.

(실전사주의 예)

癸　戊　壬　甲　　　　현재 내과병원을 운영하고 계신 분의 사주이다.
亥　戌　申　午

(118)

夏月戌亥	出生人이	生日에다	壬午癸未
甲寅日生	逢巳或申	그도또한	活人이라
하월술해	출생인이	생일에다	임오계미
갑인일생	봉사혹신	그도또한	활인이라

하 월에 술, 해 출생 인이라 함은 사오미술해월에 출생하고 생일에다 임오
계미 일 이라 함은 임오 일, 계미 일에 출생이라 갑인일생이 지지에 사, 신
을 놓고 있으면 그도 또한 활인 즉 사람을 활동할 수 있도록 아픈 사람 치
료하는 의술인 의업에 종사하게 된다는 설명이다.

0　癸　0　0
0　未　戌　0　　형살로 연결이 된다.

0　甲　0　0　　갑인일주에 지지에 사신으로 형살이다.
0　寅　巳　0　　갑인일주는 교육에도 해당이 되는데 의학과 연관된 교육
즉 學(학)으로 연결을 하여보면 될 것이다.

갑인자체가 목화통명(목화통명)이므로 신경, 정신질환계통, 정신의학. 등으
로 해석을 하면 될 것이다.

(실전사주의 예)
戊　甲　庚　癸　　　　개업의로 현재 대학에 출강 중 이신 분의 사주.
辰　寅　申　巳

(119)

寅卯夏月	甲乙日生	丙日生人	戌亥逢과
丙申寅日	逢刑殺도	活人家에	흔히본다
인묘하월	갑을일생	병일생인	술해봉과
병신인일	봉형살도	활인가에	흔히본다

인묘 하월이라 함은 인묘사오미 월이라 갑을 일생과 병일 일생이 지지에
乾(건)즉 술, 해 천문성을 갖추고 병신일, 병인일이 형살을 갖추고 있으면
사람을 고통에서 구해주는 의업에 종사하게 된다.

본인이 아니면 식구들 중 이업에 종사도 하게 된다.
목 일주가 목이 많거나 목화통명으로 연결이 되면 ---
목-------신경
화-------정신이라--------신경정신과로 연결이 되고

*화 일주가 술, 해로 연결이 되면
火자체가 보는 것 스크린이니 안과도 좋고. 식상으로 연결이니 소아과계통
도 좋고. 내과계통도 괜찮고.

*일주 별로 그 특색을 살펴보면

금은 폐, 피부, 골격,------피부과, 정형외과, 성형외과--
수는 ----신장, 방광계통이니----비뇨기계통이 좋고

(120)

以上九局	태어난몸	萬若自身	아니면은
先親妻子	期業있고	아니면은	易術家라
이상구국	태어난몸	만약자신	아니면은
선친처자	기업있고	아니면은	역술가라

이상구국이라 함은 앞서 설명한 111-119까지의 내용이라 그와 같은 사주를
갖추고 있으면 본인이나 혹 집안의 가업일 수 있고 ,아니면 연관된 직종이
요. 본인이 직접 하기도 하고 가족 중 누군가가 이업을 하게 되고 이업과
연관이 없으면 역술가라고 볼 수 있다.

사람의 정신적인 면 육체적인 면을 도와 그 사람이 활동하는데 큰 힘이 되
어주는 역할이라 이것이 활인이 아니고 무엇이겠는가?
여기서 제일 중요시 되는 것이 술. 해 乾이요 즉 천문성이 된다.

시에 술, 해가 있거나, 일지가 시지를 형하고 있으면 법관 판사, 의사, 종
교가,
*술, 해천문성이 육친으로 볼 때 어디에 해당하는 가를 보고 그것이 누구인
 가도 확인을 하여보라. 그러면 연관성에 대한 답이 나온다.

(121)

四柱身旺	官不足은	命理哲學	名聲높고
丙辰日生	身旺無官	亦是占術	이름높네
사주신왕	관부족은	명리철학	명성높고
병진일생	신왕무관	역시점술	이름높네

사주에 신왕 관 부족이라 함은 신왕 하여 관이 부족하다는 말이고 관왕 신왕의 경우도 있지만 이 경우는 지금의 설명과는 판이하게 다르다.
사주가 한 쪽으로 치우쳐서 신왕 하니 자연 관이 부족하게 된다.

관이란 직업이요 ,권력인데 그것이 너무 약하니 취직하기가 힘들어 결국은 자영업을 하여야 하는 팔자인데 너무 신왕 하니 재 역시 부족이라 경제활동과는 인연이 없는 것이다. 상업도 아니다, 그렇다고 재 복 까지야 없겠는가? 신왕 하니 학문과는 인연이 되고, 돈 욕심은 아니 내어도 재운이 오면 취할 것이고 직업으로는 역술가가 제격이라 돈 욕심 안내면 이름나고 ,여자 멀리하면 그 명성이 오래 가리라.

병진 일생은 관고를 깔고 있으니 직장과는 연이 없고 ,인수와 식상이 있으니 신왕하고 무관이니 점술이 역시다.
辰은 그 자체로 부처님이니 법사로써 이름 날린다.

(실전사주의 예)
甲　丙　丙　丁　　　　오랫동안 역학에 몸을 담았던 분의 사주이다.
午　辰　午　丑

(122)

甲戌日生	月或時乾	丁巳酉日	逢財或印
甲乙日生	寅巳午未	四柱哲學	名聲이라
갑술일생	월혹시건	정사유일	봉재혹인
갑을일생	인사오미	사주철학	명성이라

甲戌일주는 일주 자체가 천문성을 놓고 있어서 ,재를 깔고 있으므로 식상도 갖추고 있어 그 자체로 역학과 인연이 깊어지게 된다.

丁　丁
巳 , 酉　　----일주가 재성이나 인성을 놓고 있으므로 사주 철학이다.

갑, 을일생이라 함은 목 일주인데 인, 사, 오, 미월에 출생하면 목 일주가 목화통명으로 연결이 된다, 더불어 목분비회라하여----木焚飛灰--식신, 상관이 많은 팔자로 관이 약하여 지므로 일주가 식상으로 흐르니 더구나 목 일주가 화로 흐르니 영락없는 사주철학 팔자가 된다.

(사주의 예)
丙　乙　甲　癸　　　　을목 일주의 사주로 명리계에 큰 족적을 남기신
戌　丑　子　亥　　　　분의 사주이다.

(123)

戊申子日	多逢金水	五陰亥丑	乾或丑寅
九宮八卦	묶어내서	人生運命	鑑定한다
무신자일	다봉금수	오음해축	건혹축인
구궁팔괘	묶어내서	인생운명	감정한다

戊　　戊
申 , 子 ----일주가 금수가 많은 사주일 경우
오음해축이란 무엇일까?
오음이란 乙, 丁, 己 ,申, 癸로써 각각 亥와 丑을 갖추고 있는 경우인데

乙 乙　丁 丁　己 己　辛 辛　癸 癸
亥, 丑,　亥, 丑,　亥, 丑,　亥, 丑,　亥, 丑

이 일주들이 건(乾)즉 戌 ,亥와 丑과 寅을 놓고 있는 경우
공통점은 모두가 천문성인 술, 해를 놓고 있다.

오행 상으로 보면 어느 오행이 잘할까?
다 각각의 특색이 있다. 대체적으로 우선 집히는 것이 화이다 ,일단은 명랑하고 화끈하여 속 시원히 일을 잘 처리 하니까 ,그럼 다른 오행은 아닌가?

결코 그렇지는 않다, 대외적인 면으로 보는 것이니까 일단은 답답하고 일이 잘 풀리지도 아니한데 상담자도 말수가 적고 밝은 상이 아니면 상담하러온 손님의 입장에서 편하겠는가?
우선은 상담자의 표정부터 빨리 읽고 신속한 상담이 이루어져야 답이 나올 것이 아닌가?

(124)

水日子酉	月或時東	更加水木	만난사주
五陽戌日	乾或丑寅	그사람도	名卜이라
수일자유	월혹시동	갱가수목	만난사주
오양술일	건혹축인	그사람도	명복이라

수 일주라 함은 임 계 일주인데 지지에 자와 유를 놓고 있으니 수일주가
금수기운이 강함이라 월이나 시에 동이라 하였으니 인 ,묘라 결국은 수와
목이 강한 사주라고 보여 진다.
수 일주에 子와 酉라 하였으니 壬에는 子, 癸에는 酉가 되니,

壬　　癸
子　　酉 ----일주가 된다.

오양 술일 이라 하였으니

甲　丙　戊　庚　壬
戌　戌　戌　戌　戌-------일주인데

乾 혹 丑 寅 이니 戊 , 亥, 丑, 寅 이라 명복이라 하니 명 점사인 것이다.
역학을 하는 사람도 상담 시 그 성격이 그대로 나온다. 오행에 따른 성격인
것이다. 말이 많은 상담, 조용하면서도 신뢰를 주는 상담, 은근한 상담 ,동
적인 상담, 말수가 적은 상담. 모두가 장단점이 있으나 중요한 것은 상담자
에 대한 예의와 신뢰와 믿음이 중요하리라.

(125)

四柱中에	多印無官	寒門貴客	누가알며
偏官弱에	重重受制	皓首書生	이아니냐
사주중에	다인무관	한문귀객	누가알며
편관약에	중중수제	호수서생	이아니냐

사주에 인수는 많은데 관이 부족하다 함은 배우기는 많이 배웠는데 써먹을
관 즉 일할 곳이 없음이라 외국유학까지 갔다 왔는데 박사학위 취득하고 왔
건만 정작 받아주는 곳이 없으니 답답하구나.

편관이 약하고 극을 하는 식상이 난무하니 써먹어보지를 못하는구나.
힘들여 자본 투자해서 기술을 개발하였더니 하루아침에 쓸 모 없는 기술이
되어버린 것과 똑같다.
기술 유출인지, 경쟁자가 한 발 빠른 것인지 구별이 안되는구나. 중소기업

이 부도나는 경우 이런 것이 비일비재하다. 기술이 완전하지 못한 것인
지,----------
바로 이런 경우인 것이다.
편관은 약한데 그해가 식상 운이면 식상이 극성이라 부도요 써먹지도 못하
는 구나

(실전사주의 예)
壬 戊 癸 辛　　　　　현재 가구업 분야에 종사하시는 분의 사주이다.
子 午 巳 丑　　　　　사업의 부도로 인한 후유증으로 고생하고 있는데
　　　　　　　　　　그래도 열심이시다. 사주자체에 관이 보이지가
않는다. 월지의 사는 식상도 되고 인수도 되고 양다리다. 재가 있는데
말년이라 운에서 오게 되면 언제인 가는 다시 일어 설 수가 있을 것이다.

(126)

四柱中에	偏正多印	外國語에	能通하고
四季之月	丙丁土日	聲樂界에	人氣로다
사주중에	편정다인	외국어에	능통하고
사계지월	병정토일	성악계에	인기로다

사주 중에 정인과 편인이 많으면 인수가 많으면 외국어 계통에 능통하여
외국어를 잘하는데 공부는 생각만큼 잘하지는 못한다.
편인은 외국어로 보라. 방위별로 오행과 각국의 언어를 연결하여 보면
목--동쪽----일본이니 일본어
화---남쪽---아랍, 스페인, 에스파니아어 계통
토--중앙----중국---중국어
금---서쪽---미국, 캐나다---영어
수---북쪽----러시아----러시아어

사계지월이라 함은 토에 해당이 되는데 진, 술, 축, 미월이라 병정토일 생
이니 화토가 많음이라 왜 성악이라고 했을까?
정화일주여자는 목소리가 유달리 크다, 그로 인해 구설에 휘말리기도 한다.
丁화------소프라노　　　,　　　庚금------테너
토가 많으면 허스키한 소리 많이 난다---베이스도 어울린다.
병화가 토가 많으면 허스키한 저음이 된다.

0　丙　0　0　　일지와 월지가 형살이라 소리가 매끄럽지 못하고
0　戊　未　0　　찢어지는 소리를 낸다. 허스키에 해당이 된다.

0　丁　0　0　　정화일주로 큰소리에 탁음이다. 고음에 째지는
0　未　戌　0　　소리다. 악쓰는 데는 일가견이 있다.

(127)

春夏月에	甲寅日生	時逢亥時	大貴하고
秋冬月生	丙申子日	格이루면	宰相이라
춘하월에	갑인일생	시봉해시	대귀하고
추동월생	병신자일	격이루면	재상이라

춘하 월에 갑인일생이라 함은 인, 묘, 사, 오, 미월에 출생하고 갑인 일주라 시에 해를 갖추고 있으면 수생목, 목생화 하여 자연 목화통명으로 연결이 되니 귀한 인물이 되겠고 갑인 일에 해시이므로 자연 을해 시가 되겠다.

乙　甲　0　0　　수--목---화 로 이어진다.
亥　寅　午　0　　인, 묘 ,사, 오, 미월에 출생일 경우이다.

추동일생 병신자일이라 함은 신,유,술,해,자,축 월에 출생하고 ,병신 자일이라하면 병신, 병자 일을 가르치고 ,추동이면 금수인데 일주가 병火 일주라 화가 금,수를 만남이니 신자, 수국이라 병화에 수가되면 관살이라 지지에 국을 형성하는 형국이니 종살격에 해당이 된다.

0　丙　0　0　　　병신일주에 자 월에 출생하여 지지에 수국이
0　申　子　0　　　형성 된다 ,지지에 관국을 이루니 일국의
　　　　　　　　　재상감이라는 설명이다.

0　丙　0　0
0　子　申　0　　---병자일주에 신월 출생이다. 역시 지지에 관국이다.

(128)

春三月에	甲乙日生	時上庚午	辛巳逢은
형칭지재	되었으니	용루봉각	호강하고
춘삼월에	갑을일생	시상경오	신사봉은
형칭지재	되었으니	용루봉각	호강하고

춘삼월에 갑을일생이라 함은 목 일주가 봄에 출생함을 설명하는데 목은 인, 묘, 진이라 목이 왕한 사주인데 시상에 경오 ,신사 , 함은 지지에 목, 화가 왕 함이라 거기에 시상에 관인 金이오니 시상일위귀격의 의미가 되는데, 시상에서 천간에 금이 있으나 주변이 목화가 왕 하여 금이 견디기가 힘들다. 근거가 없는 것이다

庚　甲　0　0　　　갑목 일주가 인 월에 출생한 경우이다.
午　0　寅　0　　　일주인 갑 목의 지지로 올 수 있는 것은
　　　　　　　　　자, 인, 진, 오, 신, 술이다.

 이중 경금에 도움이 되는 것은 신금뿐인데 신金 역시 견디기가 힘들어진다. 고로 경 금은 관으로써의 역할은 큰 기대를 할 만하지가 못하다 .오히려 목화통명으로 보는 것이 더 현명할 뿐이다.

(129)

夏三月에	丙丁日生	壬辰이나	癸卯時는
出入王庭	하게되니	子和樂之	이아니냐
하삼월에	병정일생	임진이나	계묘시는
출입왕정	하게되니	자화낙지	이아니냐

하삼 월에 병정일생이라 함은 사오미월에 출생하고 화 일주라 임진 시나, 계묘 시 경우는 출입왕정이라 하였으니 지금으로 치면 청와대 및 요소의 출입이라 화 일주에 시상에 관이라 시상일위귀격이 성립이 된다.

그러나 무조건적인 시상일위귀격만 생각하면 위험해진다.

壬　丙　０　０　　　　癸　丁　０　０
辰　０　巳　０　　　　卯　０　未　０

병火 일주에 올 수 있는 지지는 자, 인, 진, 오, 신, 술이다
정火 일주에 올 수 있는 지지는 축, 묘, 사, 미, 유, 해 이다.
월지에도 각각 사,오,미 월을 대입하여 하나하나 분석을 하여보라,

壬　丙　０　０　　　　이 경우를 보자, 병인일주에 오월 출생에
辰　寅　午　０　　　　임진 시이다. 설명에 나온 그대로 이다.

시상에 임수가 관으로써 자리를 굳게 지키고 있다. 그러나 이 상황에서는 어떨까? 임수가 진토에 입묘가 되고 있다.

설상가상으로 토극수하여 극을 받고 있다. 일지와 월지가 인, 오로 합을 하여 화국을 형성하여 壬수를 더욱 곤혹스럽게 만들고 있다.
거기에 寅과 辰은 목 국을 형성하여 임수를 한없이 피곤하게 하고 있다. 목과 화가 한없이 형성되니 임 水는 흔적도 없이 사라질 판이다.

완전히 코너에 몰린 壬수가 되고 말았다 .이럴 경우 壬수는 시상일위귀격이될 수가 없는 것이다.
그러나 각각 대입 하다보면 이 글이 성립되는 부분이 있다. 고로 시상일위귀격은 항상 주변과 전체를 보고 판단을 하여야 한다.

(130)

秋三朔에	庚辛日生	丙子丙戌	丁酉時는
十斛之器	되었으니	口呼十萬	하리로다
추삼삭에	경신일생	병자병술	정유시는
십곡지기	되었으니	구호십만	하리로다

추삼삭이라 함은 가을의 삼 계절을 말하니 신,유 월이고 경,신 일주니 금 기운이 매우강한 것이다. 시상에 관이 오므로 귀격으로 십만 인에게 이름이 불리워진다는 것이다. 십곡지기(十斛之器)라 함은 ----열 섬의 쌀을 담을 수 있는 그릇으로, 사람의 됨됨이와 인물됨이 크다는 것을 말함이다.

```
丙  庚  ○  ○        庚일주가 지지에 올 수 있는 것은  양의 지지가
子  申  酉  ○        오면 된다, 辛일주의 경우는 음의 지지가 오고
                     庚금 일주에 지지가 金水로 냉기가 강하다, 시상의
                     병火가 맥을 못 추고 있다.
```

이런 경우는 시상일위귀격이 되지가 않는다. 틀은 그럴 듯하지만 제 그릇이 아니다.

(131)

冬三朔에	壬癸日生	戊申己未	出生時는
廊廟之材	되었으니	潛纓冠帶	宰相이라
동삼삭에	임계일생	무신기미	출생시는
랑묘지재	되었으니	잠영관대	재상이라

동삼삭이라 함은 해, 자, 축 월을 말하는 것이고 겨울의 계절이라 수기가 왕한 것이고 임계일생이니 수 일주라 시가 무신 시 기미 시 일 경우에 대한 설명이라, 이와 같은 사주를 갖추면
* 랑묘지재라---조정의 재목으로 나라의 큰 일꾼이라
* 잠영관대----조정에서 예전에 머리에 의관을 갖추게 되면 의관 밑으로 하여 구슬이 꿰어진 장식을 하였는데 직급에 따라 구슬의 숫자가 달랐으므로 상하의 구별이 되었다.

```
己  壬  ○  ○        임신일주에 자 월에 출생되어 시는
未  申  子  ○        기미 시이다.
                     일지와 월지가 합이 되어 수국을 이루고 일간 자체
```
도 임수라 수기가 왕 하다. 시상으로 관이 투출되어 시상일위귀격으로

보아도 무난하다, 왕한 물을 기미토로 둑을 이루어 충분히 감내 할 만하다.

각각을 대입하다보면 성립이 조금 어려운 경우도 생기는데 일일이 대조하여
확인하는 것이 좋겠다. 시상일위귀격을 갖추면 능히 한자리 할 인물이라는
것이다. 예전에는 오직 과거급제만이 인재의 등용문이었으나 시대가 많이
바뀌었다. 각 분야에서 두각을 나타내는 것이 곧 등과 하는 세상인 것이다.

꼭 관으로만 출세라고 보지를 마라, 경제적인 면도 있고, 직능분야도 그에
못지않은 대우를 받는 세상이다, 튀고 앞서는 것이 성공하는 것이요, 출세
하는 것이다.

(132)

三六九臘	戊己日生	時上甲寅	乙丑亥는
鴻毛之客	될것이니	權尊六曹	하게되오
삼육구랍	무기일생	시상갑인	을축해는
홍모지객	될것이니	권존육조	하게되오

삼육구랍이라 함은 3,6,9,12를 말하고 진, 미, 술, 축월이 된다.
무기일생이니 월지에 토를 갖추고 있으니 토기가 강한 사주이다.

시상에 갑, 인, 을, 축, 해, 즉 을, 해 이니 재관이 연결이 된다.
홍모지객이라 기러기의 깃털을 일컫는 말로 머리의 의관 앞에 상징으로
착용도 하였다. 권존 육조라 하면 수장은 예전에는 육조가 있어 각각 그
수장이 있었는데 그 역할을 하게 된다는 이야기다. 판서라는 직책이
있었는데 지금으로 치면 장관급이다.

(사주의 예)
乙　己　壬　戊　　　기토 일주의 사주이다.
亥　未　戌　申　　　술 월이라 구월에 출생하였고 을해 시 이다.
　　　　　　　　　　신왕관왕의 사주이다.
　　　　　　　　　　국무총리를 역임하신 분의 사주이다.

(133)

春生丙丁	夏生戊己	秋生壬癸	冬生甲乙
四季庚辛	時單偏官	亦是龍門	出入하리
춘생병정	하생무기	추생임계	동생갑을
사계경신	시단편관	역시용문	출입하리

춘생병정 이라 함은 인, 묘 월에 출생하여 일주가 병, 정 火인 경우고,
하생무기라 함은 사, 오월에 출생하여 일주가 무, 기 土인 경우이고,
추생임계라 함은 신, 유월에 출생하여 임, 계 水일주요.
동생갑을이라 함은 해, 자 월에 출생하여 갑, 을 木일주요.
사계경신은 진, 술, 축 ,미월에 출생하여 경, 신 金 일주라
시상편관이라 함은 시상에 편관이 자리한 시상일위귀격을 말한다.
이와 같은 사주의 소유자 역시 용문에 출입을 한다 하니 그 역시 국가의
큰 인물이 된다 함이라.

(사주의 예)

甲　戊　戊　己　　　　　무土 일주의 사주다.
寅　辰　辰　巳　　　　　신왕하고 관 또한 왕하다.
　　　　　　　　　　　　사계월에 출생하고 金일주는 아니나
시상에 편관을 놓아 시상일위귀격이 성립된다. 장관을 지내신 분의 사주.

(134)

潤下格과	六乙鼠貴	文學聰明	자랑하고
炎上格과	從革格은	그威風을	자랑한다
윤하격과	육을서귀	문학총명	자랑하고
염상격과	종혁격은	그위풍을	자랑한다

윤하격과 육을서귀격은 문학총명을 자랑한다고 하였는데 윤하격이란 水일주
가 지지에 수국을 형성하여 흐름이 물과 같음이라 두뇌가 총명하고 ,발상이
기발하여 스토리의 전개와 사고의 깊이가 타의 추종을 불허하니 ,문필 쪽에
재능이 탁월하다.

육을서귀격이란 乙목 일주가 수목을 많이 갖추고 자시에 출생한 경우를 말
한다. 인수와 견겁을 좋아하고, 식 재관을 싫어한다.
윤하격은 수 일주로써 수 일주 자체가 물이라 비쳐지므로 화 못지않은 투시
력을 갖고 있다. 사물을 관찰함에 있어서 그 탁월성은 타의 추종을 불허하
기도 한다. 간혹 단점이라고 하면 약간의 허구성이 지나치면 자칫 거짓과
임기응변으로 흐를 것이 염려가 되기도 한다. 대체적으로 심성은 악한 편이
못되어 간혹 남에게 이용당하는 경우도 종종 생긴다.

육을서귀격은 乙목 일주가 자시를 만나는 것인데 이격이 이루어지면 귀격사
주로 본다. 이유는 子수 중에는 지 장간에 癸수가 있는데 子수가 사화를 불
러들여 巳중 戊土와 무계 합으로 늘어나나, 그런데 사화는 지장간에 庚 금
이 있어 을 목의 정관으로 불로소득을 하게 된다.

乙목 일주에 있어서 丙子시의 경우 시상에 병화는 상관이 되는데 시상상관 격으로 활동이 두드러지는 직업이라 좋게 보면 연예계통으로 보는데 사업 쪽으로 보면 두루두루 필요한 업종이라.
남에게 얼굴이 널리 알려지는 사람이 되기도 하고, 잘못 형성이 되면 도망 자 신세가 되기도 한다.

육을서귀격은
乙　乙　乙
亥 , 未 , 巳 -------일주에서 격이 성립된다.

乙　乙　乙
丑 , 酉 , 卯 ------일주는 파격으로 격이 성립이 안 되는데

이유는 丑 과 酉는 금이 있고 묘는 자묘 형살이 성립되기 때문이다.
염상격은 화일주가 지지에 화국을 형성하여 성립이 되는 격인데 火가 많으 면-------염(炎)이 되는데 뜨거운 화기가 형성되어 상승하므로 염상 격이라 하는 것 이다.

이 경우 화 일주가 득局이 되어야 길하고 일주를 극하는 관이나 재를 싫어 한다. 파국으로 몰고 가기 때문이다.

교육계통 이나 첨단 산업 쪽에 어울린다.

종혁격이란 金일주가 지지에 金 局을 형성하여 성립이 되는 격으로 금은 숙 살지기요. 변혁이요. 강권 이므로 국을 형성하여야 좋고 이 역시 재나 관을 아주 싫어한다.
 이격의 소유자는 정보계통, 군, 검, 경찰, 법무계통 등 기계, 금속공학등 과 인연이 있다.

이와 같이 염상격이나 종혁격은 그 위세와 위풍이 가히 타의 추종을 불허하 는 권위와 품위가 있다.

간혹 틀은 범 틀인데 하는 행세는 쪽 제비라는 말을 많이 하는데 이는 이 격이 이루어지면서 파격인 경우인 것이다. (종혁격의 경우)

머리는 기가 막힌데 나사가 풀린 것 같다는 말은 염상격이 파격이 된 경우 이다.

(실전사주의 예)

乙　丙　戊　丙　　　　염상격의 사주인데 현재 학원의 강사로
未　午　戊　午　　　　재직 중이신 분의 사주이다.

(135)

年月日時	三重印星	純粹하게	格이루면
大學敎授	學總長에	高尙學者	분명하다
연월일시	삼중인성	순수하게	격이루면
대학교수	학총장에	고상학자	분명하다

연월일시 삼중인성이라 함은 지지에 인수가 국이 형성됨을 말함이고 형, 충, 파, 해 없이 순수하게 격을 이루면 인품도 고고하고 존경받는 교육자라 교육의 상급청인 대학의 학장 또는 총장이라는 설명.

국이 형성이 되는 것도 종류가 있다. 삼합으로 이루어진다면 진정한 국이 성립된 것이고 계절의 합인 방합으로 이루어진다면 삼합과는 약간의 격차가 생긴다. 자동차로 따지면 신형 차와 오래된 중고차정도로 보면 될 것이다. 합도 양과 음의 합이 있는데 일주가 양이면 양의 합이 좋고, 일주가 음일 경우는 음의 합이 좋은 것이다.

인수의 경우 문제가 되는 경우가 생기는데 대표적인 것이 다자무자의 예 일 것이다. 인수는 어머니의고향이 아니던가, 나의 보살핌의 근원지인데 지나친 보살핌은 과잉보호요, 자립정신을 망각시킨다. 그리하여 생겨나는 것이 마마보이가 생기고, 지나친 공주병도 생기는 것이다.

이것은 해로운 경우의 예이나, 합이나 제대로 형성이 될 경우는 다르니 그 구별 또한 중요하다.

일단 인수가 오합지졸로 많은 사람은 안목을 넓혀야 한다, 스케일이 큰 사람 밑에서 생활을 하도록 유도하는 것이 필요하다.

| 0 | 甲 | 0 | 0 | 甲목 일주에 지지에 자수가 널려있다. |
| 子 | 子 | 子 | 0 | 지나친 水 생木 이다, 목의 임장에서 보면 수입은 |

많은데 木 생 火를 할 겨를이 없다.

배부른데 자꾸만 먹으라고 하니 과식이요, 소화 불량이다, 일할 생각은 없고 잠만 자고 있는 형국이다.

목은 신경인데 신경이 둔화가 되니 마비가 온다, 화의 입장에서는 도움을 못 받으니 화가 제 기능을 발휘하지 못한다. 혈압도 자꾸만 올라간다. 인수가 이와 같이 배만 불러서는 안 된다 영양가가 있어야 하는 것이다.

배만 부르면 기형아가 된다, 삼합국 정도가 되어야 한다, 그런데 그것이 어디 그리 쉬운가? 준 삼합 정도만 되어도 어느 정도는 성공이다.

덩어리도 덩어리 나름이다 ,귀인이 되는가? 천인이 되는가를 구별하여야 한다.

(실전사주의 예)

癸　癸　乙　丁　　　현재 대학교수로 재직 중이신 분의 사주이다.
丑　巳　巳　酉　　　년, 월, 일, 시 에 인수국을 형성하고 있다.

(136)

四柱中에	多印無虧	四柱傷官	從兒格과
四柱身旺	泄精英은	博士燈明	하게된다
사주중에	다인무휴	사주상관	종아격과
사주신왕	설정영은	박사등명	하게된다

사주에 인수가 많음에도 불구하고 인수자체에 아무런 하자가 없을 때 그 인수는 살아서 생생한 인수가 되므로 인수로써 그 역할을 충실하게 할 수가 있음으로 귀인의 사주가 되는 것이다.

그 예를 들어보기로 하자.

0　癸　0　0　　　　인수가 삼합국을 이루고 있다, 충분히 교육분야및
巳　酉　丑　0　　　　학문, 연구분야에서 제목소리를 낼 수가 있다.

사주상관 종아격이란 무엇인가?
종아격이란 식상관에 종하는 사주인데 어떠한 성격으로 종하는 가에 따라 해석이 여러 가지로 가능해진다.

종아격이란?
지지가 전체적으로 식신과 상관으로 구성이 되어 일주가 한없이 약해져 스스로 행동을 할 수가 없어 식신과 상관의 기운에 동조하여 합류함으로 종아격이라고 하는데 兒(아)는 아이 즉 자손이 되므로 늙으면 자손에 의존함을 생각하면 될 것이다.

종아격의 종류는 오행별로 구분을 하여보면 쉬울 것이다.
종아격의 특징은 문예, 교육, 육영사업 등에 탁월한 능력을 보이게 된다.
매사 양이 있으면 음이 있는 법, 식상이 왕 하니 극하는 자손 궁이 힘들어지니 자연 자손에 대한 어려움이 생기게 된다. 여성의 경우는 관인 남편 궁이 극을 받음으로 인하여 夫 궁이 부실할 수밖에 없음이 아쉽고, 식신, 상관, 재운에는 길하여 좋으나, 식상을 극하는 인수 운이나, 식상이 극하는 관운에는 힘들어진다.

사주신왕 설정영이란 일주가 강왕하고 ,설기 또한 왕성하게 잘하고 있음이
라 신체적인 조건으로 보면 건장하고 잘 먹고 ,소화도 잘 시키고 활동도 왕
성함이라 매사 어떤 조건도 문제가 없어진다.
여기서 일주가 왕하고 식상이 여건이 충족되었을 경우를 오행별로 비교를
하여보도록 하자.

*목 일주일 경우---火식상을 만나면 나무에 꽃이 활짝 피는 격이라,
              목화통명의 사주로 귀인의 사주가 된다.
*화 일주일 경우---토가 식상이 되는데 토에는 조건이 생긴다,

*조 토일 경우-----흙이 너무 메말라 가색의 공을 이룰 수가
              없으므로 흉으로 보게 되고
*습 토일 경우-----흙이 제 기능을 발휘하여 옥토가 된다.
              이와 같이 토의 경우는 항상 조, 습을 항상 구
              별하라.

*토 일주일 경우---금이 식상이 되는데 흙속에 즉 산에서 광맥을
              발견함이라 산이 노다지요 ,또 일하면 할수록
              능률이 오르니 결과는 대만족이라

*금 일주일 경우---수가 식상이라 관인 화를 죽이므로 아무런 저항 없이
              칼을 휘 두를 수가 있으므로 장애물이 없으니
              탄탄대로라 매사 모든 일이 순탄하게 진행이 된다.

*수 일주일 경우---물이란 많으면 항상 넘치고 고이면 썩기 마련이라.
                목인 나무에 생명줄인 나 자신인 수를 공급하니 물이 마
를 염려도 없고, 썩을 염려도 없고 ,흐름이 계속 이어지니 지속적인 활동이
라 토의 가로 막음을 염려할 필요가 없어지니 적재적소라, 명석함을 빛낼
수가 있어 더욱 좋아진다.

이와 같이 일주가 왕하고 식상이 건강하면 어느 분야이던 자신을 내세울 수
있어 귀인의 사주가 되는 것이다.

0 丁 丁 戊   정화일주가 화기가 강하여 내 뜻 데로
0 巳 巳 辰   하고자하는 의사가 강하다, 戊토와
                   辰토가 설기를 잘 하도록 하여 귀격인 사주로
된다. 화기가 왕 하여 토, 금운이 좋은데 재운에 돈도 벌고, 성공하는 귀격
이다.

(137)

이런四柱	태운몸은	政界또한	關心있어
議政壇上	燈明하여	指曰某某	손꼽힌다
이런사주	태운몸은	정계또한	관심있어
의정단상	등명하여	지왈모모	손꼽힌다

사주가 신왕하고 식상 또한 왕 하여 기운이 넘치고 넘쳐 발산할 곳을 찾느라고 몸부림이다. 이런 사주를 갖춘 사람이 정계에 진출을 하게 되면 과연 어떠한 역할을 할까?
상식이 많으니 관을 극하므로 지략에는 일가견이 있어 원내총무진에 합류하여 지략을 활성화하고 브리핑에 일가견이 있어 대변인 또한 유력해진다. 매사 적극적인 성격으로 활동성은 인정을 받는다.

성정, 기호, 모상

무릇 심성과 생김의 변화를 읽어 보는 것이다.
사주상에 나타나는 특성을 파악하는 것이 핵심일 것이다.
방법도 여러 방법이 있는데, 결코 서두르지는 말아야 할 것 이다.
전체를 파악하는 것이 우선이다.

(138)

甲乙日生	태운性格	意志곧고	뚝뚝하나
始終一貫	不變하여	萬人信望	얻어지네
갑을일생	태운성격	의지곧고	뚝뚝하나
시종일관	불변하여	만인신망	얻어지네

甲乙 일생이라 하면 木일주인데 목 일주가 강하면 금으로도 제어하기가 힘들어진다. 대쪽같은 강인함과 절개로 하여 굳건하기는 하나 부드러움이 부족하기는 하나 한번 마음먹으면 변함이 없어 많은 사람으로부터 신망을 얻는다.

목 일주에 대한 설명이다.
甲목은 천간의 시작으로 우두머리가 된다. 계절로는 봄에 해당하고, 항상 시작을 의미하고 만물생육에 주재가 된다.
나무이지만 금과 같아 쉬 꺾이지 아니하고 꿋꿋하다.

甲목은 우뢰요, 용이다 .다 자란 나무이므로 이제는 활용을 하여야한다.
乙목은 음으로 바람인데 살아 있는 나무 즉 생목으로 본다.
乙목이 많은 사람은 청, 장년기부터 일찍이 바람을 피운다. 金기가 약하여지므로 얼굴색이 하얗게 되고, 호흡이 가빠 건강의 이상으로 고생을 하게된다. 노년에 풍질 로 고생을 하는 경우가 많다. 여자가 乙목 일주 라고하면 늘어진 수양버들 같아 애교와 교태로 남자를 녹인다.

(139)

丙丁日生	口辯有能	蘇秦張儀	닮게되고
好禮多讓	明朗한데	感情偏重	되기쉽네
병정일생	구변유능	소진장의	닮게되고
호례다양	명랑한데	감정편중	되기쉽네

병정일생이라 함은 화일주라 화일주의 특색중 하나는 언변이 좋아 상대방을 설득하고, 내 편으로 끌어드리는 데 일가견이 있다.

협상의 명수요. 설교에는 일등이다. 투시력이 월등하여 사람을 즉시즉시 잘 판단을 하고 하나를 배우면 열의 효과를 내고 비밀을 감추지 못하는 단점도 있다. 옆에 있으면 시간 가는 줄을 모른다. 금방 적응을 하나 쉽게 싫증을 느끼는 단점이 아쉽다.
예의를 중시하나 의리가 약한 것이 흠.

장기전보다는 속전속결에 능하고 상대방을 금방 내 사람으로 만들지만 관리의 허점이 자주 보인다.
소진, 장의 (蘇秦,張儀)---중국역사상 말 잘하기로 타의 추종을 불허한다고 하는 사람들로 구변이 좋은 사람을 가르치는 말이다.
예의가 바르므로 때로는 지나친 양보로 오해를 사기도 한다.

(140)

戊己日生	태운者는	恒常言行	回顧하고
君子之風	있지만은	時機逸失	많이한다
무기일생	태운자는	항상언행	회고하고
군자지풍	있지만은	시기일실	많이한다

戊土, 己土 ,토 일주의 특성을 나타내는 말이다.
土일주는 항상 과거 일을 회고하는데 일가견이 있다, 지난시절 회상하며 금송아지 얘기에 열을 올리기도 한다.
 군자로써의 위풍과 근엄함은 있어도 항상 신중한 자세로 중용을 고수하다 보니 애늙은이 소리도 듣고 이것저것 재다보느라 차 떠나는 수가 많다.
요즈음 같은 스피드를 요하는 세태에서는 적응하기 힘든 스타일로 보여 지기가 쉽다 순간적인 판단력과 순발력이 요구되기도 한다.

아버지 돌 굴러와 유----------------- 벌써죽었다.
점심식사 하려고 식당 고르다 보니 벌써 저녁이다.
망건 쓰다가 장 파 한다. 아침에 눈떠 생각하다 보니 해가 진다.

(실전사주의 예)

己　戊　甲　丁　　현재 운수업에 종사하고 있는 분의사주이다.
未　申　辰　未　　기회가 여러번 있었는데 매 번 실기다.
　　　　　　　　아내가 가출 후 다시 돌아왔다. 비견과 겁재가 너무
　　　　　　　　많다 보니 많은 여성이 거쳐 간다.바늘방석이 되어서.

(141)

戊己日生	허약하고	傷官用財	못이루면
그中心을	못잡아서	事事件件	虛實하다
무기일생	허약하고	상관용재	못이루면
그중심을	못잡아서	사사건건	허실하다

일주인 土일주가 신약하여 허약할 경우 거기에 상관이 재를 생하여주지 못
할 경우를 설명했는데 꼭 土일주만이 아니라 다른 일주일 경우도 마찬가지
이다, 일주가 허약하면 흔들리기 쉬우므로 항상 어렵다.
이리저리 휩쓸리기가 다반사요. 중심이 없으니 줏대가 약하다.

상관이 재를 생하여 주지를 못한다고 하는 것은 상관이 일주의 기운만을 빼
먹고 자기는 정작 일을 하나도 안함이 아닌가?
받아먹을 줄만 알지 남에게 베풀지를 못하는 형상이라 자기의 역할을 못하
니 일주만이 힘이 드는 것이다.
그러다보니 일주는 내가 할 일이 무엇인가도 모를 정도로 정신이 없는 것이
다.

土일주는 신중하고 자기의 중심은 잘 잡는데 그것이 흔들리니 하는 일이
모두 흔들릴 수 밖 에 없는 것이다.

(실전사주의 예)

庚　己　己　癸　　　기토 일주의 사주인데 신약이다. 매사 일이
午　卯　未　卯　　　뜻데로 잘 되지가 않는다,2005년 직장을 접고
　　　　　　　　　　방향을 모색 중이다. 아내가 가계를 꾸리고 있다.

*木일주이면 어떨까?

목 일주는 간, 담이라 화로 생해주기만한다면 간, 쓸개 기운이 다 빠진다.
매사 하는 일이 간도 쓸개도 없는 사람처럼 보이는 것이다.

박력도 없고 오기도 없어지는 것이다 왜? 내가 기운이 없으니-------

(실전사주의 예)

辛　甲　丙　庚　　　갑목일주의 사주인데 지지에 화국을
未　午　戌　寅　　　이루어 종아격이 된 경우이다.
　　　　　　　　　　내가 약하면 차라리 이리 종하는 것이 낫다.
　　　　　　　　　　인정만 많았지 변변한 직업도 없다.
　　　　　　　　　　국이 형성은 되었으나 내가 너무 신약하다.

(142)

庚辛日生	태운몸은	果敢勇斷	하지만은
堅實한氣	固有하여	冷情한편	性格이라
경신일생	태운몸은	과감용단	하지만은
견실한기	고유하여	냉정한편	성격이라

경신일주는 金일주라 의리를 중시하기에 결실이라 결과를 중요시하기에 항상 완벽함을 추구하는데 지나친 완벽위주로 인하여 기회를 놓치는 경우가 자주 발생 한다. 돌다리 두드리다 지팡이가 부러진다.

항상 냉정을 잃지 않음으로 인하여 감정에 치우치지를 않는다.
일단 결정을 내리면 과감하고 무섭게 추진을 하는데 살기마저 감돌 정도이다.
주변에서 쉽사리 근접하기가 힘들어 대인관계에 있어서 융화가 힘들어 때로는 주변에 사람이 모이지가 않는 단점이 있기도 하다.

(실전사주의 예)

庚	庚	甲	戊	현재 인테리업에 종사하는 분의 사주이다.
辰	申	寅	申	돈에 대한 지나친 용단으로 인하여 가끔

언쟁이 발생하기도 한다.
현재 아내와는 별거 중이다.

(143)

辛丑卯未	己日生인	너무堅實	特性있어
我獨靑靑	할려하니	普通交際	難하도다
신축묘미	기일생인	너무견실	특성있어
아독청청	할려하니	보통교제	난하도다

신축, 신묘, 신미 일주를 갖춘 사람은 너무 외곬 성질이 심하여 혼자 똑똑하고 잘나서 남의 충고나 잔소리 듣는 것을 싫어하고 옷을 입어도 싸구려는 싫고 꼭 명품이나, 메이커를 선호하여 비위 맞추기가 여간 힘든 것이 아니다.
무엇을 하던 본인이 스스로 하도록 내버려두는 것이 상책이다.

스스로 실패하고 낙담을 하여야 그제 서야 굽히고 들어오는 스타일이다.
친구를 사귀면 믿고 오래 사귀려하는 심리가 강하고, 믿으면 물, 불을 안 가리므로 실패하는 경우가 많다. 특히 까다로우면서도 대인관계는 원만한

편이다. 항상 앞장서서 튀려고 하는 기질이 매우 강하다.

단점은 원만하면서도 까다롭다는 것이다.
고집도 세고, 남에게 간섭받기 싫어하고, 한 번 싫으면 죽어도 싫어하는 스타일이다

(실전사주의 예)

```
0  辛  庚  丁      신축 일주의 사주다.
0  丑  戌  卯      일찍부터 자립하려 하고 개성이 강하다.
                  부모가 초등학교 때 이혼 하였다.
```

(144)

壬癸日生	그性質은	털털하고	절약없어
虛費萬錢	하게되나	圓滿性과	慈悲로다
임계일생	그성질은	털털하고	절약없어
허비만전	하게되나	원만성과	자비로다

임, 계 일주니 水일주라 털털하고 절약이 없는 것이 수 일주 특성의 하나이다.
옷을 입어도 맵시 있게 입기도 잘하나 관리에는 허술하다 새 옷을 입어도 며칠이 못 간다. 장부정리나 자기관리에 필요성은 항상 느끼면서도 자기의 두뇌를 믿고 소홀히 하는 경향이 강하다, 특히 재다 신약인 경우는 그 특성이 심하게 나타난다.

수는 물이라 흐르므로 주머니에 돈이 남아나지를 않는다.
심성이 독한면도 보이나, 원만하고 타협을 잘하는 성격이라 마음심성 또한 악하지 못하여 어려움을 보면 그냥 지나치지를 못한다.

*없어서 못쓰지 있으면 아끼지 않는 스타일.

*외모에 크게 신경을 안 쓰고, 음식도 반찬이 없어도 타박하는 스타일이 아니다.

(실전사주의 예)

```
庚  壬  甲  甲      사주가 순환격이다. 천간에 식신이 둘이다.
子  戌  戌  午      편관이 정제와 합이 되어 재다신약으로 형성.
```

(145)

壬癸日生	失中和는	明朗性이	缺陷하여
第三者가	對할적에	어리석어	보이도다
임계일생	실중화는	명랑성이	결함하여
제삼자가	대할적에	어리석어	보이도다

임계일주는 水일주라 일주가 중화를 실패할 경우, 즉 균형을 잃었을 경우 사람이 물에 물탄 듯 술에 술탄 듯이래도 흥 저래도 흥 하니 사람이 줏대도 없고 약간은 모자라나듯 약간은 기가 허한 사람처럼 보인다는 의미인데 水일주라 그래도 임기응변의 탁월한 재능이 있다. 사람은 겉만 보아서는 모른다. 매사 불여튼튼이다. 굼벵이도 꿈틀하는 재주는 있다고 하였다. 어리숙해 보인다고 경거망동은 하지마라 다 지하기 나름이다. 허나 일단은 남이 볼 적에 어리숙하고 순진해 보임은 어쩔 수가 없다. 단점이라면 철이 늦게 든다는 것이 결점이 된다. 해는 서산에 지는데 이제 밭 갈려하니 이 일을 어이하나.

(실전사주의 예)

己	壬	乙	戊	임수 일주의 사주인데 신약으로 주체가 약하다.
酉	戌	卯	戌	

癸	癸	辛	壬	사주가 금수로 형성이 되어 균형이 허물어진
亥	丑	亥	子	사주가 되어 파격이 되어버린 사주다.

辛	癸	癸	癸	일주가 너무 신강하여 균형을 잃은 사주다.
酉	酉	亥	卯	많은 풍파로 인하여 , 지금은 종교기관에
				머물고 있으며 마음을 추스르고 있는 중이다.

(146)

丙丁日生	食神格은	肥滿体軀	好人이나
丙丁日生	財殺多는	神經質이	두렵도다
병정일생	식신격은	비만체구	호인이나
병정일생	재살다는	신경질이	두렵도다

병정일생은 火일주라 식신 격이니 화에 식신은 토라 결국은 火 土식신격이 된다, 토는 인체로 보면 살, 근육이 된다.
화가 식신인 토를 생하여주니 자꾸만 살이 찌고 비만이 된다. 대체적으로 보면 비만체격은 사람은 호인이나 신체적인 율동감이 부족하여 자연 바지런함은 없다. 비만을 방지하는 방법은 한 템포 빠르게 움직이면 해결이 된다.

그와는 다르게 재다 신약인 경우는 어찌될까?

火일주의 재는 금인데 금이 너무 많아 화가 제 기능을 발휘하지 못하면 화는 온기를 잃어버리고 거기에 관인 수기가 가세하면 금수가 왕 하여 냉기가 천지를 감싸게 된다. 화는 정신인데 정신이 없어 항상 헤메이니 똥, 오줌을 못 가린다.
*자연 고문관이 되고 만다.

```
0   丙   0   0      일과 월이 병화일주의 재,관이 성립이 되어
0   子   申   0      있는데 일주는 아무 기능을 하지 못하고
                    발만 동동 구르게 된다, 멍해지고 만다.
```

그러다 보니
생기는 것은 신경질이요. 짜증이 극성을 부린다.

(실전사주의 예)

```
己   丁   甲   庚      금수인 재관이 왕한 사주이다.
酉   亥   申   辰      정화인 일주가 항상 조바심이다.
                    자연히 매사가 불만이고 짜증만 난다.
```

(147)

四柱中에	甲己合은	中正心이	있었으니
奸邪之心	排擊하여	萬人間에	師表되고
사주중에	갑기합은	중정심이	있었으니
간사지심	배격하여	만인간에	사표되고

사주에 갑기 합이 성립되면 土가 형성이 되는데 토는 중정심이라 흔들리지 아니하고 주체의식을 확립한다.
 일을 처리함에 있어 항상 신중을 기하니 대인관계에 있어서도 커다란 실수가 없으므로 처세에 있어서도 원만함을 보인다.
己토의 입장에서 甲목은 횡재다, 더욱더 기름진 옥토가 되니 이아니 좋을손가?

己토는 음인데 甲목과 합이 되어 양토를 또 하나 형성하니 토가 음과 양이 갖추어지는 형상이라 건강한 토의 탄생이니 경사가 되고 판단에 항상 옳고 그름을 확실히 하니 만인의 사표라는 말이 나오는 것이다.

(실전사주의 예)

| 甲 | 己 | 癸 | 丁 | 일찍부터 여성과는 인연이 박한 편이다. |
| 子 | 丑 | 卯 | 亥 | 갑기합으로 힘이되고 매사 정도로 가려고 노력한다. |

| 甲 | 己 | 乙 | 壬 | 아직은 젊은 나이임에도 매사 일처리가 |
| 子 | 未 | 巳 | 戌 | 시원하나 냉정함이 보인다. |

(148)

乙日生人	四柱金多	仁義具無	하게되고
甲乙日生	多逢水火	慈善心을	품게된다
을일생인	사주금다	인의구무	하게되고
갑을일생	다봉수화	자선심을	품게된다

乙일 생이면 음목일주다. 사주원국에 금이 많으니 관살이 과다라 더구나 乙목은 庚금을 만나면 합하여 금으로 변한다. 다자무자라 금은 의리인데 너무 많다보니 없는 것과 같으니 그것이요. 乙목은 목인데 금으로부터 핍박을 받고, 제 본성인 인정을 베풀지 못하니 인정도 없어지고 매정한 사람이 되고 결국은 金 木상전의 형상도 이루어진다.

이와는 반대로 갑을일주라 목 일주인데 수인 인수와 화인 식상이 많으니 배움도 많으니 가르치기도 잘하고, 경제면으로는 수입과 지출이 균형을 이루니 원만하고 흐름이 시원하고, 막힘이 없으니 자연 자비와 선심을 베풀게 되는 것이다.

(실전사주의 예)

| 甲 | 甲 | 丙 | 丙 | 현재 학원을 운영하고 계시는 분의 사주이다. |
| 子 | 子 | 申 | 午 | 학원의 강사로 수년간 근무하다 일찍 성공하신 예이다. |

(149)

四柱中에	傷官格은	侍己倭人	自尊心요
四柱中에	日主弱은	弄하기를	좋아한다
사주중에	상관격은	시기능인	자존심요
사주중에	일주약은	농하기를	좋아한다

사주 중에 상관 격이라 함은 상관이 많음이라 상관은 인수를 극하므로 인수가 힘을 못 쓴다. 배우지는 못했는데 아는 척은 우라지게 한다.
공부도 못하는 자가 원래 수업시간에 더욱 설친다.

아는 것이 없고 ,교양이 없는 사람은 그것을 감추기 위하여 더 잘난 척하기 마련이다. 벼도 익을수록 고개를 숙이는 법이다. 그러다 보니 자기보다 약하다 싶으면 한없이 못살게 굴고 자존심을 내세운다.
상대방을 떠보는 데는 일가견이 있다. 그래야 자기가 어찌할 것인가를 결정을 내리니까.

상관이 많은 여자는 관인 남편을 극하므로 남편알기를 우습게 안다.
약간의 사기성도 보이기 마련이다.

돈거래하면 떼먹는 데는 혀를 내 두른다 ,임기응변이 능하여 사람속이고, 둘러치는 데는 타의 추종을 불허한다. 재주 또한 많아 만물박사 이다. 모르는 것이 없다. 자기 자신만 빼놓고 그러다보니 자기 꾀에 자기가 빠지는 경우가 생긴다.

일주가 강하면 그런 데로 자기의 자리를 지키려고 애를 많이 쓰는데, 일주가 허약할 경우는 체신이 없다보니 말이 많아지고, 그러다보니 자연 농담도 할 소리 안할 소리, 때와 장소를 가려서 적절히 사용하지 못하여 망신도 당하고, 실없는 사람으로 취급받기도 한다.

*좋게 말하면 권모술수가 능란하다. 잘못되면 사기꾼이 되는 수가 많다.

(실전사주의 예)

| 庚 | 甲 | 辛 | 乙 | 현재 교육자재 분야의 일에 종사하는 분의 사주. |
| 午 | 戌 | 巳 | 巳 | 갑木 일주에 식상이 왕 하다. |

갑木 일주에 식상이 왕 하다.
여성편력이 심하고 약간의 사기성도 있는 분이다.

(150)

日月沖剋	되는者는	厭世生覺	많이하고
四柱中에	食傷多는	남주기를	좋아한다
일월충극	되는자는	염세생각	많이하고
사주중에	식상다는	남주기를	좋아한다

일과 월이 충 한다 함은 부모, 형제, 이웃 간에 의가 안 좋은 것이다.
그러다보면 자연 주변을 원망하고, 탓하고, 정치가 어떠니, 누가 어떠니

언쟁을 하다보면 싸우는 사람들이 바로 이런 사람들이다.

일주가 약할 경우는 스스로 이기지 못하여 세상을 비관하고, 자기도취에 빠
져 주변과의 타협을 싫어하므로 염세주의, 허무주의로 흐르기가 쉽다.
여기에 탕화라도 굳세게 있다면 약 먹고 스스로 목숨도 끊는다.

그리고 사주에 상식이 많으면 남 퍼주기 좋아한다고 하였는데 수입은 생각
지도 않고 지출하는 데는 일 등이다,그러다보니 카드가 연체되고 신용불량
이 되는 것이다.

깊이는 없고 항상 밑 빠진 맥가이버다.
동네 소식통 이다. 내 집에 수저 숫자는 몰라도 남의 집 일은 훤하다.
남의 일에 앞장도 잘 서고, 동네 이장하면 딱 이다.

(실전사주의 예)

丁	丙	己	己	학생의 사주이다.
酉	申	巳	巳	학업관계로 고민이 많은 편이나 약간 심하다.

癸	己	庚	癸	기토 일주가 신약하고 식상인 금이 많다.
酉	亥	申	巳	자신의 부동산을 동생 명의로 해놓고 팔리지가 않아 고민하고 있다.

(151)

四柱八字	財多身弱	그사람은	吝嗇하고
戊己日生	火土多는	厚重하고	妥協쉽다
사주팔자	재다신약	그사람은	인색하고
무기일생	화토다는	후중하고	타협쉽다

재다 신약 사주는 항상 금전적인 면에는 여유가 없다 ,들어와도 나가기 바
쁘고 벌리기는 잘하지만 끝에 꼭 자금난에 시달린다.
남 주고 싶어도 마누라 눈치 보기 바쁘다.

가권은 이미 마누라에게 있으니 설사 도와주어도 좋은 소리 못 듣는다.
그러다 보니 본의 아니게 인색하다 소리 들을 수 밖 에

(실전사주의 예)

己　庚　癸　丁
卯　寅　卯　未　　　　　재다신약의 사주이다. 아직 미혼이다.

戊, 己일생은 土일주라 모난 면이 들하고 그저 둥글둥글 그렇다고 쉽게 생각하다가는 큰 오산 묵은 소리 잘하고, 급하게 결론 내리지 아니하고 이해심이 깊으니 남의 사정 잘 들어 주고 속내를 금방 내보이지 않으니 시끄러운 일 생겼을 때 나서면 조용해지고 화해를 잘 시킨다.

(실전사주의 예)

丁　戊　壬　庚
巳　午　午　申　　　　　무土 일주의 사주인데 인중용재격의 사주이다.

(152)

丙日主에	木火旺과	庚日主에	丙丁火는
그性品이	果敢勇斷	臨事卽決	잘도한다
병일주에	목화왕과	경일주에	병정화는
그성품이	과감용단	임사즉결	잘도한다

꼭 금, 화 일주가 아니라도 일주가 강한 사람은 매사 일처리가 시원시원하게 결론도 미적미적 미루지를 않는다.

특히 병화 일주는 글자 그대로 불과 같은 성격인데 신강하면 오죽하겠는가? 거기다 한 술 더 떠서 목 기운까지 보태지니 더욱 기운이 강해지고 화는 스크린이라 보이기도 잘 보이고 말 또한 타의 추종을 불허하고 가만히 있어도 갈급증이 생긴다.

일주가 庚金日主 하면 의리 중시하고 결단도 과감성이 앞서는데 거기에 丙, 丁火가 官으로 자리하고 있으니 과감하고.
臨事卽決(임사즉결)----사안에 대하여 결론을 내림에 있어서 망설이거나 우물쭈물 이 없고 시원시원하게 일을 처리하고 즉시즉시 결단을 내린다. 화끈함의 대명사다.

(실전사주의 예)

庚　庚　丙　丁　　　　　경金 일주에 병화 관성이 펄펄 살아있다.
辰　午　午　未　　　　　관이 너무 왕 하다 보니 결혼이 늦어진 사주.

(153)

甲乙日强	泄精微는	石讀斗用	답답하고
戊寅午戌	多火者는	남의 批評	잘합니다
갑을일강	설정미는	석독두용	답답하고
무인오술	다화자는	남의비평	잘합니다

갑을 일주면 목 일주인데 설 정미(泄 精微)라 함은 들어오는 데는 많은데 나가는 곳이 적음이라 많이 배워서 아는 것은 많은데 그것을 써먹지 못하니 답답하구나.

사주에서 인수가 많고 상식이 부족 할 경우 우리가 흔히 石讀斗用(석독두용)이라고 하는데 -----섬 글 배워서 말글 밖에 못 써먹는다는 표현을 쓰는데 쉽게 이야기 하면, 차는 좋은데 운전을 못 해 굴리지도 못하고 썩히는 것과 무엇이 다른가?

인, 오, 술 火 局자는 아는 것이 너무 많아서 탈 이다. 그러니 남 비평 잘하고 평론에도 일가견이 있는 것이다. 그리고 가슴속에 있는 이야기를 담아 두기가 힘들다. 비밀을 누설할 가능성이 농후하다.

이러한 사람에게는 일급비밀 이란 없다. 언제 발설이 되기 때문이다.

(실전사주의 예)

庚	壬	丁	己	임수 일주에 금인 인수가 왕한 사주이다.
戌	辰	丑	酉	결혼 할 시기가 늦어져 서두르고 있는 중이다

(154)

正夏秋生	戊己日生	正通信仰	道義崇尚
三冬月에	庚辛日生	愛國愛族	淸廉하다
정하추생	무기일생	정통신앙	도의숭상
삼동월에	경신일생	애국애족	청렴하다

戊 己 日生은 土일주라 土 日主가 寅, 巳, 午, 申, 酉 월에 출생하면 정통신앙, 도의숭상이라 하였는데 이는 정하월은 화토로 보고 申 酉월 보다도 辰, 戌, 丑, 未 화개로 보고 戌, 亥 천문성에 더 비중을 두어서 보는 것이 옳을 듯하다.

(실전사주의 예)

壬　戊　辛　乙　　　　　정통신앙과 도의에 심취하신 분의 사주이다.
戌　戌　巳　未

또한 金일주에 삼동 월이면 금수 쌍청이라 청백리의 대명사라 금 일주 또한 강하면 저 혼자 애국애족 다하는 인물이라 쇠도 너무 강하면 쉬 부러 지는 법 항상 중도가 필요하다.

(155)

正二夏月	甲乙日生	三冬月에	甲乙日生
宗教哲學	思想家로	淸貴之士	分明하오
정이하월	갑을일생	삼동월에	갑을일생
종교철학	사상가로	청귀지사	분명하오

정, 이, 월은 목이요 하 월은 화라 갑, 을 일생은 목 일주니 목화통명을 일 컫는 것이요, 삼동 월에 갑을 일생은 목 일주에 인수인 수가 왕 함이라 인 수에 수기가 왕 하니 종교, 사상가 틀림없으니, 학문과 그의 종교적인 철학 또한 깊이가 심오하구나.

(실전사주의 예)

甲　甲　乙　己　　　　　현재 종교 철학을 연구하시는 분의 사주이다.
子　寅　丑　亥

(156)

秋冬月에	金水日生	宗教哲學	關心깊고
正二月에	丙丁日生	그도또한	信仰깊다
추동월에	금수일생	종교철학	관심깊고
정이월에	병정일생	그도또한	신앙깊다

추동 월이면 금수쌍청이니 얼마나 청렴하고 깨끗한가?
거기에 금수일주면 더 이상 볼 것이 무엇인가?

이러한 성격의 소유자가 종교에 심취하면 그 신앙심이 대단하다. 설득을 하 려다 설득을 당할 정도다.
정이월에 병, 정생 이다 함은 목월에 화 일주니 목화 통명이라 월에 인수를 놓았으니 그것도 목 인수에 화 일주니 정신력이 대단하다.
이런데 종교 쪽으로 연관이 되면 설교, 설법하게 되면 감동한다.

원래 화 일주가 말문이 터지면 감당을 못한다.

청산유수요, 활력이 넘치고 박력 또한 대단하다. 같이 동화되어 온몸이 움 찔움찔해진다. 특히 丁巳일주는 더더욱 그렇고

(실전사주의 예)

丙　丁　甲　壬　　　　　현재 기업체를 대상으로 특강을 전문으로 하시
午　巳　寅　寅　　　　　는 분의 사주

(157)

戊寅午戌	己未巳日	甲寅午戌	乙巳未日
다시柱逢	巳午戌亥	敬信神祇	修道한다
무인오술	기미사일	갑인오술	을사미일
다시주봉	사오술해	경신신기	수도한다

戊　　戊　　戊　　乙　　乙
寅 , 午 , 戌 , 未 , 巳 -------지지에 巳, 午, 戌, 亥
　　　　　　　　　　　　　　　만나면 火, 土 重濁 사주요

甲　　甲　　甲　　乙　　乙
寅 , 午 , 戌 , 巳 , 未-------지지에 巳, 午, 戌, 亥
　　　　　　　　　　　　　　　만나면 木 火 通名 사주요

위의 사주들의 특성은 종교인의 사주로 특히 스님, 신부님, 수녀, 비구니 등 많은데 사주에 재가 없을 경우는 더더욱 그렇고 그런데 이런 사주가 재 가 많을 경우는 신도와 신자들이 전부다 돈으로 보인다.

결국에는 떠나는 사람도 생기게 되는 이유가 되는데. 원인은 여러 가지---

(실전사주의 예)

己　丙　甲　丁　　　　　현재 지방에 조그마한 사찰을 갖고 계신 스님의
亥　寅　辰　未　　　　　사주이다.

(158)

以上四局	태어난몸	僧侶生活	많이하고
四柱財局	無依者도	空門僧房	스님이라
이상사국	태어난몸	승려생활	많이하고
사주재국	무의자도	공문승방	스님이라

154-157 에 해당하는 사주를 갖춘 사람들은 종교인 생활을 많이 한다.

  0 己 0 0   甲

  0 卯 0 0   戌

己卯일주가 甲戌 年을 만난다면 어떻게 될까?
종교인으로써 무척이나 힘이든 해였을 것이다. 천간과 지지가 합이 형성이
되니---사주에 일단 재나 관이 없거나 있어도 효용가치도 없고 의지할 공간
이 없다면 그 사주는 富와 貴가 이미 물 건너 간 사주이다.

운에서 어느 정도 힘이 된다 하여도 운이 지나가면 또다시 원위치가 되니
일찌감치 자신의 갈 길을 정하는 것이 나을 것이다. 인연이 없는데 자꾸 미
련을 갖는 것도 부질없는 것이다.

(159)

丙寅午日	丁巳卯未	春夏月生	焦燥하여
自打自命	促壽하니	自殺企圖	있어보고
병인오일	정사묘미	춘하월생	초조하여
자타자명	촉수하니	자살기도	있어보고

병인오일은-----병인, 병오 일생이요
정사묘미는-----정사, 정묘, 정미일 생이요
위의 일주들이 춘, 하월 생이라 봄, 여름에 출생이니 화기가 하늘을 찌른
다.
화 일주는 지지에 화기를 갖고 있는 자체만 하여도 뜨겁다. 게다가 뜨거운
계절에 태어났으니 불씨를 안고 화약고에 들어가는 형상이다.

약간의 수기 정도는 오히려 갈증만 더 유발하는 것이다.
엄마, 엄마 엉덩이가 뜨거워 다. ---더구나 인, 오는 탕화니 약사발 정도는
기본이다.
잘못하면 동반자살도 기도하여본다.
요 근래 인터넷 자살 사이트의 문제가 사회적으로도 문제가 되었는데 이 사
람들이 바로 이러한 사주의 소유자들이다.
밤과 낮의 구별이 어중간하다 밤도 낮이고 낮도 낮이다.

그러니 이러한 사람 보면 낮에도 눈이 풀려있을 때가 많다. 밤 인줄 아니까
- 밤에는 잠도 별로 없다. 이 생각 저 생각 그러니 적응이 힘들어 진다.
성격적인 면으로 보면 차분하지가 못하고 항상 떠 있는 듯 한 성격이다. 일
처리도 충동구매 스타일이고 털고 나면 개뿔도 남는 게 없다.

성격도 급하다 보니 앞뒤가 없다 일단 벌리고 보자 식이다. 항상 초조한 기
운이 역력하다보니 침착성도 결여되어 용두사미다. 남 앞에 나서기 좋아하
니 지고는 못 견딘다. 잘난 척하고 싶어서

다자무자라고 예를 숭상하여야 하는데 거꾸로다, 성질에 안 맞으면 위, 아
래도 없이 막무가내다.
그러다보니 주변으로부터 왕따 당하기 일쑤요 그러니 속상해 잠을 못자고
그러다 열 받으면 사고나치고 후회하고 ---------------

(실전사주의 예)

甲 丙 戊 庚   춘, 하 월에 출생하신 분은 아니다.
午 戌 子 寅   子 월에 출생하여 일단 화기가 가라앉는 듯한 형상
                 이 지지에 화국을 이루어 성격이 불덩이에 고집이
대단하다. 3형제 중 맏인데 자기의 말이 법이다. 월지에 자수가 있어 자살
은 안한다.

(160)

丑日生人	午未戌과	午日生人	逢丑辰午
戊日身弱	寅巳申逢	自殺計劃	있어본다
축일생인	오미술과	오일생인	봉축진오
무일신약	인사신봉	자살계획	있어본다

*축일생인 오 미 술이라 함은
        0 0 0 0   일지에 丑을 놓고 있고
        0 丑 0 0   다른 지지에 午, 未, 戌을 놓고 있음이니
                        또 運에서도 만날 수가 있고

        丑, 午------탕화, 육해 살
        丑 ,未-------충, 형   丑 ,戌------형

*오일생인 봉축진오라 함은
        0 0 0 0   일지에 오를 놓고
        0 午 0 0   다른 지지에 축, 진, 오를 만남이고
                        또 운 에서도 만날 수 있고

午,丑------탕화, 육해
午,辰------격각살
午,午------자형살   결국은 일지에 탕화 살(寅, 午, 丑)놓고 있음이요.
                    귀문관살이나 원진살을 놓고 있는 자로 보면 된다.
무 토 일주가 신약한데 지지에 삼형 살을 깔고 있으면 자살기조 있어 본다
했는데, 인, 사, 신 형살에 가뜩이나 신약이니 자기중심을 잡지 못하고 방
황하다 결국에는 불상사를 초래하기도 하는 것이다.
남자나 여자나 일지에 탕화를 놓고 있는 사람은 언어의 표현부터가 질적으
로 다르다.
그저 속상하다 하면 될 것을 극단적인 표현으로 나온다.

욕 잘하고 다혈질인 사람은 일단 탕화를 하나 이상은 갖고 있다고 보라. 말
이 씨가 되고 화근이 된다는 것은 바로 이런 성향을 가진 사람에게 어울리
는 사항이다.
운이 좋을 때는 누구나 다 마찬 가지 이겠지만 잠복하고 있다가도 운의 흐
름이 이상 할 때는 사람이 마치 이상한 사람처럼 변하기도 한다.

여성의 경우 한 달에 한 번씩 이루어지는 행사시에 성격이 유달리 이상해지
는 경우, 드문 경우지만 도벽이 발동하거나, 어디론지 자꾸 돌아다니는 경
우도 다 탕화의 영향이라고 보아도 된다.
 심한 경우는 병원치료를 요하는데 정신치료다. 중요한 것은 기가 약해서는
안 된다는 것이다.

(161)

寅日生人	逢巳申도	自打自命	注意하고
寸時悲哀	克服하여	明郞生活	하여보소
인일생인	봉사신도	자타자명	주의하고
촌시비애	극복하여	명랑생활	하여보소

인일 생인 이라하면 지지에 인즉 탕화를 놓고 있음인데 만약에 사주 원국에
놓고 있던 운에서 만나던 사, 신을 만나면 탕화를 건드리는 형상이 되므로
자기도 모르게 염세주의 기질이 발동하고 갑자기 우울해지고 외로움을 느끼
는 등 성격의 급작스런 변화가 오므로 매사 모든 것은 순간적인 판단의 잘
못으로 기인하여 생기는 일이므로 슬픔과 기쁨은 항시 백지장 하나차이이니
순간적인 비통에 눈앞을 흐리지 말고 항시 침착하게 행동하고 이성을 찾도
록 하여야 한다.

웃음은 죽은 자식도 살려내는 생활의 요소다 항상 웃음을 잊지 말고 상대의
잘못도 항상 감싸주는 이량을 갖고 생활 하도록 하여야 한다. 요즈음은 병
도 웃음으로 치료를 한다고 하지를 않던가?

(162)

戊己日生	官不足은	생것신것	좋아하고
壬癸日生	官不足은	甘味飮食	좋아하오
무기일생	관부족은	생것신것	좋아하고
임계일생	관부족은	감미음식	좋아하오

식성에 관한 사항이다.
무기일생이라 함은 토 일주를 이름이라 토 일주가 관 부족이라 함은 부족하
니 필요한 것이 되니 목은 생것, 신 것 이라 자연히 즐겨 먹게 되고 임계
일주라 함은 水일주인데 관이 부족하니 토 일주가 부족이라 자연히 달 짝
지근 한 것 좋아하니 감미음식 좋아하게 된다.

 원래 수 일주는 짠 음식이므로, 사주가 신강 할 때는 짠 음식을 피하는 것
이 좋고, 토 일주가 관이 강하면 금이 필요라 비린내 나는 생선 좋아하고,
인수인 화도 필요하므로 고기를 구워 먹어도 약간 탄듯해야 좋아하니 등심
보다는 갈비나 삼겹살 쪽을 선호하게 된다.

중요한 접대에서 상대방의 식성을 모를 때 사주를 보고 그에 맞추라. 요즈
음 중요한 자리에 앉힐 사람들은 필요사항으로 기입하여 대기업에서도 활용
을 하고 있다. 그에 못지않게 주요한 것이 있으니 그것은 관상이다.
상을 보고 그 사람의 인품을 읽는 것이다.

정치, 사회적으로 물의를 일으키는 사람들의 상을 보라──────────
지금은 중요한 요직에 있지만 눈이 균형을 잃고 있는 사람, 입의 기울기
또한 그렇고, 투쟁적인 요소에 자수성가 한 사람들은 높은 자리에 앉으면
항상 고집 때문에 모든 것 잃어버린다.
날카롭고 청빈해 보여도 폭이 적어 항상 다된 밥에 코빠트리고,──────────
오행으로 분류되는 요소들을 다시 한 번 분석하시기를

(163)

三冬月에	庚辛日生	寅夏戌月	戊寅午戌
斗酒辭讓	하지않아	好酒家의	名稱이라
삼동월에	경신일생	인하술월	무인오술
두주사양	하지않아	호주가의	명칭이라

술을 지고 가지는 못해도 마시고 갈 수는 있다는 사람들의 사주이다.
술도 자기의 체력이라든가 몸에 맞아야 술을 할 수가 있다.
한두 잔만 마셔도 얼굴이 벌게지는 사람, 온 몸에 두드러기처럼

알레르기 현상이 나타나는 사람----------
웬만큼 마셔도 까딱없는 사람, 적당한 선에서 끝내는 사람 여러 종류다.

예로부터 술은 어른에게서 배워야 한다고 하였는데 지금은 주법문제 떠나서
그자체도 사라져 가는 기분이 들기도 한다.
여성들의 음주가 늘어나다보니 무어라고 형언하기도 그렇다.
세상이 옛날이 아니니까?
술이란 물이다, 이것을 잘 해석하면 된다.
사주자체가 꽁꽁 얼어있는 사주는 술에 대하여 감각이 둔하다.
삼동월은 겨울이요, 경신일생이니 이 또한 금이 아닌가?

금, 수가 어울리니 위에는 얼음이 얼어있고 밑으로는 물이 흐른다.
인 하 술 월 이라 봄, 여름, 가을 하여도 폭염이 기승을 부린다.
한여름을 중심으로 앞뒤가 온통 열기로 뒤 덮혀 있다.

비가와도 웬만큼 와서는 후끈 달아오른 대지를 적시기가 어렵다.
그러니 술을 웬만큼 마셔가지고는 취기가 오르지 않는다.
자연 술 상무 하는데는 적격이다. 술 상무 아무나 하나?
사주에서 술 량을 보는 것은 수, 화가 기준인데 금 과 목은 보조 역할을 한
다.
예를 들어 일주가 목일 경우

0 甲 0 0   사주가 신약하니 바람을 피울 능력이 없다
巳 午 午 午   사주가 건조하니 술로 세월 보내다 말년에 객사하는
                운명으로 사주가 전개된다.

0 丙 壬 壬   병화 일주가 물속에 빠져있다. 술이 들어가면
0 0 子 子   테이프가 끊어진다 불이 꺼지니까?
                일주가 강하면 어느 정도 버티나 이 경우는 아니
                다.

사주가 신약하고 화기가 많은 사주는 특히 수 일주에서 관인 토 가 있고 화
기를 어느 정도 설기하도록 된 사주는 취하기도 금방 취하고, 깨기도 금방
깬다. 오행이 고루 갖추어진 경우는 과음이나 폭주는 하지 않는 편이다.

0 壬 0 0   임수 일주이다
寅 戌 戌 午   지지에 화국이 형성되어 수기가 견디지를 못한다.
                술을 마시면 이 경우도 마찬가지, 암만 들어가도
화기가 왕 하니 괜찮을 것 같으나 금방 취한다. 일주가 워낙 약하니까 깨는
것도 빠르다, 화기가 많으니까

(164)

子寅辰과	午申戌時	바른便에	머리가마
巳酉丑과	亥卯未時	右便가마	있게되오
자인진과	오신술시	바른편에	머리가마
사유축과	해묘미시	우편가마	있게되오

자, 인, 진, 오 신, 술 은 양(양)이라서 오른쪽---우측
사, 유, 축, 해, 묘, 미는 음 이라서 좌측---왼쪽
예전에는 머리에 가마가 몇 개 인가 하고 할머니께서 무릎에 눕히고 보시던
기억이 새롭기만 하다.

왜? 가마의 숫자를 세어보고 그랬을까? 예전에는 결혼 할 때 신랑은 말을
타고 신부는 가마를 탔었다.
가마의 횟수에 따라 결혼의 횟수를 보았던 것이다.
보통 편의상 신랑, 신부 구별 없이 결혼 하는 것을 가마 탄다고도 표현을
했었다. 그래서 가마를 보는 걸까?

(165)

四仲月에	辰戌丑未	四庫月에	寅申巳亥
四孟月에	四仲時는	쌍가마를	타고났네
사중월에	진술축미	사고월에	인신사해
사맹월에	사중시는	쌍가마를	타고났네

*사중월에 진술축미라 함은 사중월에 진술축미시오
*사고월에 인 신 사 해라 함은 사 고월에 인신사해시요
*사맹월에 사 중시는 사맹월에 사 중시(자 오 묘 유)요
* 四仲月이란
　　　　봄　--인, 묘, 진----중간 달은----묘 월
　　　　여름--사, 오, 미----중간 달은----오월
　　　　가을--신, 유, 술----중간 달은----유월
　　　　겨울--해, 자, 축----중간 달은----자 월
여기에서 仲(중)은 버금가다, 으뜸 이다 라 는 뜻으로 해석을 하여야 한다.
四孟月이라 함은 孟(맹) 처음이라는 뜻이다. 즉 계절의 첫 달이라는 뜻으로

　　　　봄　--인 묘 진---인　　　가을----신 유 술---신
　　　　여름--사 오 미---사　　　겨울----해 자 축---해
　　　　　즉 인 신 사 해 가 사맹월이 된다.

* 四庫月(사 고월)이란 四 季月이란 뜻으로 끝을 말한다.
　　　　봄 --인 묘 진----진　　　　가을----신 유 술---술
　　　　여름--사 오 미----미　　　　겨울----해 자 축---축
　　　　　　진 술 축 미월을 말한다.

위의 사주를 갖고 태어나면 해로를 못하고 두 번 이상의 인연이 맺어진다.

(실전사주의 예)

癸 乙 戊 庚　　　적정기의 나이인데도 아직 뚜렷한 이성이 없단다.
未 卯 子 申　　　너무 몰라도 걱정이다.(자 월에 미시다.)--(사중월
　　　　　　　　　에 사고時 이다).

辛 戊 癸 辛　　　가정이 그리 부유하지 못하였다.
酉 申 申 亥　　　항상 금전에 대한 집착이 클 것이다.
　　　　　　　　　(사맹월에 사중시다.)

己 甲 庚 壬　　　현재 체육관을 하고 있는 분의 사주이다.
巳 戊 戌 子　　　사고월에 사맹시이다.

(166)

寅日寅時	눈동자는	黃色으로	光彩나고
夜半三更	亥時生은	首傾左側	걸음이네
인일인시	눈동자는	황색으로	광채나고
야반삼경	해시생은	수경좌측	걸음이네

보통 황색 이라하면 빨강과 노랑의 혼합형으로 볼 수가 있다.
오행을 색으로 비교하면 빨강은 화요, 노랑은 토라 결국은 화토중탁 이요.
약간은 화 쪽으로 기운이 더 기운다.
황색계통의 눈은 대체적으로 화 일주가 많다.

동양인 이면서 눈동자가 황색계통 이거나 노란색이 심하면 그 사람의 성격
이 되게 급하다. 마치 염상격과 비슷하다 보면 된다.

인일 인시니 목화통명도 되고 기운 또한 화기가 만만치가 않다.
총기가 넘쳐 눈동자 또한 빛이 나고 ,광채가 서린다.

해시는 자시 직전이라 왼편의 끝이라 앞으로 진행을 하여도 자연 왼편으로
축을 이루이 걷는 형테가 된다.
지구의 축이 중심 직선에서 기울어진 각도의 시간이라 자연 왼편 성향이다.

(실전사주의 예)

戊　庚　癸　丁　　　　　아직 미혼인 분의 사주이다.
寅　寅　卯　未　　　　　경인 일에 무인 시이다.

(167)

子午卯酉	出生時는	그顔面이	길죽하고
辰戌丑未	出生時는	그얼굴이	둥굴넓다
자오묘유	출생시는	그안면이	길죽하고
진술축미	출생시는	그얼굴이	둥굴넓다

출생 시에 관한 상법의 설명인데 보통 상담하다 보면 출생 시를 모르는 상태에서 상담하는 경우가 종종 있게 되는데 오행별로 구분하여 보는 방법으로 참고하여 응용하면 많은 도움이 될 것이다.
일주로 보는 상법도 있는데 그 근본은 동일하므로 다른 설명 시 추가하기로 하고--------

*오행별로 보는 방법
　　　　*무슨 색을 좋아 하는가?
　　　　*어떤 종류의 음식을 좋아 하는가?
　　　　*멋 부리기를 좋아 하는가?　외모가 화려한가?
　　　　*얼굴의 형태를 보고 오행을 분류하여 시와 연관하여 추리한다.
　　　　*움직임에 있어서 정적인가, 동적 인가를 구분하고
기타 여러 방법을 응용하면 될 것이다.

(168)

寅申巳亥	出生時는	威猛있어	보이고요
水木日生	更多水木	그体格이	壯大하다
인신사해	출생시는	위맹있어	보이고요
수목일생	갱다수목	그체격이	장대하다

인신사해 출생 시는 왜? 위맹이 있어 보인다고 하였을까?
수목일생이 사주가 신강하고　연결이 잘 되어 있으면 체격이 장대하다 크다한 이유는 무엇일까?

위맹이 있다 함은 움직임과 그 행동에 있어 민첩함도 포함되고 인신사해는 역마와 지살로써 시에 있음으로　가만히 앉아서 남의 신세 지는 것 싫어하고 늙어서도 자식의 신세 지는 것을 원치 않으므로 본인이 움직여 행동하는 것을 원칙으로 삶 하는 사람이다. 우선은 부지런하여 바지런하다.
그러다 보니 산전수전 다 겪고 산다. 작은 고추가 맵다는 표현도 해당하고,
시원시원하고 서글서글함도 해당이 되고, 성격도 화통하니 매사 모든 일에
적극적인 형태로 나타나니 자연 용맹스러움도 자꾸 생겨난다.
주변에서의 느낌은 용맹 그 자체가 되어 버린다.

수목일생이라 함은 생각의 깊고 사려에 깊이가 있고 우뚝 선 고목과도 같아
항상 우두머리 역할에는 적격이다.
목 일주 특히 갑 목 일주는 보스 기질이 강한데 영양공급이 원활하면 그 능
력을 백분 발휘하기가 쉽고 한번 뿌리 내리면 쉽사리 흔들리지 않으니 영
원한 보스 스타일이라 그 역시 체격 또한 큰 편이 많다.
*여성의 경우는 여걸 스타일이라 일컬어진다.

>   167,168을 종합하여 얼굴의 형태를 살펴보면
>   자 ,오 ,묘, 유-------눈 목자 형
>   인, 신 ,사, 해-------각이 진 형으로 사각형이요
>   진, 술 ,축, 미-------둥글둥글 원형이 많고
>   상법으로 보는 형을 분류한 것이다,
>   좀 더 세분화 하여 보는 방법도 있으나 관상 편에서 논
>   하기로 하고-----

(실전사주의 예)

庚	丙	丙	乙	신장이 190에 육박하고 목소리 또한 우렁차다.
寅	申	戌	巳	체격이 건장하여 전형적인 장사 타입이다.

(169)

四柱丙丁	出生人은	쌍이마가	튀어났고
그얼굴은	上廣下尖	炎上之象	分明하다
사주병정	출생인은	쌍이마가	튀어났고
그얼굴은	상광하첨	염상지상	분명하다

사주 병정일 생이라 함은 화 일주에 대한 설명인데 쌍이마가 튀어 나왔다
함은 이마가 그만큼 넓다는 이야기고 얼굴의 형태가 상광 하 첨 은 위는 넓
고 아래는 좁으니 자연 역 삼각형 형태를 이룸이요, 염상지상이니 성격이
매우 불과 같다는 설명.
여기서의 설명은 상법에서 얼굴의 상에 대한 설명인데 화 일주에 대한 설명
이다. 상법에서 사람의 얼굴을 삼등분하여 상, 중, 하로 구분을 하는데, 위
로부터 하여 천, 인, 지로 구분을 하고 삼정이라 하여 상정, 중정, 하정으

로 구분을 하는데 상정은 인당위로부터 이마전체를 말하고 보통 15세부터 30세까지의 운을 본다. 이마가 넓고 깨끗하면 그만큼 초년의 운이 좋음이라 부모의 덕이 있고 윗사람의 사랑을 받고 자라게 된다.

하정은 주로 턱을 많이 보는데 말년 운으로 보통 51세부터 사망 시 까지를 보고 자녀의 덕과 아랫사람의 덕을 본다.
상광 하 첨 이란 위 즉 이마는 넓고 이래 하관 쪽이 좁은 것을 설명한다.
염상지상이라 함은 이해심이 부족하고 인자한과 너그러움에 있어서 표현을 적시에 못하니 오해도 많다, 본디 내 마음은 아닌데-----

(170)

丙丁日生	傷官食神	그体格이	短軀肥大
冬月金日	逢丁火도	그의몸매	단단하다
병정일생	상관식신	그체격이	단구비대
동월금일	봉정화도	그의몸매	단단하다

병정일생 상관식신이라 함은 화 일주가 토를 만나서 화생토를 잘해주고 있음을 설명하는 것인데 체격이 단구 비대해진다.
화 일주가 토를 생하여 주니 화 일주는 자연 기력이 쇠하여 질 수 밖에 없게 되는데 비대하여 진다니 소위 비개 살이구나.
대체적으로 토 일주를 보면 간혹 큰 경우도 있겠지만 대체적으로 다부지고 통통한 편이다.

공통점은 심폐기능이 강하다. 토 일주가 화가 많으면 토가 근육이므로 화생토 받아 살이 찌는데 근육이 살찌는 것은 근육이 발달하는 것이니 힘이 있고 단단하다.
동월금일이니 겨울의 금이니 오죽 단단하겠는가?

금자체가 각지고 모난 형 인데 어지간해서는 해체가 힘들어진다. 몸으로 먹고사는 직업도 많겠지만 덩치로 먹고 사는 사람들 중 이런 사주 가진 사림들이 많다.

금이 화를 만나 잘 제련이 되면 다행이지만 여의치 않을 경우
잘못 연결이 되면 약한 사람 괴롭히기나 하는 천박한 인생으로 전락한다.

(실전사 주의 예)

庚	辛	戊	甲	경금 일주의 사주인데
寅	丑	辰	寅	진월에 태어나고 인진 목局을 형성하고, 인중 병화가 있어 몸이 탄탄하기 이를 데가 없다.

(171)

戊己日이	身旺하면	鼻大方口	하게되고
庚申日과	羊刃日은	眉高眼深	强髮로다
무기일이	신왕하면	비대방구	하게되고
경신일과	양인일은	미고안심	강발로다

무기일생이라 함은 토 일주인데 신왕하면 코가 크고 입도 크다.
토는 중앙이요. 인체에서 안면(얼굴)을 보게 되면 중앙 부위에 해당이 되고
그 중에서도 중심에 위치한 코의 비중이 커지니 재백궁 이라 하여 그의 중
요성에 건강으로는 폐에 연결이 되고, 입은 말하는 문인데 토는 입이라 신
왕 하니 클 수밖에 ------
경신일은 금 일주요, 일에 양인을 놓고 있으면
*眉高眼深(미고안심)-----눈 섭은 높고, 눈은 들어가 깊이가 보이고
　　　　　　　　　　이러한 형태는 유럽 쪽이나, 아랍계통을 연상하면
　　　　　　　　　　될 것이다.

*强髮(강발)----모발계통, 수염 등 음부 털 등이 거칠고 억센 형태를 말함.
　　　　　　원래 금 일주나 양인을 깔고 있으면 성격이 만만치가 않다.
　　　　　　자연 인체의 모발계통이 거의 억센 편이다.

(실전사주의 예)

甲	庚	辛	癸	털보 할아버지로 소문이 자자한 분의 사주이다.
申	寅	酉	酉	부드러움보다는 억셈이 더 어울린다. 부디 장수
				하시기를

(172)

春冬月에	甲乙寅卯	言語發音	굳게하고
春夏月에	丙丁日生	言語早急	하게되네
춘동월에	갑을인묘	언어발음	굳게하고
춘하월에	병정일생	언어조급	하게되네

　춘 ,동 월이라 함은 인묘, 해 자 월인데 갑 을 인 묘 라 함은
　　　　　　甲 乙　　좌측의 일주가 해 자,인 묘 월생이니
　　　　　　寅, 卯　　냉기가 아직 가시지 않아 춥다.
　　　　　　　　　　게다가 수목응결로 습기가 많아 목 생화가 어
려워 얼어붙은 느낌을 주기에 딱 이다. 고로 말을 할 때 늦게 하게 되고 ,
더듬이가 되고, 아기의 경우 말을 늦게 한다. 발음 또한 부정확하여 상대방
으로 부터 오해를 받기도 한다.

이런 사주의 주인공은 대중 연설과는 거리가 멀다. 어린 자녀의 경우 이런 사주는 일찍 웅변학원을 보내어 교정하라.
춘 하 월이라 인 묘, 사 오월 인데 병정일 생이니 화 일주라 화끈한 말솜씨, 열이 많이 나니 말이 빠르다.
화는 특히 혀인데 기운을 더 받으니 더더욱 이다.

아나운서들이 말이 빠르고 발음이 정확한데 그중에서도 경마나, 경윤 아나운서들의 말솜씨는 타의 추종을 불허한다.
언어를 구사하는 것이 아니라 쏟아 붓는다.
　　　　　그들의 하는 말 ----말이 많으니 말로써 말을 말 을까 하노라.

(실전사주의 예)

丙　乙　甲　乙　　　　선 볼 때 마다 언어구사의 능력이
子　卯　申　卯　　　　부족하여 곤욕을 치루는 사람의 사주이다.

(173)

丙日逢之	庚金星과	庚日逢之	丙丁火는
그음성이	우렁차니	찌를찌릉	울리운다
병일봉지	경금성과	경일봉지	병정화는
그음성이	우렁차니	찌를찌릉	울리운다

이것은 사주의 병경성에 대한 설명이다.
丙 일생이 천간에서 庚 금을 만나고 庚 금 일생이 丙, 丁 화를 만남을 설명하는데 그 음성이 힘이 있고 우렁차서 듣는 이로 하여금 위압감을 느끼도록 한다. 위의 경우는 사주자체가 약하지 않아야 한다.

사주가 신약하면 기운이 쇠하여 제소리가 안 난다. 탁음에 째진 소리가 나서 차라리 작은 소리만도 못하다. 파격이면 소리도 파 음인 것이다. 또한 지지에서 삼형 살을 이루고 있으면 소리가 크기만 하지 음색이 전혀 보이지가 않는다. 간이 덜된 음식과 진배없다.

(실전사주의 예)

乙　庚　戊　丙　　　　현재 군에 몸을 담고 계시는 분의 사주이다.
酉　申　戌　午　　　　멀리서 이 분의 음성을 듣기만 하여도
　　　　　　　　　　　절로 감탄사가 나올 정도이다. 힘찬 기상이다.

처첩,부부(妻妾,夫婦)

요즈음 세상이 예전과는 많이 바뀌었다.
가부장적인 사고방식은 이미 물 건너 간지 오래 이고 그것 역시 고쳐져야
할 부분 중의 하나였는데 그 강도가 심하니 이것 역시 문제가 되고 있다.

당사자가 아니면 모르는 제일 까다롭고 힘든 부분이 바로
부부간의 문제가 아니겠는가?
이혼을 하려고 하는데 남자의 사주에 이혼수가 있나요?
참으로 곤란한 답변중의 하나다.
이혼의 원인도 문제지만 그 해결보다 엉뚱한데 관심이 있다.

남편 복이 있겠는가?
자식 덕은 있겠는가?
답변이야 왜 못하겠는가?
남자가 문 밖에서 기다리고 있네요.
그냥 그러려니 하고 자식 봐서 사십시오.
다 그놈이 그놈이고 그 년이 그 년입니다 하고 말하고도 싶지만 인연이 박
한 것을 어이하나, 다 제 멋에 제 인생사는 것을

웬만하면 서로 시간을 갖고 좀 더 생각해 보시는 게 어떨 런지요?
속 모르는 소리 그만 하시오
참으로 복잡하고 미묘한 것이 부부간의 문제이다.
어떻게 답을 내려야 명쾌한 답이 될 런지?

(174)

異性之合	百福之原	그누구가	아니라며
家和하면	萬事成을	또한누가	부인하랴?
이성지합	백복지원	그누구가	아니라며
가화하면	만사성을	또한누가	부인하랴?

서로 다른 사람이 그것도 남과 여의 만남이니 새로운 가정의 탄생이니 이 또한 만복의 시작이요, 근원이 되고 인간종족의 순수하고 고귀한 자손 생산하고, 가정이 화합하면 모든 일이 순조로이 이루어짐을 모를 이 그 누구인가?

(175)

棄妻喪妻	하고싶어	그할사람	누구이며
家庭不和	누가좋아	그리밤낮	싸우겠나
기처상처	하고싶어	그할사람	누구이며
가정불화	누가좋아	그리밤낮	싸우겠나

(176)

여보세요	벗님네여	夫婦編을	기록하니
仔細仔細	읽어보고	남의말을	하지마소
여보세요	벗님네여	부부편을	기록하니
자세자세	읽어보고	남의말을	하지마소

(177)

明月山下	叩盆之嘆	時上傷官	탓이고요
時上偏財	日時相沖	鏡破釵分	落淚하네
명월산하	고분지탄	시상상관	탓이고요
시상편재	일시상충	경파채분	낙루하네

*월명산하---월명이라 달빛이 밝음을 설명하고, 산하라 하니 밝은 달빛이
        초목을 밝히고 있음이라.
*고분지탄---옛 부터 부모가 돌아가시면 하늘이 무너지는 아픔이라 하여
        이르기를 천붕지통(天崩之痛)이라 하였고, 아내가 죽으면 물동
        이를 두드리고 탄식한다고 하여 이르기를 고분지탄 이라는 표
        현을 쓴다.
* 경파채분 ---거울을 깨고 비녀를 가른다는 뜻

밝은 달빛아래에서 마누라 잃은 것을 탄식하는 것은 시간(時干)에 상관이
있는데 원인이 있는 것이라고 했는데 왜? 남자사주에서
왜 시상에 상관이 있으면 상처를 하게 될까?

식상은 재를 생하는데 재가 있는데 자꾸 재를 만드니 자리에 있는 재가 명
퇴를 하던 가 없어져야 새로운 財가 자기 자리를 찾을 것이 아닌가?
그러니 지금 있는 재는 자리를 비켜주어야 하지 아니 하겠는가 사주에서 자
리를 비켜 준다는 것은 사라지고 없어짐이니 이혼이나 상처인데

시상에 있으니 말년이라 상처가 확률이 높구나.
요즈음은 황혼 이혼도 있으나 ,중 말년 이후의 이혼은 서로가 불행한 것이
다. 세상 살만큼 살았으면 이제는 자신의 과업을 반성하고 수양하라.
이승에서의 지나친 욕심은 버려야 후세가 편안하다. 일(日)과 시(時)가 서
로 상충을 하는데 재와 상충이니 중 말년에 처와 충 하니 본처와 해로하지
못함이니 이혼이나, 상처가 아니겠는가?
나이 들어 이러한 경우 직접 느껴보지 아니한 사람은 모른다. 제일 가까운
가족들에게 끼치는 누가 얼마나 삼한가?

누구에게나 다 사정은 있는 것 이다. 오죽하면 이혼을 하겠는가?
그것은 당사자 들 만이 아는 것이다.
말할 수 없이 할 수 없이 속 썩으면서 사는 사람들이 하나, 둘인가?
남 이혼 한다 손가락질 하지 말고 옆에 있을 때 잘들 하시오.

부모님께도 마찬가지이고 떠난 후에 후회한들 무슨 소용이 있나 거의 다 후
회하고 눈물 흘리더이다.
그러나 악연의 경우는 예외이다. 이러한 인연은 말려도 헤어진다.
그럴 때는 도와주어라 주변의 도움이 절실하니까.

(실전사주의 예)

癸　己　甲　甲　　　이혼하신 분의 사주이다.
酉　酉　戌　辰　　　시상에 편재가 있는데 유유 자형살이 있다.
　　　　　　　　　　상충과는 어떤 차이가 있을까?

壬　戊　癸　辛　　　월주에 정재가 있고 시주에 편재가 있다,
子　午　巳　丑　　　시상에 편재가 있는데 지지로는 일과 월이
　　　　　　　　　　상충이다.

(현재 부도로 인하여 모든 것을 아내의 명의로 하고 있는 분의 사주인데
 자녀는 딸 한 명이 있다.)

(178)

時上逢空	羊刃重은	鰥者됨을	어길거며
干與之同	時肩劫은	鴛鴦歸林	孤啼한다
시상봉공	양인중은	환자됨을	어길거며
간여지동	시견겁은	원앙귀림	고제한다

시상에 공망을 설명하는데 시는 자손이 아니던가?
예전의 관습은 여성을 한 단계 낮추어 보아 시를 아내로 보았는데 지금은 남, 여가 동격이므로 일(日)을 처로 본다.
부부관계에 대한 설명이므로 시상 공망이 아니라 일지 공망이 요즈음의 추명으로 보아 맞는다.

양인중이니 양인이라 함은 겁재인데 겁재는 처를 극하는 존재인데 거듭거듭 있으니 처가 있을 자리가 없게 되니 있어도 항상 바늘방석이라 코너에 몰려 고민하다 결국에는 나는 인내심이 부족하여 떠나요 하고 이별을 고하게 되니 홀로 있는 홀아비 신세가 되는 처지가 된다.

       鰥(환)-----홀아비 라는 뜻이다.

홀아비도 홀아비 나름이다, 요즈음은 금전만능 시대가 되어 그저-----사람의 마음은 금전으로는 이루어지는 것이 아니다.

금전이나 처도 같은 재이므로 하나 잃으면 똑같이 사라지는 것이다.
그러나 이에도 차이는 있다.
나이가 충분히 재혼을 하여 극복 할 수 있다면 재혼을 할 수 있다.
이른 나이에 혼자되고 팔자가 그렇다고 그러려니 하는 사람은 없을 것이다.
운에서 충분히 감당할 수 있으면 되는 것이다.

내리막길이 있으면 반드시 오르막길이 있는 것이다.
운에서 상승세의 운을 이어 간다면 충분히 감내 할 수 가 있는 것이다.
운에서 하락세의 운이요 건강도 자연 하락 선을 긋고 있으면 홀로 가는 팔자가 되는 것이다.
간여지동 이라함은 천간과 지지가 같은 오행으로 일간 자체가 뿌리가 든든한데 시에서 또다시 같은 오행이라면 기운이 넘친다.

균형이 허물어져 한 쪽이 이별을 고해야 한다. 왕따의 형국으로 자리를 지키기가 힘들어진다.

* 원앙귀림 고제 ------원앙은 부부의 금술이 좋기로 유명한 새 인데 귀림이라. 하면 세상을 등지는 것이라 죽음으로도 보는 것이 아닌가?
짝을 이루어야 하는데 외로이 홀로 우니 배필이 없음이라 배우자가 세상을 하직함이구나.

(실전사주의 예)

己	戊	丙	庚	년 주를 기준하여 처 궁에 공망이 들었다.
未	子	戌	寅	일주 기준하여 시에 공망이 있고,

시주가 견, 겁이 왕 하다. 신묘 대운에서 상처하여 현재 홀로 있다.

(179)

兩家之壻	되는者는	日支偏財	그탓이고
日時六害	亡身劫은	夜半三更	妻逃走다
양가지서	되는자는	일지편재	그탓이고
일시육해	망신겁은	야반삼경	처도주다

* 兩家之壻(양가지서)--------두 집안의 사위 노릇 하는 것
일지에 편재를 놓고 있으면 여자가 줄줄이 알사탕이다. 사탕이 녹으면 또 달콤함이 유혹을 한다. 이미 달콤함에 길들여진 상태라 유혹을 이겨내기가 힘들어진다. 업무로 인하여 또는 주변의 관계로 인하여 생각지도 않게 자꾸 만 연결되고 본인 자신도 그것을 마다하지 않는다. 그러다 보니 자연 이성 관계가 복잡해지고 이혼도 서슴없이 행한다. 자식에 대한 정성은 그래도 변함이 없음이 재생관의 이치인가 보다.

일시(일시)에 육해라 함은
       *일과 시에   자----미   축----오   인----사
                 묘----진   신----해   유----술
      *12신 살의 육해 살하고는 다르니 혼동이 있어서는 안 된다.
       12신 살의 육해 살, 삼합의 끝 자 바로 앞 자, 자, 오, 묘, 유 비견과 비겁이 많으면 처를 빼앗기거나 처가 나가는데 결국은 그 소리가 그 소리고 거기에 망신살이 겹치면 처로 인하여 망신수인데 돈 잃고 처 잃고 겹장이다.
왜 처가 도망가나 ?비견 겁이 많으니 처의 입장에서 보면 도처에 남편과 같은 사람이 꽉 이다. 그러니 헷갈려서 혼동을 한다. 구별을 못 한다 결국에는 사고가 나는 것이다.

    * 망신살에 대하여
망신살이란 글자 그대로 망신스러운 일이 발생된다는 것을 말한다.
 년 주에 있으면-------선조로 인하여 망신이요
 월 주에 있으면-------부모, 형제로 인하여 망신이요. 후처소생, 모가재취
 일 주에 있으면-------배우자, 이성으로 인하여 망신이요. 부부 궁이 부실
 시 주에 있으면-------자손, 말년에 망신이요

*육친별로 보면
     인수---부모 견겁---형제, 식상----자손, 손아래 사람, 학생
     재성---여자, 관성---남자로 인하여 각각 해당 육친으로 인하여 발생.
*망신살은 삼합의 가운데 글자 바로 앞 자이다.
삼합의 가운데 자는 삼합하여 화된 오행중 제일 왕한 기운을 갖고 있는 데
바로 그 앞에 있으니 쑥스럽고, 기를 못 펴니 그게 바로 망신 아닌가?

(실전사주의 예)

戊	戊	丁	戊	일지에 편재를 깔고 있다, 호적상으로 벌써 2번이
午	子	巳	戌	나 이혼을 하고 배우자와의 편안한 삶을 계획을
				하고 있다. 시주에 공망이 있어 말년에 형제간의
				덕이 없다. 신유 대운 을유 년에 모친사망.

癸	丙	己	己	일지에 편재를 놓고 있다.
巳	申	巳	亥	사신형이 되어 이혼한 사주

(180)

偏財星이	得位하니	妾이家權	쥐게되고
正財星이	得位하니	妻가억세	妾못얻네
편재성이	득위하니	첩이가권	쥐게되고
정재성이	득위하니	처가억세	첩못얻네

첩이 똑똑하고 실권을 쥐게 되면 본마누라가 밀려나고 마누라가 억세고 똑
똑하면 서방이 한눈을 팔 여유도 없으니 첩이라는 단어 자체가 사라지게 된
다. 요즈음 세상에 이런 이야기가 동화 속 이야기 같다.
불과 몇 십 년 전의 일이지만 세상이 그만큼 빠르게 변화하고 있는 것이다.

요즈음 식으로 해석을 하여보자.
남편이 밖으로만 나다니고 집안의 아내는 등한시 하고 심지어는 잠자리도
언제 했는지 기억조차 없는 형편이 되고 만다. 몸 걱정해서 보약 먹여놓았
더니 엉뚱한 데 가서 봉사하고 있는 식이다.

처가 몸이 약해 그럴 수도 있고 ,뜻이 안 맞아서 그럴 수도 있고, 본인이
집토끼 보다는 산토끼 잡으러 다니는 형상이요, 그러다보면 집토끼 놓치고,
산토끼도 못 잡고 결국에는 이래저래 망신살에 패가망신이다. 숨겨둔 애인
이라도 있으면 자연 이런 현상이 생기고 집에 생활비도 넉넉히 조달이 안

되니 자연 가정불화가 잦게 된다. 그로인해 직장 또는 사업도 영향을 받게
되니 부도는 불 보듯 훤한 일이다.
이혼이라는 수순이 기다리고 있는 것이다.

모름지기 수신제가 치국평천하 아니던가?
마누라가 억세면 남편이 피곤하다. 좋은 말로 공처가요, 애처가요, 기처가
다. 바람은 생각지도 못한다. 재다 신약 사주니 마누라가 약간의 의부증도
있다. 가권이야 마누라가 쥐고 있으나 그것이 어디 정상적인 가정인가?
그렇다고 무조건 남편이 모든 것을 다해야 한다는 것은 절대 아니다. 지금
은 모든 것이 합의 하에 이루어지어야 하는 것이다.
재다 신약사주는 항상 끼가 있어서 억센 마누라 만나야 좋긴 한데

庚	丙	辛	0	병신 합이다. 정재와의 합이고
寅	午	酉	0	정재의 뿌리가 확실하다.
				편재인 庚 금에게는 안 가게 된다.

庚 금은 인중 丙화가 있어 복잡한 여자다. 편재와 정재 중 어느 것이 더 확
실하게 자리를 하고 있는 가에 따라서 비중을 두게 된다.

0	甲	戊	己	편재인 戊토가 지지에 辰토를 놓고 있어서
0	0	辰	0	뿌리가 확실하고 정재인 己토를 중간에서
				甲목에게 근접을 방해하고 있다.
				己토는 힘이 약하여 결국에는 戊토에 가려지고 만다
0	甲	戊	己	재가 널려있다.
0	戊	辰	卯	이럴 때는 과연 어느 재가 승자가 될까?
				선착순이다. 멀리 있는 친척보다 이웃사촌이 급할

때 더 낫다고 했던가? 처 자리에 있는 재가 우선이다. 자기자리 얌전히 지
키고 있으니 항상 내 마누라라고 생각을 하게 된다. 戊토가 승리자다.

(실전사주의 예)

乙	辛	丙	己	재가 왕한 사주이다. 다재무재에 해당이 된다.
未	亥	戌	未	아직 제대로 연애 한 번 못해본 노총각이다.
				결혼을 하더라도 처가 억센 것이 염려된다.

(181)

癸年壬月	戊己日生	本妻偕老	못하고요
戊己日生	壬癸年月	獨守空房	凄凉하다
계년임월	무기일생	본처해로	못하고요
무기일생	임계년월	독수공방	처량하다

무기일생 이라함은 토 일주인데 계년, 임 월생 이라

    0   戊己   壬   癸   0   戊,己   癸   壬
    0   0   0   0   0   0   0   0

무, 기일주가 년과 월에 각각 정재와 편재를 놓고 있다.
천간에 본처와 후처가 있으니 진퇴양란이다.

이럴 때 일수록 줏대가 있어야 하는데 대체적으로 흔들린다.
년, 월에 있으면 그래도 일찌감치 겪으니 그래도 다행인데 말년에 이런 운
이 오면 참으로 괴롭다. 본인의 의사와 상관없이 치르는 경우도 있으니 답
답할 뿐이다 꼭 무 ,기(土)일주만 그런 것이 아니다.

    0   甲,乙   己   戊   0   甲,乙   戊   己
    0   0   0   0   0   0   0   0

이것은 목 일주의 경우이다.

    0   丙,丁   庚   辛   0   丙,丁   辛   庚
    0   0   0   0   0   0   0   0

이것은 화 일주의 경우이다.
꼭 년, 월만이 아니다. 시상에 있어도 이루어진다.

물론 전체적인 사주를 보아 판단도 하겠지만 시나, 월에 정재나 편재가 놓
여 있으면 일단 그렇게 볼 수 가 있는 것이다. 배에 선장이 둘이니, 배가
자연 산으로 밖에 더 가겠는가?

(182)

丁未日과	戊午日生	무슨性慾	그리强해
單妻生活	不滿하여	무슨성욕	그리강해
정미일과	무오일생	무슨성욕	그리강해
단처생활	불만하여	이처삼처	거느리뇨

 양인, 음인이 필요 사항이다.
화와 토를 동격으로 보므로 음과 양의 구별이 필요해진다. 성욕이 강하다는
것은 일단 사주가 강하다는 전제 조건이 앞선다. 사주가 신약하면 정반대의
현상이 나오는 것이다. 강하기보다는 나는 밤이 무서워하고 잠자리에 자신
이 없어진다.

특히 재다 신약으로 연결이 되면 더더욱 그렇다.
정미일은 음일주인 정 일주에 지지에 미토를 깔고 있으므로 음인이 된다.
무오 일주를 보면 우 일주에 지지에 오 화를 깔고 있으므로 인수도 되고
양인도 되어 인수 양인이라고 한다.

일지에 일단 양인을 깔고 있으니 일단은 신강으로 보고 자신이 신왕하고 또
조토이므로 멀리 있는 수분도 사정없이 빨아드린다. 물은 무 토에 재가 되
므로 여자를 죽인 다 .피곤하게 한다는 이야기다. 그 중의 하나가 극처(尅
妻)현상으로 자칫 방종하기가 쉽다. 결과적으로 주색을 탐하게 되는데 사주
가 구성이 잘되었으면 괜찮은데 천격으로 흐르면 고용살이에 남들이 기피하
는 직업에 종사하게 된다.
공통점은 사주가 강하고 화, 토가 많은 것이 공통점이 된다.

(실전사주의 예)

己　戊　己　乙　　무오 일주로 사주가 신강하다 관도 약한 것은 아니나
未　午　卯　卯　　전부 음으로 이루어져 있다.
　　　　　　　　　갑신년에 소송에 휘말려 고생하고 있다. 을유 년 까
　　　　　　　　　지 끌다가 병술 년이나 되어야 해결이 될 것 같다.

(183)

戊寅午戌	己未巳日	更逢寅巳	午未戌은
美姬隨多	하게되니	探花女色	注意하라
무인오술	기미사일	갱봉인사	오미술은
미희수다	하게되니	탐화여색	주의하라

戊토,己토 일주가 지지에 火국을 놓고 있거나 조토일 경우 너무나 건조하여
수분이 있으면 사정없이 빨아드리니 水는 財라 가만히 있어도 여성 팬들이
난리다. 젊어서는 아가씨요 성인이 되어서는 아줌마다.

모든 것이 지나치면 화근이 되듯 여자가 많이 붙어도 오래를 못 간다. 지나
치게 강하다보니 처가 있을 곳이 없다. 여자의 입장에서 보면 비견, 비겁이
많다 보니 눈에는 다 서방으로 보일 수도 있는 것이다.

그러다 보니 이혼도 불사하게 되고 인연이 금방 금방 끊어진다.
꼭 화토 일주만이 그런 것은 아니다.
다른 오행의 사주도 마찬가지이다.

사주가 너무 강하다 보면 자연 재가 부족하게 되고 그러다보니 찾는 것이
재인 여자인 것을 어찌하겠는가?

필요하고 귀한 줄 알면서도 부족하니 자꾸 찾으니 그것이 문제다.
그래서 사주를 알고 자신을 되돌아보는 것이다.

(실전사주의 예)

己	壬	壬	丁	임수 일주의 사주다 .지나치게 사주가 강하다.
酉	申	子	酉

남편이 바람을 피우니 여자도 바람을 피우다
결국은 이혼.
자식과 노모와 함께 살고 있는 분의 사주.

癸	戊	庚	戊
亥	寅	申	寅

무인 일주에 지지에 인신 沖으로 이루어진 실전
사주다.

신약의 경우이다. 연령의 차이가 많은 부인과 재
혼 후 급작사하여 경찰의 수사까지 받았던 분의 사주이다.

(184)

申酉戌臘	丁丑日弱	妻妾中에	自殺있고
丙戌日弱	七八九臘	亦是細君	恨死있네
신유술랍	정축일약	처첩중에	자살있고
병술일약	칠팔구랍	역시세군	한사있네

臘(랍)이란---축월로 12월을 뜻한다.
細君(세군)-----처를 비유하는 말로 연약한 가장 즉 아내다.

丁丑(정축)일주를 살펴보면 일주 자체로만도 문제성이 제기된다.
게다가 사주가 신약이니 무제가 발생 할 수 밖 에 없다.
丁
丑----(癸,辛,己)---정화 일주에 財庫(재고)이다.--고는 집합체로 둘로 본
다.

신약일 경우는 밑에서 처가 용을 쓰니 견딜 재간이 없다.일주 자체가 백호
인데다 탕화니 어찌할 것 인가?
결국에는 순 악질 여사를 만나게 되는 것이요 ,뻑 하 너 죽고 나죽자 하는
판이다.그런데 왜 자살로 연결을 하였을까?

신, 유, 술 자체가 금으로 연결되니 처가 너무 많다. 고로 다재무재로 연결
가뜩이나 재고를 깔고 있는데 또 여자가 있으니 한 많은 내 팔자가 된다.
상처하여야 또 다른 여자가 올 것이 아닌가?

　　　　*丙戌(병술)일주를 살펴보자.

丙
戌 ----(辛,丁,戊)---辛(신)--정재 즉 본마누라 인데 戌(술)은 백호라
　　　　　　　　　　　　　흉사로 연결되니 세상을 떠나게 된다.
　　　　　　　　　　　　　게다가 申 酉 戌 丑(신 유 술 축)을 또 지
　　　　　　　　　　　　　지에서 만나니 財(재)가 또 극성을 부리게
　　　　　　　　　　　　　된다. 온통 여자 판이다.
꽃밭에서만 살다보면 향기에 취해 후각이 마비된다.
결국에는 판단력이 흐려 선과 악을 구별 못하고 악처 쪽으로 흐르게 되는
것이다. 丙 戌 자체가 백호이니 이 또한 문제인 것이다. 대체적으로 재다
신약의 사주 중에 성공하는 사람은 그리 흔치않다. 여자와 금전 문제로 인
하여 중년까지 대체적으로 부단히 노력하여 재물도 제법 만져는 보나 결국
은 다 공중분해 되고 만다. 독창적인 일보다는 리바이벌 하는 쪽으로 두뇌
를 쓰면 성공한다. 어느 분야이던 손대면 스승을 잡아먹는 형태다. 타고난
감각 은 높이 사줄만 하다. 항상 욕심을 자제하면 성공한다. 여러 여성을
거치다보니 업보가 쌓인다. 게다가 유산도 여러 번 경험하니 어찌 여인의
限만 있겠는가? 영가의 限도 같이 있는 것이다.

(실전사주의 예)

乙　丙　庚　辛　　　병술 일주의 사주이다.
未　戌　寅　亥　　　정편재가 혼잡 된 사주이다, 처 궁이 형살어 있다.
　　　　　　　　　　병술일주와 을미 시주가 백호, 이혼을 한 사주이다.

(185)

戊己水日	柱逢子未	更逢肩劫	하는자는
産死妻魂	呼哭하니	産裡産後	注意하라
무기수일	주봉자미	갱봉견겁	하는자는
산사처혼	호곡하니	산이산후	주의하라

　　　戊己水日(무기수일)------무, 기, 임, 계 日 主(일주)를 설명.

　* 참고사항
　　日 主와 日 柱의 차이점
日 柱(일주)----사주원국에서 일에 해당하는 천간과 지지를 통칭(전체를
　　　　　　　　　　　　　　　　　　놓고서 논함.
日 主(일주)-----사주원국에서 일에 해당하는 천간만을 설명.
　　　　　　　　　　　　　기둥의 윗부분---지붕을 논함.
柱逢子未(주봉자미)-----일지에 子, 未 가 놓임.

産死妻魂 呼哭(산사처혼 호곡)---처가 출산 중 또는 출산을 전후하여
죽음에 그 혼령이 귀신이 되어 소리 내어 슬피 곡을 한다.

子 未(자 미)----六 害 殺(육 해 살)

```
    0  癸  0  0              0  戊  0  0
    子  未  子  0            未  子  未  0
        1                        2
```

1-----未토가 좌우 위 전부 물로 뒤 덮혀 물에 휩쓸려 나가는 형국이다.
       게다가 자미 육해 살이 겸해지니, 아야 소리도 못한다.
       未중 丁화가 아내다. 정은 심장이므로 심장병환자다.
2-----자수가 사방으로 둘러져 있어 흔적도 안 보인다. 게다가 전부 조
       토가되어 건조하기 그지없다. 수분이 빨려들기 바쁘다. 子중 癸수
       가 아내가 된다. 출산 전에 사망이다.

(186)

壬庚寅日	逢巳或申	財多身弱	하게되면
妻妾中에	自殺있어	基家庭이	沒落이라
임경인일	봉사혹신	재다신약	하게되면
처첩중에	자살있어	기가정이	몰락이라

임인 일주 경인 일주가 봉사혹신이라 인 사 신 삼형 살을 만남이라, 게다가
재다 신약으로 연결이 되면 다재무재의 원리에 걸리고 처 궁에 형살이 걸리
므로 그의 처가 호상소리 못 듣고 세상을 하직한다.

```
庚                          壬
寅----寅 木이 財가 된다,     寅------지 장간(戊 ,丙 甲)--병화가 財다.

0  壬  0  0
0  寅  巳  午-------寅 巳 刑(인 사 형)에 걸려있고, 寅 午 火 局이다.
                   게다가 寅은 탕화이므로, 더불어 재다신약이다.
```

 그 누구도 마누라 못 건드린다. 약 먹고 죽는다고 난리다.
 이런 사주는 결혼할 때 꼭 여자사주를 꼭 보고가라.

(실전사주의 예)

```
癸  壬  戊  丙       2006년 경인 월에 부인이 사망하신 분의 사주이다.
巳  寅  戌  午       지나친 여성편력과 무능력이 원인이다.
```

(187)

<table>
<tr><td>戊己日生</td><td>壬戌逢이</td><td>財多身弱</td><td>或은身强</td></tr>
<tr><td>妻妾産禍</td><td>있게되니</td><td>受胎되면</td><td>주의하라</td></tr>
<tr><td>무기일생</td><td>임술봉이</td><td>재다신약</td><td>혹은신강</td></tr>
<tr><td>처첩산화</td><td>있게되니</td><td>수태되면</td><td>주의하라</td></tr>
</table>

무기일생이 임술 봉이라 함은

<table>
<tr><td>壬</td><td>戊</td><td>0</td><td>0</td><td></td><td>0</td><td>戊</td><td>壬</td><td>0</td><td></td><td>0</td><td>己</td><td>壬</td><td>0</td></tr>
<tr><td>戌</td><td>0</td><td>0</td><td>0</td><td>,</td><td>0</td><td>0</td><td>戌</td><td>0</td><td>,</td><td>0</td><td>0</td><td>戌</td><td>0</td></tr>
</table>

무 土나, 기土에 있어서 임(壬)수는 재(財)가 된다. 임술은 그 자체가 백호로써 임이 토 헨 수로 심하게 곤혹스럽다. 財인 壬수가 아래위 옆에서 두들겨 맞으니 견디기가 힘들다. 산화라는 뜻을 폭넓게 해석을 하도록 하여야 한다.

(188)

<table>
<tr><td>日主强에</td><td>時上七殺</td><td>妻德자랑</td><td>하지만은</td></tr>
<tr><td>時上七殺</td><td>財多身弱</td><td>其妻惡毒</td><td>하게된다</td></tr>
<tr><td>일주살에</td><td>시왕칠살</td><td>처덕자랑</td><td>하지만은</td></tr>
<tr><td>시상칠살</td><td>재다신약</td><td>기처악독</td><td>하게된다</td></tr>
</table>

일주가 강하고 시상에 칠살 즉 관이 있으니 용신으로 사용함을 말함이라.
처덕 자랑한다는 것은 관인 용신을 재가 생하여 줌이라 대체적으로 사주가 신강하고 관이 용신일 경우는 대개 처덕도 있는 법이다.

재인 처가 용신인 관을 생하여주니 어찌 자랑스럽고, 사랑스럽지 않은가 ?
남편이 똑똑하여 잘나가고 있는데 처가 물심양면으로 팍팍 밀어주니, 옛날에 과거급제 하면 가난한 집안의 자식도 팔자피고 여기저기서 딸 준다고 난리 법석 이요,아직도 그 잔재가 남아서 고시합격하면 마담뚜들이 설치면서 양가집 규수 앞세우고 ,돈이야 당연 지사고,의사 사위면 병원 차려주고, 기본이 열쇠가 몇 개씩은 되어야하고,

역학에서 보는 관점은 일주가 일단은 강하고 그러니 자연 관이 용신이 되고 물론 전체적인 흐름이 좋아야하고, 여기서 설명하는 것은 시상일위귀격인 것이다. 그런데 반대로 사주가 별 볼일 없이 약하기만 하다고 보자.
꼭 시상에 칠 살 이 있고 없고가 문제가 아니다, 신약하고 재살이 태왕하면 처자식 모두 속 썩인다. 한 수 더 떠서 합심하여 아비 괴롭힌다.

본인은 무엇인가 해 보려고 노력은 부지런히 하지만 속 빈 강정이요. 빛 좋은 개살구고 죽 써서 개주는 형상이다. 그러니 마누라 눈치를 안 볼 수가 없게 된다.
결국은 악처가 되고 그런 사주는 악처를 만나는 팔자인 것이다.

(실전사주의 예)

戊　壬　乙　戊　　　　　현재 편의점을 운영하고 계시는 분의 사주이다
申　戌　卯　戌

(189)

時上七殺	時上偏財	日主虛弱	財殺旺은
夫婦家權	싸움잦아	其妻飮毒	있어본다
시상칠살	시상편재	일주허약	재살왕은
부부가권	싸움잦아	기처음독	있어본다

재살이 태 왕 하여 신약한 사주가 시상에 칠 살 이나 편재가 떠있으면 대체적으로 악처를 만나는 팔자인데 시상에 있으니 나이가 들어서도 계속 이어지는 팔자가 아니던가?

부부가권으로 인하여 싸움이 잦아진다는 것은 너 가 잘났니? 내가 잘했나 결국은 도토리 키 재기 인 것을 재다 신약이니 처의 입장에서 보면 비견과 겁재가 중중이라 아내의 모든 처신이 손금 보듯 훤해지는 이야기다.

남편 알기를 우습게 알고 고집으로 망하는 여자다.
원-원 이라는 단어가 새삼 필요하게 느껴진다.
남편의 경제력도 문제가 되고, 여성편력 또한 문제가 될 것이고 무엇 하나 속 시원히 해결하는 것도 별로 없다.
여성편력이 많으면 힘도 좋을 것 같으나 실제로는 밤이 무서워지는 남자이다.

음독도 어지간히 독하지 않고서는 못한다.
여자가 그 정도면 악질중의 순 악질이다. 남편 편드는 이야기가 아니라 일치감치 접어야 한다. 서로를 위해서 요즈음 같으면 싸우고 자시고도 없다.
법원을 향하여 앞으로 가다.
음독은 재에 탕화가 연결이 되어야 이어진다. 여자의 입장에서 보면 결국은 그 팔자가 그 팔자다. 다른데 가도 또

(실전사주의 예)

癸　丁　辛　癸　　　지지가 사유축 金局으로 재국을 형성하여
巳　巳　酉　丑　　　차라리 재에 종하여 종재격으로 변하였다.
　　　　　　　　　　그러면 사주가 달라진다. 이와 같은 원리
로 가정에 충실하라. 그러면 차라리 행복하다. 사는 것이 별 것인가?

일지와 시지의 사화를 정화 일주에 힘이 될 것 같으나 정계 충으로 인하여
힘들고 신금 재성이 워낙 강하여 힘들다, 조상에서 이미 충을 하고 들어오
니 무슨 일이 제대로 풀리겠나? 시간의 편관 역시 사방이 불기운이나, 사중
경金이 있어 죽지는 않는다. 金局이 형성되어 사화보다는 금 기운이 강하
다.

(190)

四柱中에	財多旺은	印受逢을	좋아마라
母妻싸움	새중간에	속상해서	嘆息이라
사주중에	재다왕은	인수봉을	좋아마라
모처싸움	새중간에	속상해서	탄식이라

사주에 재가 왕 한데 인수가 있다 한 들 얼마나 힘을 쓰겠는가?
 *재인투쟁(財印鬪爭)이다. 처와 어머니의 다툼이 이어진다. 처가와 본가

 * 인수가 왕 할 경우

인수가 많으니 정작 본인은 결정권이 약해 질 수밖에 없다.
어머니의 입김이 그만큼 세다는 이야기다. 마마보이가 아니던가? 며느리요
아내인 재가 발버둥 쳐보지만 왕성한 인수 어머니에게는 역부족이다.
아들이 결혼하려면 어머니 눈에 며느리 감이 마음에 들어야 O.K사인이
떨어진다.
인수가 많은 사주는 결혼 할 때 어머니는 뒷전에 비켜서야 한다.
매사 기준의 잣대를 어머니의 입장에서 보기 때문인 것이다.

(191)

四柱中에	印旺者가	重重財星	相逢하면
亦是母妻	不和하여	立場困難	많게된다
사주중에	인왕자가	중중재성	상봉하면
역시모처	불화하여	입장곤란	많게된다

사주에 인수가 왕 하면 자연 일주가 강해지게 된다.
중중재성 상봉은 재성도 강하다는 이야기가 된다. 일간이 인수의 도움으로
강하여 재성이 어느 정도 강해도 충분히 컨트롤을 할 수가 있게 된다. 그런
데 여기서는 모처가 불화하여 입장곤란 이라고 하였는데 인수가 왕하고 재
성도 중중하니 어느 정도는 균형이 되는 문제는 이런 것 같다, 서로의 힘이
만만치가 않으니 중간에서의 입장곤란으로 해석이 가능하다, 차라리 어느
한쪽이 약하면 문제가 될 것이 없는데 서로가 막상막하이니 줄다리기이다.

심판관의 입장에서 어느 한 쪽의 손을 들어주면 그 쪽은 승자가 되는 것이
니 진퇴양란의 입장이 된다는 이야기다. 일간 본인이 하기 나름이다.
그러나 재성과 인수가 서로 불목하고 원진이나 형, 충, 파, 해가 형성이 되
어 있으면 문제는 심각해진다.
다툼이 자주 생기면 과연 어느 쪽의 손을 들어주어야 할 것인가?

(실전사주의 예)--190,191 종합

丁	丁	辛	辛	외국에 조기유학 중인 학생의 사주이다.
未	亥	卯	未	지지에 인수 局이 형성이 되어 있다.

년, 월에 편재가 양립이 되어 있다.
사주가 깨끗한 사주이다.

己	己	丙	壬	현재 조그마한 인쇄소를 운영하고 계신 분이다.
巳	卯	午	寅	인수가 너무 왕하다.

丙	壬	己	甲	임수 일주가 재에 종하는 사주인데
午	戌	巳	寅	형, 파하여 파격이 되고 말았다, 재다 .

(192)

四柱驛馬	臨財合은	異邦女性	作配하고
地殺重重	暗財者도	亦是國際	女婚이라
사주역마	임재합은	이방여성	작배하고
지살중중	암재자도	역시국제	여혼이라

국제결혼에 관한 사항이다.
우선 이것도 팔자가 그런 것이다.
제일 무난한 것은 같은 혈통끼리의 합이 일단은 최고다.
이제는 외국인과의 결혼이 많아져서 법적으로도 그들의 권리를 보호하고,
용어 자체도 바뀌어 국제사회로의 지구촌이 형성이 되고 있다.

사주에서 역마와 지살은 타향인데 결혼으로 연결이 된다하면 먼 거리에 있는 배우자와의 만남이 된다.
요즈음은 결혼의 적령기를 놓친 농촌 및 도시의 총각들이동남아, 중국, 소련 등 국제결혼도 다양하다. 바야흐로 국제결혼의 시대인 지도 모르겠다.

재가 역마나 지살에 임할 경우, 또는 일지로 합을 하여 들어올 경우는 해외결혼이요. 연애다. 본인이 해외에 나가거나, 출장, 외국근무 등도 이에 해당이 된다.
여기서는 결혼의 예를 든 것이다. 사주 중에 인, 신, 사, 해 중 한 자만 있어도 역마나 지살로 본다.

0　庚　0　0
0　寅　亥　0　　월지와 일지가 합이다. 지살이 재에 임하여 있고 일지에
　　　　　　　　합이 들어 국제결혼이다. 여성의 경우는 관이 역마 ,
　　　　　　　　지살일 경우가 되겠다.

여성의 경우 식상은 자손인데 역마, 지살에 해당하면 이국태생, 또는 혼혈아로 볼 수가 있다. 암재자라 함은 지 장간에 들어있는 財(재)라도 같다.

(실전사주의 예)

丁　癸　己　庚　　계수일주의 여성이다.
巳　亥　丑　子　　일지에 해중 갑木 정관이 있는데 년, 월, 일 지가
　　　　　　　　전부 합이 이루어지고 있다.
　　　　　　　　해외결혼 하신 분의사주이다.

(193)

三冬月에	壬癸日은	色難逢着	注意하고
暗財合에	財殺旺은	情死怪變	있게되네
삼동월에	임계일은	색난봉착	주의하고
암재합에	재살왕은	정사괴변	있게되네

삼동 월이라 함은 해자축월에 태어남이요 ,임계일은 일주가 임일, 계일 생이라, 색을 탐하므로 인하여 곤란에 처하게 되니 주의가 필요하고, 일간자체가 차가운 물인데 태어난 시기가 겨울이니 너무도 추워 당장이라도 얼어붙을 것만 같은 사주다.
수 일주에 재는 화라 가뜩이나 추우니 얼마나 화(재)가 필요 하겠는가?
기운이 넘쳐 주체를 못하고 있으니 어디에선가 발산을 해야 하는데 미치고 환장할 노릇이다.

옆에서 누가 말리지도 못 한다. 정신이 나간다.치마만 둘러도 눈이 빙 돈다. 마치 이세상의 여자가 전부 마누라 같아 보인다. 암장으로 재가 합이 드니 떳떳한 사랑이 아니다.
현세에서 못다 이룬 사랑 내세에서나 이루자며 극단적인 방법도 불사하는 경우가 생긴다. 암장에서 합이 과하고 재살이 왕 하니 뿌리치지도 못한다. 그저 못난 사내자식이 되는 것이다.

(실전사주의 예)

壬　癸　丁　庚　　　천간과 지지로 합이 많이 이루어지고 있다.
戌　卯　亥　申　　　정작 본인은 충이 되고 있다.

壬　壬　壬　壬　　　임수 일주가 수기가 너무 왕 하다.
寅　寅　子　辰　　　그나마 일과 월에 인목이 있어 다행.

壬　癸　戊　庚　　　계수 일주인데 자 월에 출생하여 일단은 냉하다.
戌　卯　子　寅　　　일지와 형살이 형성되어 불화가 심하다.

(194)

四柱財多	身弱者는	偏廳內語	하게되고
日主强에	時上偏財	其妻虐待	심히한다
사주재다	신약자는	편청내어	하게되고
일주강에	시상편재	기처학대	심히한다

재다 신약 사주는 처의 말을 귀담아 듣고 명심해야 매사가 원만해 가정이나 사업이 순탄하고 신강사주에서 시상에 편재가 있으면 그의 처 알기를 우습게 알고 심하게 구박하고, 멸시하며 학대를 하게 된다.

원래 재다 신약 사주는 지지리도 처복이 없다. 재혼을 해도 그렇고 생전에 무슨 업이 저리 많아 그런지 하고 한탄도 해보지그래도 그렇다고 주저앉을 수는 없는 노릇이다.

마누라가 워낙 강하니 항상 꼼짝 못한다. 능력이 출중하여도 빛을 보기가 어렵다. 게다가 자식 까지 겹치면 더더욱 꼼짝 못한다.
처갓집 기피증에 때로는 밤이 무서워지기도 한다.

싫어도 할 수 없이 사는 팔자다. 자식 때문에 운에서 힘이 되어 금전이나 여건이 좋아져도 내 수중에는 돈이 없다. 기다리고 있는 곳이 줄을 섰다.

반대로 일주가 강한 경우다.
힘이 모든 면에서 남아도니 마누라 알기를 우습게 안다. 일주가 강하고 재
가 약한데 시상에 재가 있다면 사주원국에 위치를 보면 완전 구석이다. 떨
어지기 일보 직전이 버틸 기운이라도 있으면 홀로라도 편안할 터인데 아니
다.
워낙 장벽이 가려져 운에서 힘이 되어도 잠깐이다. 이런 사주의 소유자들은
처갓집 알기를 우습게 알고 안 간다.
일주가 강하니 아내의 입장에서 보면 견 겁이 많다. 그러다보니 남편은 아
내의 주변에 자기와 같은 사람(남자)이 많다보니 아내를 더더욱 꼼짝 못하
게 한다.
어쩌면 의처증 증세도 있는 것이다.

0 壬 0 0   너무나 기운이 넘쳐 꽁꽁 얼어붙는다.
0 子 亥 0   당장에라도 동사 할 것만 같다.
                   불이 필요해서 쉬지 않고 뛴다. 어디로 뛸까?
천하잡놈 소리 들어도 불인, 재, 여자 없이는 못산다고 난리다.

己 乙 0 0
卯 卯 0 0   을 목 일주에 기 土
                   재가 시간에 자리하고 있다.
                   사방이 온통 관으로 뒤 덮혀 숨쉬기도 힘들다.

참으로 기구한 팔자들 이다,누구는 마누라가 지겨운데 반대로 누구는 서방
이 지겹고 이리피하고 저리 피하고 하여도 결국은 마찬가지이다.
중요한 것은 자신의 존재를 항상 잊지 말고 부단히 노력을 하여야 한다.
다 재주들은 타고난 부분이 있는 사람들이다.

흔한 말로 누가 조금만 옆에서 도와주어도 한 번 해 볼만 할 테데---하는
부류의 사람들이 많다.

무에서 유를 창조하듯 열심히 자기의 능력을 한 곳으로 집중하여 개발하라.
그것이 이런 종류의 사주를 가진 분들의 특징이다.

인내를 가지고 한 우물을 파라, 방해가 있어도 곧 성공한다.

(실전사주의 예)

甲 庚 庚 戊   건설업에 종사하시는 분의 사주이다.
申 寅 申 辰   일주가 강하고 시상에 편재가 있다.

(195)

日時地支	咸池殺은	東食西宿	作妾있고
時間桃花	野外花라	杏花村婦	情을맺네
일시지지	함지살은	동식서숙	작첩있고
시간도화	야외화라	행화촌부	정을맺네

함지 살이라 함은 도화 살을 말하는데 일명 년 살 이라고도 한다.
함지라 함은 수렁, 또는 함정이라고도 생각하여도 괜찮다.
포태법에서의 목욕 궁에 해당이 된다.
이 함지살의 응용은 주색잡기로 통칭하여 생각하면 더욱 편하다.

陽(양)-------子, 午, 卯, 酉
陰(음)-------寅, 申, 巳, 亥

이 도화 살은 있는 위치에 따라 여러 가지로 해석이 나온다.

*일지를 기준하여 설명하였을 경우.

*년 주에 있을 때
　나이차가 많은 신랑을 만나거나, 연상의 여인과 인연 있고
　선대(조부, 또는 그 윗대)
*월주에 있을 때(년 지를 기준 할 때)
　월령도화라 하여 어머니가 재혼, 서출출신이고 (월지는 유전인자)
　부모 대에 풍류가 심하였고
*일지에 있게 되면
　이성 관계 복잡, 작첩 동거, 배우자 풍류, 연애결혼 등에 해당
*시지에 있으면---편 야 도화(편 야 도화)
　들판, 벌판에 있는 꽃이니 이 사람, 저사람 손 타고 자연 거칠고 억세고

　기생 작첩, 말년에 바람피우고, 년 하의 남자와, 딸 같은 여자와 연애
　부하나 제자와 연애------
*일지기준 월령도화는 -----원내도화(원내도화)
　유부녀, 유부남과 통정을 한다.

*육친으로 구별하는 도화살
　*인수에 해당-----인수도화
　　　　　　모외유정, 공부 중에 연애, 장모봉양, 스승사랑 사모,
　　　　　　유흥업, 연예계 종사 ,옷걸이 좋고, 백수건달,
　　　　　　왕자와 공주병에 해당
　*비겁에 해당--비겁도화

              형제풍류, 풍류 시 재산탕진 심하고, 친구 잘못 사귀어
              망신당하고,
   *상관에 해당--명예손상, 삭탈관직, 자손풍류 ,부정포태
   *재성도화-----주로 금전과 여성에 관한문제로 발생하게 된다.
              작첩치부, 처 외의 복잡한 이성 관계 ,연애결혼 ,의처증-
   *관성도화-----작첩승진 ,득 자, 부적절한 이성 관계,망신, 관재 ,불안
              배신, 구타
   *도화에 형살이 임하면----성병 ,관재 ,불안송사 ,수술

   *운에서 도화가 지배하게 되면 그 운이 지나가면 괜찮다

(실전사주의 예)

| 壬 | 丁 | 丙 | 乙 | 현재 판매업에 종사하고 계시는 분의 사주다. |
| 午 | 卯 | 戌 | 未 | 복잡한 여성관계로 재정 손실이 많다. |

| 辛 | 戊 | 己 | 己 | 무자 일주의 사주다. |
| 酉 | 子 | 巳 | 酉 | 년, 일, 시에 인성, 재성 도화를 놓고 |

| 壬 | 甲 | 丁 | 辛 | 도화에 겁살, 재살 있어 풍류가 심하였다 |
| 申 | 子 | 酉 | 卯 | 말년에 지살이 있어 이동이 심하다. |

(196)

日月地支	成財挑花	婦女姦通	一手하고
桃花刑을	만난자는	花柳病에	걸려본다
일월지지	성재도화	부녀간통	일수하고
도화형을	만난자는	화류병에	걸려본다

도화에 형이라 함은 子 卯형 뿐이다.

바람피우다 얻는 병은 성병이 아닌가?
요즈음은 에이즈라는 죽음의 병이 생겨 인간에게 성윤리의 도덕성에 일침을
가하고 있으니 성 개방 풍조 무엇이든 항상 정도를 가도록.

도화에 형살이 임하면 성병, 관재, 배신, 송사, 수술 등이 따르게 되나
꼭 성병이라고만 단언은 금물이다.
요즈음은 성병도 내성이 강하여 치료가 힘들다고 하더라.

*곤 랑 도화(滾 浪 挑花)
성병으로 신음을 하게 되는데 그 구성은 천간은 합이요,

지지는 형이 된다.
예를 들어 그 형태를 살펴보도록 하자.
0 己 甲 0   천간은 갑기로 합이다.
0 巳 申 0   지지는 사신 형이다.

0 辛 丙 0   천간은 병신 합이다.
0 卯 子 0   지지는 자묘 형이다.

이와 같이 천간 합이고 지지에 형이면 득병으로 본다.(도화 형)
부디 불건전한 이성 관계는 가급적으로 자제를 하여야 한다.

(197)

官星桃花	놓은자는	其妻因해	벼슬하고
殺星桃花	놓은자는	姦通하다	逢變나네
관성도화	놓은자는	기처인해	벼슬하고
살성도화	놓은자는	간통하다	봉변나네

여기서는 관성도화와 살성도화에 대한 설명이다.

*관성도화란?
0 甲 0 0   일지를 기준하여 酉_(유)가 도화인데 정관이다.
0 辰 酉 0   정관이니 관성 도화이고, 월에 있으니 원내도화,
                     월령도화이다.
*월령도화(원내도화) 후원 뒤 정원 을 의미하므로 감추어져 있다,
 즉 부적절한 관계가 되므로 유부녀, 유부남이 놀아나는 것이다.

      관성이 도화이면
*남성--관이 직업이므로 바람피우는 것이 직업이니 이성에 의지하여 이성을
       이용하여 사기, 공갈 및 심리를 이용하여 자기의 이득을 취하는 것이
       부업 및 전업이 된 경우이다.

      *관은 자손이 되기도 하는데 숨겨 논 자식도 된다.
      *애인을 미인계로 이용하기도 하여 자기의 목적을 달성한다.
      *공통된 점은 항상 말년에 구설수로 인하여 시달린다.

(실전사주의 예)

丁 乙 辛 丙   을木 일주의 여성이다.
卯 酉 丑 午   지지에 관이 있으나 시지도화와 충이고 ,천간으로도
                      을신 충이다, 지지에 유중 경金과는 암합.

*살성도화
살성도화는 나에게 살(관 귀)이 되므로 편관을 지칭한다.

```
0  乙  辛  0      년 지를 기준하여 보았을 때 유는 도화이다.
0  丑  酉  申      관이 되므로 그것도 편관이 되어 살성도화이다.
```

천간에서 을신 충으로 괴로운데 지지에서 또 도화가 있어 그것도 살이라 관이 사방으로 둘러싸여 팔자도 기구하다. 남편 또한 의처증의 기질도 있어 사는 것이 지겹기만 하다.
남편의 기세가 너무 강하여 옴짝 달싹 을 못한다.
더구나 한 덩어리로 뭉쳐져 있어 한 눈 팔 여유도 없다.
일주가 어느 정도 기운이 있으면 그나마 다행인데 이런 경우는
항상 몸이 아프고 정신적으로도 황폐해진 경우이다.

*남성의 경우
사주가 신강 하여도 안 좋은데 신약의 경우 관재수이니 쇠고랑 차게 되는 것이다. 몸을 다치는 경우도 있고 배신당하고, 부도나고, 이혼당하고 자식에게 까지 버림을 받는 경우도 있다.

이와 같은 경우는 간간히 신문지상에도 보도 되는 알 만한 사람들 중에 사업한다고 무리하게 추진하다 경험부족과 배신으로 인하여 부도나거나, 담보로 한 부동산 다 날리고, 이혼 당하고, 정신적인 충격으로 인하여 병원신세도 지고, 건강도 약해지고 하여 다시금 재기의 노력을 하는 것을 보게 되는데 이것이 바로 이런 경우이다.
미리미리 조금이라도 관심을 가졌으면 좋았을 것을 하는 생각이, 간간 이런 소식을 접하게 되면 느끼는 것이다.

(실전사주의 예)

```
庚  辛  甲  丙      일지 기준으로 월에 관이 도화이다.
寅  丑  午  辰      현재 연상의 유부남과 열애중인데
                   인, 오, 축 탕화와 연결이 되어 있다.
```

(198)

財祿挑花	놓은그분	因妾致富	자랑하고
四柱挑花	肩劫刑은	妻妾訟事	敗家한다
재록도화	놓은그분	인첩치부	자랑하고
사주도화	견겁형은	처첩송사	패가한다

*재록도화
재록도화란 무엇인가?
정재가 도화에 해당하는 것으로 ,여자가 돈 벌어서 먹고사는 팔자다.
편재가 도화에 해당이 되어도 성립이 된다.

여기서 유념할 것은 꼭 자기 부인이 벌어서 먹고 사는 것만은 아니다.
예를 들면 여자 종업원 두고 돈 버는 업종 주로 유흥업이다.
악덕 업으로는 인신 매매 범도 이 부류에 속한다, 그러다가 형, 충, 파가
되면 망신당하고 쇠고랑 차는 신세가 된다.

사주의 한 예를 들어보자.

丁　丙　0　0　　　시지의 酉(유)가 도화인데 진유 습이 성립되고
酉　辰　午　寅　　　시는 정유 시이다.

유가 도화로 재성인데 일지와 합으로 들어온다.
다른 지지에서 일지로 합이 되어 들어오면 일지에 있는 것과 동일시 취급한
다, 편재가 일지로 합이 되어 들어오므로 재가 덩어리가 되어버리고 편재가
처 궁으로 들어오니 정재의 역할을 하게 된다.
본래의 처 궁에는 정재가 없고 자리만 있었으므로 상징적인 역할 뿐이었는
데 편재가 들어와 실질적인 정재의 역할을 하게 된다.
병화일주는 유중 신금과 병신 합이 되어 금실이 좋을 수 밖 에 없고, 시지
의 유는 천간에 정화가 있어도 스케일에 있어서 병화를 못 따르고, 또한 병
화와 합이 되니 정화가 눈에 보이지도 않는다.

사주에서 도화가 견 겁과 형이 되면 여자로 인해서 문제가 생기는데 여자문
제면 외도, 이혼--등, 등 인데 견, 겁에 형이니 탈재라 그저 이것, 저것 손
해수구나, 위자료, 합의금등 송사가 생기면 패소하니, 금전적인 손해도 막
심하고, 처가 외도 또는 이혼수니 집안이 휘청거리니 패가망신이 아닌가?
*도화가 견겁 刑의 예를 들어보자.

0　乙　0　0　　　　　0　壬　0　　0
0　卯　子　0　　　　　0　子　卯　0

을 木 일주에 묘 木이 자수와 형살이다.
임수 일주가 지지에 자水가 묘木과 자, 묘 刑이 된다.

(실전사주의 예)

壬　甲　戊　乙　　　갑木 일주에 일주 기준 년 주의 묘가 도화다.
申　寅　子　卯　　　자묘 형이 성립이 된다. 견, 겁형이다.

(199)

財星衰弱	官殺旺은	生子後에	損妻하고
財星白虎	日主弱은	妻妾産亡	自殺이라
재성쇠약	관살왕은	생자후에	손처하고
재성백호	일주약은	처첩산망	자살이라

사주에 재성이 쇠약하고 관살이 왕 하면 아들을 낳은 후에 처가 사별을 고하고 재성이 백호대살이고 일주가 신약하게 되면 처나, 첩이 출산을 전후하여 사망하거나, 자살을 기도하게 된다.

재성이 쇠약하고 관성이 강하다보면 모는 기운을 자손이 다 가져가므로 정작 처인 재는 기력이 쇠하여 탈진상태라 설사 자손을 키운다 하여도 항상 산후 후유증으로 고생을 하게 된다.

木(일주)　　　목 일주가 토 재성을 극하는 입장인데,
남편　　　　金인 자손이 왕 하면 목 입장이 한계에 부딪힌다.

金(자손)　土(-처)　　　재인 토의 입장에서 보면 가뜩이나,
관　　　　재　　　　기력이 약한데 금인 자손을 생해주다

정작 자기 자신은 돌볼 시간도, 힘도 없다. 항상 목으로부터 극을 받는 입장인데 또다시 생을 하여야 하니
이 경우는 본인의 의사와는 상관없이 이리 된다는 것이다.

신약사주에서 재성이 백호에 임하면 처첩산망이고 그의 처가 자살 한다.
하였는데 왜 하필이면 백호 살에 그럴까? 백호 살에 관하여 알아보자.

甲 乙 丙 丁 戊 壬 癸
辰 未 戌 丑 辰 戌 丑　　　공통분모가 辰 戌 丑 未 이다.
　　　　　　　　　　전부가 庫(고)이다.
　　　　　　　　　　각각이 무덤을 하나씩 갖고 있다.
　　　　* 육친과 위치별로 각각 해석하고 활용을 하여보라.
甲 乙
辰 , 未　　목 일주가 각각 재성을 깔고 있다.
　　　　거기에 재성이 백호이니 마누라 잡아먹는 사주다.
　　　　잡아먹는다고 100% 다 죽겠는가?

처에 대한 근심, 걱정 한이 항상 따르니 항상 주의 하여야 한다

.
물론 전체적인 것을 보아야 정확한 답이겠지만 처의 사주도 보아 남편 궁이 어떠한가도 살펴보라, 자식과의 관계도 그렇고

0　壬　丁　0　　　　이 자체도 재성이 백호에 해당한다.
0　子　丑　0　　　　壬수 일간에 정화가 부인인데 ,백호다.

화생토로 자식을 낳으니 더욱 약해지는데 아비와 자식이 똘똘 뭉쳐 어미인
정화를 수극화 하여 괴롭힌다.
어머니와 아버지의 관계를 살펴보자 정, 임 合으로 의가 참 좋은데 화생토
인 축토 자손이 子 丑합 水 局하여 배은망덕 이다.
돕지는 못할망정 오히려 극을 하니 어디다 하소연을 할 것인가?
가물가물 불꽃이 피지도 못하고 꺼지고 만다. 설사 살아 있어도 왕성한 기
력의 임수는 결국 처를 보내야 한다. 천간, 지지 합이 되어도 외로운 것은
정 火 뿐 이다.결국은 왕따로 떠난다.

(실전사주의 예)

甲　壬　甲　庚　　　　임술, 갑진이 백호이다.
辰　戌　申　戌　　　　처는 일지의 정화이다,

일시지가 상충하여 처 궁이 위태하다, 식신이 시와 월에 있는데 월은 갑,
경충이고 시주의 식신은 진토에 뿌리를 내리나 시지와 일지가 충 한다. 가
뜩이나 약한 정화가 충을 받으니 처 궁이 흔들린다.

(200)

甲辰日과	乙未日生	四柱財旺	比肩旺은
其妻飲毒	있어보니	探色怪變	銘心하소
갑진일과	을미일생	사주재왕	비견왕은
기처음독	있어보니	탐색괴변	명심하소

사주가 재가 왕 하다 함은 재다 신약의 사주요, 비견이 왕 하다 함은 재가
발붙일 곳이 없음 이라,재다 신약은 다자무자의 원리로 없음이요.
비견 겁이 왕 하니 재가 견디지를 못하고 튕겨나가야 하는 원리이다.

그리고 갑진, 을미 자체로도 백호 살이라 처 궁이 힘들어 있다.

0　甲　0　0　　　　월지와 일지가 합이 되어 처 궁의 진(진)이 사라진다.
0　辰　卯　0　　　　일주자체도 백호인데 합이 되어 존재가 또한 없다.

壬　乙　戊　辛　　　　일주자체가 백호이고 일, 월, 년에 축, 술 미 형살.
寅　未　戌　丑　　　　재가 많지만 재의 자중지란이다.

치고, 박고, 부수고 온통 난장판이다. 고로
재가 견디지 못하니 스스로 떠난다.
(실전사주의 예)

己 戊 甲 丁　　갑진이 백호다, 진중 계水가 처다.
未 午 辰 未　　화, 토가 너무 왕 하다 보니 수인 처가 보이지를
　　　　　　　　않는다. 견겁이 왕하여 물 자체가 빨려간다. 흔적도
　　　　　　　　없이 사라져간다. 있어도 오래 버티지를 못한다.

(201)

壬庚申日	出生人이	壬戊寅時	만나고서
그日主가	身旺이면	其妻盲眼	妻凶死라
임경신일	출생인이	임무인시	만나고서
그일주가	신왕이면	기처맹안	처흉사라

임경신일이라 함은 임신일, 경신일이라　임무인시라 함은 임인, 무인 시라,
일주가 신왕이니 인중 병화가 처가 되는데 그의 처가 안맹 즉 장님이 되거
나 처에게 흉사라 함은 호상 소리 못 듣는 일인데 결국 일찍 사망이라

壬　壬　0　0　　항상 코너에 몰려 있으면 위태로운데 사방이
寅　申　0　0　　벽으로 둘러싸여있다.
　　　　　　　　여기에서 어떻게 탈출을 할까?
방법이 없다, 인신 충으로 한방 더 먹으니 완전 혼수상태다.
아무리 둘러보아도 우군이 안 보인다. 폭우가 쏟아지니 불이 꺼지고 만다.

戊　庚　0　0　　여기서는 인중 갑木이 처가 된다.
寅　申　0　0　　철의 장막에 가리워져 숨쉬기도 힘들어진다.
　　　　　　　　도끼로 장작을 패듯 쪼개니 별 수가 없구나.

결국은 이 한 몸이 희생하여 재물이 되고 마는 구나 이 또한 인신충이니 위
의 경우는 용궁에서 한풀이 하고 이 경우는 산신의 대장군이 한풀이라 죽어
도 편안히 죽지 않고 흉사로다.

(202)

甲庚寅日	逢巳申과	戊庚申日	逢巳寅이
財多身弱	身旺財弱	妻妾凶死	당해본다
갑경인일	봉사신과	무경신일	봉사인이
재다신약	신왕재약	처첩흉사	당해본다

갑경, 인일이라 함은 갑인, 경일이라 봉사신은 사와 신을 만남이라
무경, 신일이라 함은 무신, 경신이라 봉사인은 사와 인을 만남이라
재다 신약, 신왕 재 약의 공통점은 지나쳐도 탈이요, 부족해도 탈이다. 다른 경우도 마찬가지이다, 항상 지나치면 화가 생기기 마련이다. 게다가 인, 사, 신 삼형살이 가중되니 더욱 더 확실해 진다.

```
0   甲   0   0        갑인일주에 지지에 巳나 申을 놓고 있다.
0   寅   巳   0        사중 무土가 재로써 처에 해당이 되는데
         (申)          역마 지살에 형살까지도 가임되었다.
```

```
庚   庚   戊
寅   申   申      경인, 경신, 무신 일주도 마찬가지로 연결하면 된다.
```

(203)

日時地支	相刑殺도	十中八九	離別하고
壬子丙午	戊午日妻	言必稱曰	死也로다
일시지지	상형살도	십중팔구	이별하고
임자병오	무오일처	언필칭왈	사야로다

일과시의 지지가 상형살일 경우 십중팔구는 이별을 하고 임자, 병오, 무오 일주의 처 하는 말이 항상 죽는다는 소리구나.
일, 시에 지지가 형, 충이 이루어지면 필시 이혼을 하게 된다는 이야기 인데
왜? 꼭 일과 시를 지칭하였을까? 이혼이란 살다가 헤어지는 것이 아닌가?
그러므로 일을 기준하여 아래쪽 즉 時 쪽을 보는 것이다.

```
壬   丙   戊
子, 午 ,午      임자, 병오, 무오 일주가 각각 양인을 놓고 있다.
                화토는 동격으로 하므로 무土 역시 양인을 놓고,
```
일간이 지지에 양인을 놓고 있으니 처가 하는 말 항상 나 죽겠네다. 일지에 양인이 있다고 무조건 처가 죽는 것은 아니다.

사주에 비견과 비겁이 많아야 진짜로 처가 떠나거나(이별도 포함)이 여자, 저 여자와도 금방 또 떠나간다. 그보다 더 나간다면 처가 세상을 떠나게 된다. 그렇다면 해결 방법은 무엇일까?
우선 성격부터 다스려라, 그리고 아내를 피곤하게 하지마라, 오래 해로 하려면 처를 극진히 위하는 지극정성이 필요하다. 밖에 나가면 여자들이 잘 붙는다. 바람을 피워도 아내 모르게 몰래몰래 흔적도 없이 하여야 한다.

(실전사주의 예)

癸　己　甲　甲　　　　이혼한 분의 사주이다.
酉　酉　戌　辰　　　　일과 시에 자형살을 놓고 있다

(204)

日時怨嗔	鬼門關은	夫婦間에	不合하고
神經衰弱	發作하니	相互謙讓	해야하오
일시원진	귀문관은	부부간에	불합하고
신경쇠약	발작하니	상호겸양	해야하오

일과 시에 원진이나 귀문관살이 있으면 부부간에 자주 불목하고, 불 합이 계속되어 항상 불만이 가득 차 이것이 원인이 되어 신경질적인 성격으로 변화하면서, 신경쇠약의 증세까지도 보일 수가 있다.

여기서 문제가 되는 것이 있다. 남편이냐 아내이냐가 문제가 된다.
일주가 강한 사람이 이긴다.
지고 이긴다는 표현이 조금 강하지만 신경쇠약과 연관이 되므로 자연 일주의 강약에 따라서 기의 싸움이 되므로 남편이 아내로 인하여, 아내가 남편으로 인하여 하는 결론이 난다.

아내 되는 재성에 귀문관이 있거나, 일지에 귀문관이 연결이 되면 자연 이러한 현상이 나타나는데, 처녀 총각이 결혼을 앞두고 궁합을 본다고 가정하자.

남자 甲　　　여자 己
　　　子　　　　　酉

남자의 일주가 갑자이고, 여자의 일주가 기유이다.
천간으로는 합이 들어 甲己合 하여 土가되므로 남자가 여자에게 맛이 간다.
지지로는 귀문관이 성립된다.

궁합 시에는 각자의 일주를 천간과 지지로 대입하여 서로 보니까----
전체적인 것은 종합적인 분석이 필요하고. 귀문관이 들면 약간 들뜨기 마련이요. 판단력도 흐려진다.

천간에 합이 드니 일단은 좋고, 지지에 귀문관이니 맛이 가도 보통 가는 것이 아니다. 마치 정신병자와 같은 증세를 보인다. 주변의 만류도 필요 없다. 내일 죽어도 그만 이란다. 무조건 저 여자에게 장가간다고 한다.

(실전사주의 예)

乙　庚　庚　甲　　　일주와 시주의 관계를 보도록 하자.
酉　寅　午　寅　　　천간끼리는 을경 합이다. 지지로는 원진이다.
　　　　　　　　　　말년에 여자로 인하여 속을 썩게 된다.

(205)

寅卯辰生	見巳하고	巳午未生	見申하면
中年喪配	하게되어	落淚함이	있으리라
인묘진생	견사하고	사오미생	견신하면
중년상배	하게되어	낙루함이	있으리라

이것은 상처살에 대한 설명이다.
년주의 지지를 기준으로 하여 정하여진 신살로써 그 적중률은 그렇게 크다
고 보지 않아도 된다. 중요한 것은 일지를 기준하여서 종합적인 판단을 하
라. 상처살이란 원래 상부살과 함께 설명이 되어야 하는데 남명편 이므로 우
선 상처살만 먼저 설명을 하도록 하자.
상처살은 처를 잃어버린다. 즉 아내와 사별한다는 뜻이 된다.
경중으로 보아 미비한 경우는 이별한다는 쪽으로 보아야 옳고, 미혼일 경우
사귀던 애인이 이별하거나 먼 나라로 갈 수도 있고, 잉태 중에 일이 생기면
유복자가 생길 수도 있고, 물론 전체적인 종합판단이 필요 하겠으나 財庫
(재고)를 갖고 있나 한 번 더 확인을 하고 보라.

년 주를 기준하여 보는 것이므로 생극제화에 우선하는 것이 더 중요하다.

상처살은 년 지를 방합 한 다음이 상처살이 된다.
寅卯辰 다음은 巳다.
巳午未 다음은 申이다.
申酉戌 다음은 亥이다.
亥子丑 다음은 寅이다.　　　즉 寅, 申, 巳, 亥가 상처살이다.

(206)

申酉戌生	見亥字와	亥子丑生	逢見寅者
郎君두고	妻는가니	顯幽別離	哀慟하다
신유술생	견해자와	해자축생	봉견인자
낭군두고	처는가니	현유별리	애통하다

마찬가지로 상처살에 대한 설명이다.
상처살 이라고 해서 모두 무조건 적인 것은 아니다.
사주에서 상처살 되는 자가 재를 생하여 주거나 재를 극하는 자를
보호하여 주게 되면 재가 튼튼하여 지므로 크게 염려하지 않아도 된다.
반대로 상처살에 해당하는 자가 재성을 형, 충, 파 해 하는 경우에는
상처살의 작용이 크다고 보면 될 것이다.

예를 들어보자.

```
0  壬  0  0        이 사주를 한 번 보도록 하자.
午  寅  丑  子       자년 생에 해, 자, 축에 해당이 되므로
                   상처살은 寅(인)에 해당이 된다.
                   처 궁에 상처살이 있으므로 해당이 될까?
```

여기서는 해당이 되지 않는다. 임수의 재(처)는 화인데 상처살에 해당하는
寅목이 목생화 하여 재를 도와주며 보호하고 있다.
이런 경우는 상처살에 해당이 되지가 않는다.
이 상처살 외에도 견겁이 많아 재를 극할 경우 ,또 재성이 너무 많아 다자
무자의 원리로 없는 것과 같을 경우 에도 상처살과 같은 역할을 한다.

(실전사주의 예)

```
己  戊  甲  丁        여러 직업을 두루 걸치신 분의 사주이다.
未  申  辰  未        뚜렷한 색깔이 없는 분이다.
                    무土 일주의 사주인데 비견, 겁이 왕 하다.
                    년 지가 미니 사, 오, 미 방합 다음 자
                    申이 상처살인데 일지 처 궁에 상처살이다.
```

(207)

丙午日이	丁酉時와	壬寅日生	癸卯時와
日坐財와	他財連은	必是再娶	하게되오
병오일이	정유시와	임인일생	계묘시와
일좌재와	타재연은	필시재취	하게되오

병오 일에 정유 시와 임인일생 계묘 시에 대한 설명이고, 일좌 財에 他 財
連 일지에 재가 있는데 다른 지지에 재가 또 연결이 되어 있으면 아내를 또
맞아드린다는 설명.
재가 연줄로 얽혀져 있으니 장가를 두 번 간다는 설명.

재와 재끼리는 합으로 연결이 된다. 오행으로 같은 오행이므로 방 합으로
연결이 된다.

재가 합이 되면 집안이 조용한데 서로 충이나 극이 되면 박살난다.
요즘 세상에 두 집 살림하는 사람이 어디 있겠는 가 현재로 해석을 하면
바람피우다 들통 나고 삼각관계가 드러나고, 미혼의 경우는 사랑싸움에 입
장 난처해지고 등으로 해석이 가능해진다.


```
0   庚   0   0          0   庚   0   0
0   寅   卯   0          0   寅   0   卯
```

    1----경金 일주에 지지에 재성인 목이 나란히 붙어 있다.
        연이어 있는 형상이다.
    2----년 지와 일지에 떨어져 있는 형상이다.
        방 합으로 보면 된다.

```
丁   丙   0   0
酉   午   0   0
```
양인살인 오火를 지지에 깔고 있고
정화 겁재아래에 유금인 재성이 시지에 있다.
유금의 지 장간에 신 金 재성과 합이 되어
재혼을 할 팔자란다.

```
癸   壬   0   0
卯   寅   0   0
```
임수 일간의 재는 인중의 병 火인데
묘가 또한 도화가 된다.
시지에 도화니 편야 도화요 재가 연이어 있다.

(실전사주의 예)

```
丙   乙   丁   甲
子   酉   丑   辰
```
을木 일주의 사주이다, 처는 년과 월에
나란히 붙어있다. 두 집 살림을 하고 있는
사람의 사주이다. 직업이 서로 상부상조관계이다.

*여기서 본문과의 관계를 살펴보자.

처 궁에 재가 제자리에 있고 다른 지지에서 즉 시나 월에서 재가 있는 경우
의 설명인데 지금의 실전사주는 각각의 처가 처 궁에 있지는 않다.

그러나 처 궁의 지지와 합이 되어 결국은 전부가 처 궁으로의 진입과 같은
결과다. 을木 일주의 남성이다 그러면 자손은 어떻게 될까?

자손은 금이 되는데 년 지의 첫째 부인은 진유 합금히여 유의 지장간인 경
과 신이 되어 아들과 딸 각 한 명 씩 이다.

그리고 둘 째 부인은 계중 신금으로 아들이 한 명이 나온다.
둘째 여인은 아직 자손이 없는데 지금 열심히 노력 중이다.
이런 경우도 두 집 살림으로 보아야 한다는 것이 본인의 의견이다.
시지와는 파가 되어 자손과의 동거는 어렵고, 왔다갔다 미치겠네 갈매기다.

子孫(자손)

부모 된 사람은 누구나가 다 공통된 점이 있다.
자기 자식 잘되고, 건강하기를 바라는 마음 말이다.

자식이 되어 부모의 속도 어지간히 썩히더니 본인도 부모의 입장이 되니
그 제서야 부모의 마음을 이해하는 것이 인생이다.
항상 살아 계실 적에 잘하는 것이 진정한 자식의 도리가 아닌가?
이놈 아, 너도 자식 키워봐라-------.
부모님의 평범한 인생의 진리인 것이다.

부모가 자식에게 해 줄 것이 무엇인가?
자식의 사주를 보고 미리미리 대비하라.
그것 또한 부모의 책임이다.
자식은 지가 커도 아직 자식은 자식이다.

소 잃고 외양간 고치지 마라.
지식 일찍 보내는 부모도 죄요.
부모 일찍 보내는 자식도 죄다.

모든 것이 업보이지만,
사주 한 번 보면 알 것을,
그 것도 확인을 아니 하니,
그 것이 더 큰 업보가 되는구나.

(208)

庚辰日에	庚辰時는	子女間에	溺死있고
日時枯焦	連坐하니	長子蹇脚	恨嘆일세
경진일에	경진시는	자녀간에	익사있고
일시고초	연좌하니	장자건각	한탄일세

경진 일에 경진 시는 자녀 간에 익사사고 있고, 일과 시에 고초살이 연이어 있게 되면 장자건각(큰아들이 다리를 전다)으로 한탄하게 된다.

庚　庚　0　0　　　　일과 시가 똑같이 경진이다.
辰　辰　0　0　　　　남명의 경우 경金의 자식은 화가된다. 辰(진)은 水의 고장이 되어 금생수 하여 수기가 더욱 극성을 부린다. 수기는 식상으로써 자연히 관인 자손궁을 극하게 된다.
수기는 금생수 받아 기운이 더욱 왕 해지고 화인 자손을 물인 수가 극하니 익사사고로 보는 것이다.

여명의 경우는 진土가 수(상식)의 고장이 되어 여명에 상식은 자손이라 자손에 대한 한을 갖게 되는데 水인 자식이 물속에 들어있는 형상이라 익사로 연결을 하는 것이다.

일과 시에 진진 자형살로 연결이 되니 시는 자손 궁이라 자손에 흉으로 연결. 고초살에 대한 설명이 나오는데 고초살은 월살로써 십이 신살에 해당이 됨. 월살이란 화개를 충하는 살인데 화개란 삼합의 끝자라 辰, 戌, 丑, 未 를 말한다. 고초살은 질병에 시달리고 빼빼 마른다는 살로써

의미를 살펴보면 밭에 씨앗을 뿌려도 발아가 안 되고, 닭이 알을 품어도 부화가 안 되는 것과 같은 형상으로 시작의 뜻과 꿈은 원대하여도 제대로 이루어지지가 않음을 뜻한다.

그러니 사람으로 친다면 육체적인 면으로 보면 이목구비다 갖추었어도 정상적인 움직임에 문제가 있음이라 불구를 뜻하는 것이다.

庚　庚　0　0　　　　戌의 지장간은---辛, 丁, 戊
辰　辰　0　戌　　　　戌중 丁화가 자손이데 진술沖이요. 고초살이다. 년지에 있으므로 초년에 일찍 불구였었다.

庚　庚　0　0　　　　庚금의 자손이 인, 오로 화국을 이루어 화기가
辰　辰　午　寅　　　　충분하다. 자손인 관성이 살아있다.

(실전사주의 예)

壬　庚　辛　癸　　　경진 일주의 사주다.
午　辰　酉　卯　　　금수가 냉하여 화기가 필요하다.

*자식인 화의 입장에서 보자.

우군인 목이나 화를 찾아보자, 묘목은 습木이라 큰 도움이 못되고, 辰中 을木이 있는데 월지와 합금이 되어 약하고 경金의 입장에서는 말년에 어떻게되겠는가?

(209)

申子辰生	戌日戌時	寅午戌生	辰日辰時
長子健脚	하게되니	晝夜長嘆	애닲으고
신자진생	술일술시	인오술생	진일진시
장자건각	하게되니	주야장탄	애닲으고

신살의 申子辰년생 ------戌일 戌시,　　　寅午戌생-----辰일 辰시
기준은 년과 일을 기준으로 한다.
대체적으로 고초살에 해당하면 자손이 불구가 되거나 신체적인 이상이
온다.

*고초살이란?
12신살에서 월살을 설명한다. 앞 번호에서의 설명을 참조.

(210)

亥卯未生	丑日丑時	巳酉丑生	未日未時
그도또한	長子健脚	嘆息함을	못免한다
해묘미생	축일축시	사유축생	미일미시
그도또한	장자건각	탄식함을	못면한다

亥卯未년생----丑日丑時　　　巳酉丑년생-----未日未時
이도 또한 장자가 건각이라 부모의 탄식함이 애달프다.
위의 사항을 전체적으로 종합하여 보면

申子辰 년생----戌일戌시,　　　寅午戌년생-----辰일辰시
亥卯未 년생----丑일丑시,　　　巳酉丑년생-----未일未시

전체적인 공통점은 고초살이 일과 시에 있을 때 장자가 절름발이 또는 불구
가 된다고 하는 것이다.
예전에는 자손이 많았으므로 큰아들, 작은 아들하고 구별을 하였으나 지금
은 자손이 많은 집안이 별로 없다, 그러므로 사주에 이러한 살이 있을 경우
는 특히 유년시절에 자손에 더욱더 신경을 써야 한다.

그리고 208번의 경우 사주에서 자손이 힘이 있으면 고초살이라 하여도 익사
직전 구조되거나 ,물로 인한 사고에서 별 탈 없이 무사해진다.
그러나 주의 할 것은 항상 사전에 미리미리 조심하는 것이 최선이다.

(실전사주의 예)

乙　　己　　己　　辛　　　자손 하나 일찍이 여의고 나머지 자손도
丑　　丑　　丑　　未　　　자동차 사고로 불구가 된 자손을 둔 사주이다.

(211)

財官殺이	合身하니	총각得子	있게되고
丙庚日이	日時寅申	其妻胎中	離別이라
재관살이	합신하니	총각득자	있게되고
병경일이	일시인신	기처태중	이별이라

재와 관이 합을 하니 재관이 동림이라 남녀가 눈이 맞아 느낌(feel)이 통함
이라 결혼을 했으면 당연한 일이지만 혼전이다 함은, 장가도 안 간 총각이
처녀를 임신하도록 한 행위가 되는 것으로 미혼모가 되기 일보 직전이다.

요사이는 비일비재한 일이라 크게 당황스럽거나 놀라지도 않는다.
그만큼 성 개방이 보편화 하였다는 이야기 인데 정당화 될 수는 없는 일이
고, 부모의 반대가 심하거나, 부득불 어쩌다가 벌어지는 상황도 되겠지만,
의도적이든 아니든 사주 상으로 재관이 합을 이루면 혼전임신으로 본다.
병경일이 일과 시에 인과 신을 놓았을 때 여자가 임신 중에 낙태하거나 이
별로 본다.

일시에 인신이라고 하면 일단은 충이되므로 좋은 일은 아닌데, 재관이 합이
라 임신인데 충이 되니 태아에 문제가 생기고, 남녀 간에도 문제가 생기는
일이라 이별이 앞서는 일이다.
재관이 합을 이루고 일과시가 합을 이루면 아기를 낳게 된다.
시 쪽을 중시하는 것은 시는 자손 궁이라 그리 보는 것이다. 일지는 처 궁
이라 자손과 처가 합이 되니 탄생이 아닌가? 기뻐하면서 낳는다.

```
0  庚  0  0
0  申  0  寅
```
인중의 갑木이 처가 된다(미혼이라도 편의상 처로)
일지의 申금과는 寅, 申으로 충이다.
甲목이 자기의 자리로 찾아가야 되는데 申금이 버티며
출입을 허용하지를 않는다. 게다가 문전박대 하며 내친다.
경金의 형제들이 반대가 극심하다. 시누이가 더 난리다. 우리 집에 저런
여자는 들어 올수 없다며 쌍지팡이를 짚는다. 갑木이 년支에 있으니 너무
빠르다며 이유를 들면서 임신 중이라면 낙태를 하고 헤어지란다.

```
0  庚  0  0
0  辰  0  寅
```
이 경우는 위와 다르다.

일지에 辰토가 자리하고 있으면서 寅목과는 寅 ,辰목국으로 합이 된다. 처
궁에 어머니가 자리하고 있으면서 그동안 내가 아내의 노릇까지 다했는데,
아직 나이는 어리지만 배우면서 아내의 역할을 하라며 격려하며 가르친다.
어린 것이 얼마나 마음 고생 이냐며 기쁜 마음으로 출생을 돕는다. 경사다.

```
戊  庚  0  0
寅  申  0  0
```
인중 갑木이 처인데, 또 병화도 있다.
경金 입장에서 보면 처와 아내가 같이 있다(임신 중)
그런데 처 궁에 신金이 자리하고 내친다.

처와 아내도 지리를 해 줄 수가 없다고 오리발이다. 진퇴양란이다.
눈물을 머금고 아이고 내 팔자야 하면서 떠나가고 만다.

```
庚  丙  0  0
寅  申  0  0
```
일지에 申금이 처 궁에 제자리에 버티고 있다.
시지의 인목이 어머니다. 처 궁에 있으므로
남녀가 동거중이다. 어머니가 발 벗고 나서서
극구 반대한다.

결국은 모든 것 정리하고 몸 버리고 마음상처 받고 떠나간다.

(실전사주의 예)

```
丙  壬  甲  乙
申  寅  申  卯
```
임수 일주의 사주다. 식신 상관이 많아 자손이
귀할 사주다. 처 궁으로 인중 병화가 있으나
시지와 월지의 신금으로부터 협공을 당하고 있다.

시주를 살펴보면 일주와 천간, 지지가 서로 충하고 있다. 시상에 편재가 있
으니 자리가 위태롭다. 진, 사가 공망이다. 사(巳)년이 되면 위험하다.

(212)

<table>
<tr><td>正偏官이</td><td>混雜하니</td><td>東西娶에</td><td>得子하고</td></tr>
<tr><td>傷官見官</td><td>만남자는</td><td>不具子孫</td><td>못면한다</td></tr>
<tr><td>정편관이</td><td>혼잡하니</td><td>동서취에</td><td>득자하고</td></tr>
<tr><td>상관견관</td><td>만남자는</td><td>불구자손</td><td>못면한다</td></tr>
</table>

관이라 함은 자손인데 정관과 편관이 혼잡하니 자손이 합중국이라 능력이
많은 것인지 자제력이 부족한 것인지 여기저기서 자식을 낳는구나.
정관은 본처자식이요. 편관은 후처(다른 여자)자식인데 요즘은 재혼하고 또
자손을 낳으니 그 자손이 편관이 된다.

본처를 두고 처 모르게 자식을 낳는다는 것이 어디 쉬운 일인가?
상관 견관이라 함은 관식이 투전이라 결국은 관이 상하는 것이다. 상관이
많으니 관 즉 자손이 견디지를 못함이라 상하게 되니 자손이 편하지 못함이
니 두고두고 한이 된다.

乙　戊　０　０　　을과 묘가 관으로 자손이 된다.
卯　申　酉　酉　　신유로 상관이 많아 자손이 무척 힘들어진다.
　　　　　　　　　관식이 투전이라 木기운이 부족하다.
　　　　　　　　　아비가 자손을 도와야 하는데 식상관으로 흐르는구나.

(실전사주의 예)

乙　戊　丁　辛　　조상에서 자손이 보고 싶다며 데리고 간다.
卯　戌　酉　丑　　자손 애써 키워놓으니 소리 소문 없이
　　　　　　　　　떠나가 버리고 만 사주이다.

(213)

<table>
<tr><td>日時相沖</td><td>刑害殺은</td><td>아들別居</td><td>하게되고</td></tr>
<tr><td>日時官馬</td><td>地殺刑沖</td><td>一點血肉</td><td>失踪있네</td></tr>
<tr><td>일시상충</td><td>형해살은</td><td>아들별거</td><td>하게되고</td></tr>
<tr><td>일시관마</td><td>지살형충</td><td>일점혈육</td><td>실종있네</td></tr>
</table>

시는 자손 궁이요 자손의 입장서 보면 일은 부모 궁이니 자손과 부모의 관
계라 합이 들면 의가 좋아 서로 한집에서 오손 도손 살게 되나 형, 충을
하게 되면 서로가 반목이 심하여 같이 지내기가 힘들다.

물론 여러 가지 이유야 있겠지만 이럴 경우 같이 살고 싶으면, 어려서부터
교육올 시겨라 자식과 부모는 항상 한집에서 살아야 한다고 말이다.
일지 와 시지를 놓고 같이 보는데 왜?

관살이 역마, 지살인데 형, 충이면 돌아다니다가, 이동 중에 흉사라 다치거나, 실종으로 보고 있는데 자손이 성장하여 부모의 뒷바라지를 하므로 일지의 아내와 같은 역할을 하므로 일지와 시지를 본 것이고,

돌아다니다보면 깨지고 망가지고, 잃어버리고 형, 충이니 가중되고 이럴 때는 운에서 안 좋을 때는 항상 연락처와, 신경을 써서 돌보도록 하여야 한다. 자손이 관인데 관이 시에 있으면 항상 주의 요즈음은 불임가정이 많아서 유아의 실종이 더 심하단다. 세상이 어찌 이리 돌아가는지?

```
庚  丙  ○  ○     먼저 예를 들었던 사주로 보자.
寅  申  ○  ○     천간, 지지가 전부 충이다.
                일과 시에 지지가 역마, 지살에 충이다.
                자손과는 인연이 없는 사주이다.
```

태중의 자손도 사라지고 키워도 사라지고 辰, 巳가 공망 이라 巳년이 되면 모든 것이 사라지는 운이다. 인, 사, 신 삼형살이 되어 가차 없다.

(214)

己未日生	甲戌時는	日子自殺	두렵고요
己未日生	午時丑戌	또한其子	自殺이라
기미일생	갑술시는	일자자살	두렵고요
기미일생	오시축술	또한기자	자살이라

```
甲  己  ○  ○     기미일생 일주이다. 지지에 관고를 깔고 있다.
戌  未  ○  ○     바로 내 자리, 발밑에 자식의 한을 갈고 있으니
                부모로써 그 심정은 어떠하겠는가?
```

시간에 있는 갑木은 정관으로 자손인데, 천간에서 갑기 합으로 토로 변질이 되어 버린다. 천간에 올라와 있으므로 아버지 제가 자식입니다 하고 있다가 세상을 떠나버릴까 염려다.

자손인 갑木의 입장에서 보도록 하자, 코너에 몰려있다 벼랑 끝에 있는데 도와줄 우군이 보이지가 않는다. 사방이 담으로 둘러져 빛이라곤 찾기가 힘들어진다. 갑木이 아들이라면 치마폭에 둘러싸여 똥, 오줌을 못 가린다. 갑기 합이 되어 토로 변질이 되면서 자신을 망각하고 존재를 인식하지 못한다, 내가 할 일이 무엇인가도 구별을 못한다.

목이 말라 당장이라도 숨이 넘어 갈 것만 같다. 뿌리를 내리려 하여도 전부 딱딱한 굳어버린 흙이다.
흙 자체도 물이 필요하다. 갑木인 자손에게 까지 줄 여유도 없다. 보이는데로 스며들어도 기별도 없단다. 그러니 갑木 자손이 애타게 기다려도 공급

로가 보이지를 않는다.

물의 공급은 힘들어진다. 결국 갑木 자손은 고사되어 흙으로 돌아가게 되니 이것이 운명인가 보다.
시상에 관이라 어찌 보면 귀한 자손이 될 수도 있는데 이미 선을 넘은 자손이다, 산이 너무 높아 오를 수 없는 산이다.
축, 술, 미 삼형살 하여 축년에 명이 다하는 운이 되겠다.(세운, 대운 참조) 자, 축이 공망이 된다.

| 乙 | 己 | ○ | ○ | | 甲 | 己 | ○ | ○ | | 丙 | 乙 | ○ | ○ |
| 丑 | 未 | ○ | ○ | | 戌 | 未 | ○ | ○ | | 戌 | 未 | ○ | ○ |

(215)

庚日主에	丙火子孫	柱中水局	만나면은
눈病身의	子孫있어	밤낮으로	한숨이요
경일주에	병화자손	주중수국	만나면은
눈병신의	자손있어	밤낮으로	한숨이요

경 일주에 병화는 편관으로 자손이 되는데 사주 중에 수국인 상관을 만나면 화인 자손이 냉기가 왕 하여져 온기를 잃어버리고 시름시름 시들어간다. 화는 시력이니 눈에 이상이 오고 정신이 희미해 정신박약아가 된다.

| 丙 | 庚 | 壬 | 壬 | 경金 일주에 자손은 화인데 일지에 인중 |
| 子 | 寅 | 子 | 辰 | 병화가 있고 시상에 병화가 떠있다. |

시간에 있는 병화는 일간과 충이되어 있고 병임 沖을 많이 받고 있다. 반면에 인중병화는 자체에서 寅중 갑木의 도움으로 생을 받으면서 냉기로 가득 찬 경金을 온기를 풍기면서 순화하고 있다.

경金의 입장에서 보면 처는 진중 을木과 인중 갑木인데 진중 을목은 자, 진 수 局하여 냉기만 더할 뿐 도움이 안 된다.

반면에 인중 갑木 편재는 즉 소실은 병화 자손까지 낳고 차가운 냉기를 조금이라도 가져주고, 본인이 필요로 하는 목화기운을 동반하여 그만이다.
너무도 사랑스러울 뿐이다. 결국 본처에게는 소홀하여 지게 된다.

(216)

壬日主가	傷官見官	말못하는	子孫이요
甲乙日生	月時丙戌	日子凶死	어김없네
임일주가	상관견관	말못하는	자손이요
갑을일생	월시병술	일자흉사	어김없네

임수 일주가 상관견관 한다 함은 상관이 관을 극한다는 의미가 된다.
임수 일주의 상관은 목이 되는데 자손인 토를 극하니 토는 입이요. 그것을
방해하니 입을 막는 것이라 자연 벙어리 됨을 이르는 것이다.

| 0 | 壬 | 己 | 乙 |
| 0 | 子 | 卯 | 亥 |

임 水의 자손은 월간의 기土가 되는데
상관인 목이 둘러싸여 있다.
해, 묘로 목局을 이루고 천간으로는 을木이 목극토
로 선봉에 서 있다.

사방을 둘러보니 내 기운을 빼가기만 하고 두들기는 사람 들 뿐이다.
임수에 기土가 정관인데 기土는 입이요. 자식인데 허물어져 내리니 입이 박
살이라 결국은 언어 장애이니 말을 못하게 되는구나.

여자의 사주라면 해석이 어떻게 바뀌게 될까? 임수 일주의 여자에게 기土는
정관으로 남편이 된다.
기土는 분명히 입이라고 했는데, 남편이 언어장애는 아닐 것이고 입이 있어
도 입노릇을 못하니 여자 앞에서 입도 뻥끗 못하는 완전 머슴이구나 장가
갈 때 그거는 제대로 갖고 가나 모르겠다.
남편이 언어장애가 발생할 소지도 다분한데 성인이 그리되는 것은 특별한
사고가 아니면 그런 일은 별로 생기지 않으니 해석에 신중을 기하여 하도
록.

| 丙 | 乙 | 0 | 0 |
| 戌 | 0 | 0 | 0 |

| 0 | 甲 | 丙 | 0 |
| 0 | 0 | 戌 | 0 |

위와 같은 경우에 일자(일자)흉사 어김없다 했는데 그 근거는 무엇일까?
일단 丙, 戌은 그 자체가 백호이다.
갑술 일을 보면 시에 술시면 갑술 시가 되어야 옳다. 그러므로 병술이 시에
있는 것은 아니 되고 을이 되어야 병술시가 맞다. 그리고 월에 병술일 경우
는 갑木 일주가 되어야 옳고 을木 일주부터 보기로 하자.
을木 일주에 술중 신금이 관으로 자손이 된다.

을 일주일 경우 지지에 올 수 있는 것은 축, 묘, 사, 미, 유, 해 이다.
축미는 형살이요. 묘는 합화 되고, 사는 파요. 해는 정임 승하여 목이고,
유는 시간과 병, 경 沖이되고 술중 신금역시 을, 신으로 충이다. 경중 신금

은 시간의 병화와 합이 되어 수로 화하게 되니 자신의 존재가 흔적이 없구나.

(217)

官星透出	得地하니	家門顯赫	貴子두고
時間宮에	死墓病絶	早子難養	愁心있다
관성투출	득지하니	가문현혁	귀자두고
시간궁에	사묘병절	조자난양	수심있다

관성이 투출하다 함은 어디 내놔도 간판은 확실한데 득지한다 하였으니 자기의 위치는 확실히 하는 자손이라. 자기 앞가림은 틀림이 없고 능히 가문을 일으켜 세우는 자손이고 시간 궁이라 하였으니 자손의 자리인데 지지에 사, 묘, 병, 절이라 가시방석을 깔고 앉았으니 일찍 낳은 자손 키우기가 힘이 들어 항상 근심이라는 설명이 된다.
그런데 여기서 짚고 넘어가야 할 사항이 있는 것 같다.

*早子難養(조자난양)----일찍 낳은 자식이 키우는데 애로사항이 많다는
　　　　　　　　　　　설명인데, 나하고 인연이 멀다고도 해석이 가능하
　　　　　　　　　　　고, 제일 먼저 출생하여 잘 클줄 알았더니 기대에
　　　　　　　　　　　부응하지 못함을 이르기도 하고, 요즈음의 비유로
치면 부모가 자손을 평균나이에 비해 일찍 출산하여 자식을 키움에 있어 경험 부족 및, 경제 형편 등 여러 사유로 하여 힘들다고 볼 수도 있으나 그것도 주변의 환경과 여건의 차이에서 나오는 말이고

병, 사, 묘, 절이라 함은 12운성 즉 포태법에 대한 설명이다.
이 포태법이란 천간을 각 지지에 대입하여 흥망성쇠를 구분하는데 응용을 하는 방법이다.

이 방법으로 일간의 강약을 구분하는데 많이 응용하여 사용한다.
십이운성 (포태법)의 구성 원리는 삼합법에 의한 것이다.
펴놓으면 12운성이요. 묶어놓으면 삼합이 되는 것이다.
병사궁이란-----늙으면 병들고 죽는 것으로 보면 된다.
계절로 보면 그다음에 이어지는 계절인 것이다.
내가 생하여 주고 나니 기력이 쇠하여지는 것은 당연하고, 나의 모든 것을 다. 내어놓으니 이제는 가진 것이 없고, 공수래요 공수거 이고
목(목) 의 병사궁--------화
화(화) 의 병사궁--------금　　　　*사계절 로 보아야 한다.
금(금) 의 병사궁--------수
수(수) 의 병사궁--------목

*절지라 함은 ----------------계절의 반대로 마주보는 계절이다.
                                    4방위로 하여 반대쪽의 방향이다.

목의 절지(絶地),동쪽의 반대방향-------서쪽으로, 금
화의 절지(絶地),남쪽의 반대방향-------북쪽으로, 수
금의 절지(絶地),서쪽의 반대방향-------동쪽으로, 목
수의 절지(絶地),북쪽의 반대방향-------남쪽으로, 화

*墓(묘) 궁,또는 고장이라고도 함.묘----육친으로 쓸때
                            庫(고)---사물로 쓸 때(창고)
木의 고장--------未
火의 고장--------戌   *거두어 들이고 관리, 보관의 氣의 象
金의 고장--------丑   재물의 창고는 열려야 나의 돈이 되고,
水의 고장--------辰   기운이 있어야 그것을 취한다.

丙   壬   0   0   임수 일간에 시가 절 궁이다.
午   寅   子   丑   수는 북 이요, 화는 남이라 계절의 반대다.

여기서 나의 자손을 찾아보자 관이 자손인데 찾아보니 축토가 있구나. 자월
에 축, 진이 급각살인데 자손이 그로 연결이 되어있구나.
자, 축 수局하여 본연의 위치가 아리송해지고. 유아무아가 되어버리니 자식
과의 인연이 묘해지게 된다.

시에 절 궁이라 하여도 일지의 목이 목생화 하여 시를 생하여주니 絶 宮도
절 궁 나름이다.

0   乙   0   0   을木의 자손이 신금인데 자기자리에 있다.
申   0   0   0   을木 에게는 계절의 반대이니 절지다.

문제는 여기서 생긴다. 관이 자손인데 똑똑해서 자기 자리에 있는데
자기 앞가림 잘 하고 분수를 아는데 무엇이 문제인가다.

무조건 시에 絶궁이다 하는 것은 문제가 있다는 것이다.
원칙적인 조자난양이라는 것은 일찍 자손을 보는 것이니 년, 월에 위치해야
조자 즉 일찍 자손이 되는 것이다.

그리고 그 자손이 오행 상으로 기운이 약하고 형, 충, 파, 해 등 흠이 많아
야 해당이 되는 것이 아닌가?
대체적으로 보면 일찍 잉태하여도 유산, 낙태 등으로 이어지는 경우가 허다
한 것을 보면 이 역시 일리가 있고 ,나와의 연이 박한 것이 아닌가 보여 진
다.

(218)

養生木浴	帶冠旺時	多子多女	發福인데
時間空亡	刑殺子는	早年子女	歸林한다
양생목욕	대관왕시	다자다녀	발복인데
시간공망	형살자는	조년자녀	귀림한다

포태법으로 보는 방법을 설명한 것인데 시지에 양, 장생, 목욕, 관대, 임
관, 제왕이 있으면 많은 자녀들이 발복한다는 이야기고, 시지에 공망이 오
거나, 형살이 임하면 일찍 낳은 자녀를 숲으로 돌려보내니 임종을 본다는
이야기다.
포태법으로 자녀를 보는 것은 금하는 것이 상례이다.
자녀를 많이 두는 팔자는 일단은 신왕 하여야 한다. 그래야 기운이 있어서
탈 없이 자녀 키울 수가 있다.

사주가 신약하면 애로 사항이 많이 생겨 자식에게도 못 할 노릇이 된다.
시간에 공망이면 자손이 일찍 죽는다고 하였는데 잘못 얘기하다 망신당한
다.

시간에 공망은 자손 궁에 공망이라 근거 있는 이야기인데, 자손과 떨어져
살던가 얼굴보기 힘든 자손이요. 무자일 수도 있다.
무조건 죽는다는 얘기는 육친도 잘 살펴보아야 한다.

(실전 사주의 예)

丙	乙	丙	甲	을木 일주의 사주다. 현재 자손과 따로 떨어져
子	卯	辰	午	살고 있다. 시지에 공망이고 일과시가 형살이다.
				자손이 죽지는 않았다.

*자손이 성장하면 떨어져 사는 것은 당연한 것이고 자식들 속 이는 것 어디
오늘 뿐 인가? 자식이 속 안 썩이는 것도 큰 복이다.

(219)

四柱身弱	時上七殺	孫子같은	아들이요
官鬼重重	敗亡尅은	小室몸에	得子하오
사주신약	시상칠살	손자같은	아들이요
관귀중중	패망극은	소실몸에	득자하오

사주가 신약한데 시상에 칠살이 있으면 자식을 두어도 늦둥이 두고, 관귀
가 중중하여 패망극이라 하니 관을 극하는 식상이 많아서 관을 극함이라 관

자손의 귀함이 더더욱 생생하구나.
아들은 아비와 같은 성이니 자연 편관이 되는데, 시주에 편관이 있어야 아
들을 두고 칠살(칠살)이 되면 자손이 귀하게 된다.
일주가 왕 할 때 편관이면 득자 인데 시상에 있으니 늦둥이다.

| 丙 | 庚 | 0 | 0 | 경金 일주에 자손인 병화가 시상에 있다. |
| 戌 | 申 | 酉 | 0 | 코너에 몰려 관이 약한 상태이다. |

시상에 있으므로 자손이 늦둥이 인데 언제쯤 생겼을까?
병화가 힘을 받을 때 즉 목기운이 왕 할 때 인, 묘인데 묘는 아니다. 인목
이다. 묘목은 습木이고, 일지에 귀문이요. 월지에 상충이다. 그러므로 자연
인목이 답이 된다. 목생화에 인술 화국을 이루어 병화 자손을 생하게 하니
어화둥둥 내 사랑이다.

인목은 편재이니 본부인에서 낳은 자손이 아니다.
인목은 재관을 동시에 갖추고 있으니 생산능력이 출중하니 건강한 여성이
다.
요즈음은 재혼도 많으니 추명 시에 각별히 신경을 쓰고.
관 귀라 함은 관이 鬼(귀)라고도 볼 줄 모르나, 여기서는 관을 극하는 식상
이 관에게 귀가 된다는 뜻이다.

관귀가 중중하다함은 식상이 많다는 뜻이고, 그러니 관이 자연 더 쇠하여
질 수 밖에 없는 노릇이다.

식상이 많아 관이 힘을 못 쓰니 자손은 어떻게 보아야 할 것인가?
일단은 관이 있으므로 자손은 어찌하던 볼 수는 있는 것이다.
그럴려면 관이 힘을 받아야 하는데 천상 운에서 그 흐름을 찾아야한다.

운에서 재운이나 관운이 들어오면 힘을 받게 되는데, 만약에 운에서도 그것
이 안들어 오면 어떻게 할 것인가도 재미있는 일이다.

자손인 관이 힘을 못 쓰고 쳐 박혀 있는데 ,하늘을 보아야 별을 딸 것이 아
닌가? 이도 저도 아니면 양자를 들이는 것이다.

| 丙 | 庚 | 壬 | 壬 | 금수가 태왕 한 사주다. |
| 戌 | 申 | 子 | 申 | 병화 자손이 시상에 위치하고 있다. |

수인 식상이 기운이 보통이 아니다 당장이라도
집어 삼킬 듯한 기세이다. 코너에 몰린 병화 자손은 지원군을 기다리는 방
법 외는 대안이 없다. 관귀가 중중하여 패망극을 하는 형상이다.

(실전사주의 예)

```
辛  庚  庚  丙        경금 일주의 사주다.
巳  子  子  辰        금수가 냉한 사주로 자손이 생기지가 않는다.
                    아직 나이가 있으니 괜찮겠지 하고 기다리는 중
```
이다. 일찍이 한 번 낙태 하였고 자손의 덕이 없는 팔자다.
시지에 공망이 임하고 금수기 태왕 하여 자손인 火성이 견디지를 못한다.

(220)

日時間에	相生相合	孝子孝女	아름답고
四柱殺旺	無制者는	不孝子息	속썩인다
일시간에	상생상합	효자효녀	아름답고
사주살왕	무제자는	불효자식	속썩인다

일 과 시에서 지지가 서로 생하여주거나 합을 이루어 찹쌀궁합 같은 형상으로 이루어져 있으면 효자 ,효녀 두고 시주에 관살이 왕 한데 그 기운을 제어하는 식상이 없으면 자식이 불효하여 속을 석인다.

생일과 생시가 서로 합을 이루거나 상생하여 서로 도우면 그림도 좋고 세상 사는 맛이 난다. 그러나 그와 정반대의 현상이 나타나면 낙이 없다. 일과 시는 부모와 지식간의 사이가 아닌가? 그러니 자연 그 관계로 연결하여 보는 것이다.

관도 관 나름이다. 그것이 살로 되어 왕 하면 제어하기가 힘들어진다.
자식이 아니라 원수가 되어 버린다. 죽일 수도 없고 살릴 수도 없고 살자니 고생이요. 죽자니 청춘이 되어버린다. 그래서 간혹 매스컴에 나오는 패륜아 가 나오는 것이다.

```
0  甲  庚  0        이것은 예로 드는 것이지만 좀 심하다.
0  申  申  0        나무 한그루를 놓고 사정없이 여기저기서
                    난도질 하느라 정신이 없다.
```

이런 경우는 대책이 없다. 어려서부터 자식교육 잘 시키는 방법 외는 없다.

(실전사주의 예)

```
戊  丙  壬  戊        자식들이 무던히도 속을 썩이는 분의 사주.
子  申  申  辰
```

(221)

四柱官弱	多傷官은	官殺財運	得子지만
時上傷官	及空亡은	何歲月에	得子드냐?
사주관약	다상관은	관살재운	득자지만
시상상관	급공망은	하세월에	득자드냐?

자손에 관한 이야기다.
일주가 약한가, 강한가를 먼저 판단하고 상관이 어떤가를 판단하여 자손을 볼 수 있나 없나를 판단하는 것이다.
사주에 상관이 많으면 관을 극하므로 자연 자손인 관이 약해지게 되는데 자손이 쉽게 생기는 편이 못된다.

남들은 결혼하면 바로 바로 아이가 생기는데 왜 우리는 아기가 없을까?
물론 여러 가지 이유가 있을 것이다. 그 중 가장 근본적인 것은 관을 살펴보아야한다. 관이란 자손이므로 강, 약 관계 그리고 생과극의 관계를 보아야 하는데 특히 극하는 상관이 어떤가를 살펴보아야 한다.
우선은 일주가 어느 정도는 기본기가 갖추어져야 하는데, 너무 신약하여도 그자체로도 문제가 된다. 일단은 사주가 신왕하다고 보자.
거기에 상관이 또 왕하고 있다면, 관인 자손의 탄생이 매우 힘들어진다.

전체적인 면으로 보아도 일주가 강하고 상관이 왕 하면 재관이 힘을 써야 사주전체의 흐름도 좋아진다. 고로 관인 자손이 새기면 이 집안은 훈기가 돌게 되어있는 것이다. 아기 낳고 집안이 번창하는 것이다.
재,관 운이 와야 자손이 생기는 것은 당연한 일인 것이다.

0	庚	0	0
0	午	子	子

금수로 하여 일지에 있는 관이 약해 보이는 형상이다. 일주 경金은 목욕궁에 있고 년 월 지지에 자, 오 沖으로 곤란에 처해있다.

금수 음 기운이 강하므로 목화인 양 기운이 필요하다. 이 사주에서 보면 목화가 또한 필요한 상황이다. 배우자를 선택할 경우 목화 기운이 많은 사주를 가진 여성을 택한다면 자손을 잉태하기도 쉬울 것이다.
운에서 과연 어떠한 운이 좋은 것인가?
목과 화가 어우러지는 운이 제일 좋은데 과연 그것은 무엇일까?
어우러진다 함은 합이 제일 좋은 것인데 그것은 寅(인)이다.
인, 오합이 되면서 목화가 자연스럽게 어울리며 합을 이루어 관인 화의 기운이 왕 하여지어 관인 자손 또한 탄생하는 것이다.

0	庚	丙	0
子	子	0	0

庚금 일주에, 일시지에 子수가 자리하고 있다. 관인 병 火 자손이 천간에서 충이 이루어지고 있다.

병화의 입장에서 보면 자기의 자리인 시주에 있어야 하는데 월상에서 시기
를 기다리고 있는 형상이다.

금수기가 똘똘 뭉쳐 냉방을 만들어 화기가 돌기가 힘들어진다. 깨트리는 방
법은 충을 하여 싸우거나 극하여 기운을 없애야하는데 제일의 방법은 子,
午 沖인 것이다. 화기가 주변의 세력이 약하다면 낙태가 되는 것이다.

(222)

官殺逢刑	更逢受制	時支急脚	斷僑關은
子女蹇脚	手足異常	小兒瘋痺	注意하소
관살봉형	갱봉수제	시지급각	단교관은
자녀건각	수족이상	소아마비	주의하소

관살이 삼형살을 만난 경우, 식상이 왕 하여 관살을 통제하는 기능이 과다
하여 관이 기능을 상실하거나 있어도 미비할 경우, 시지인 자녀 궁에 급각
살이나, 단교관살을 놓고 있는 경우 자식에게 손발에 이상이 올 수가 있고,
어렸을 때 소아마비 특히 주의 하여야 한다.

단교관살과 급각살에 관한 설명이다.

甲　己　０　０
戌　未　０　０

己토일주에 관이 갑木이다. 지지에 戌, 未충이다, 천간으로는 갑기 합이 되
어
갑木 자체가 흔적이 없어져 버린다. 시주에 제자리에 있는데 주변이 온통
토로 바뀌어 결국 자손이 사라져 버린다.

(223)

辛丑日生	辛卯時는	少室再娶	得子하고
乙日申時	丙日亥時	多者顯達	하게된다
신축일생	신묘시는	소실재취	득자하고
을일신시	병일해시	다자현달	하게된다

辛　辛　０　０　　　辛丑日에 辛卯時의 사주이다.
卯　丑　０　０　　　소실재취라고 하였는데 이유는 무엇일까?
　　　　　　　　　　辛金 일주에 시지의 묘는 편재가 된다.

그런데 卯목위에 또 다른 신금이 있으므로 나의 처가 아닌 남의 처다. 자손이 생기려면 재가 관을 생하여야 되는데 재가 목이므로 목생화가 이루어져야 관 자손이 생기는데 묘목은 습목이라 관을 생하기가 힘들어진다.
젖은 나무로는 불을 지피기가 힘이 들므로 같은 값이면 마른 장작이 화력도 좋을 터인데 아쉽다
고로 자손을 얻어도 시원치가 않다, 그러나 문제는 지지에 인목이 있을 경우인, 묘로 방합이 되어 재국을 형성하게 되면 상황은 또 달라진다.

목생화에 힘을 얻으므로 튼튼한 아들이 생길 수 있는 것이다. 습목일 경우 목생화가 제대로 이루어지지 않아 불발이 될 경우도 생각하여야 한다.

甲	乙	0	0
申	0	0	0

乙일에 申시면 甲申시다.
을木의 자손은 금이 되는데 신금 자손은 이미 나의 자손이 아니다. 천간에 갑木이 있으므로 마치

남의 집 자손과도 같다. 신중 경金이 있어 나와 합이 드나 합화하여 金이되니 목의 기운은 없어지는 것이다. 고로 아들이 아버지 대접을 안 하게 되는 것이다. 자신은 클 지언정

(실전사주의 예)

甲	乙	戊	庚
申	亥	子	戌

현재 외모를 가꾸는 업에 종사하시는 분의 사주.

己	丙	0	0
亥	0	0	0

丙일에 亥시이면 己亥시가 된다.
다자현달이라 했으니 자손이 크게 된다는 말인데 왜? 亥는 자식인데 亥는 천문성이다.

자손이 수로써 그의 역할을 충실히 함으로써 자기 역할을 다하니 자연 자기 앞가림은 확실히 한다는 이야기가 된다.

(실전사주의 예)

己	丙	甲	丁
亥	寅	辰	未

현재 종교에 귀의하여 생활 중이신 분의 사주.
해가 자식인데 합화하여 목인 인수로 화하였다.
포교활동에 여념이 없으시다.

(224)

地殺重重　　抱官하면　　異邦妻에　　胞胎하고
驛馬星이　　抱官함도　　混血兒를　　得합니다
지살중중　　포관하면　　이방처에　　포태하고
역마성이　　포관함도　　혼혈아를　　득합니다

혼혈아에 관한 설명이다. 혼혈아란 외국인과의 사이에서 탄생한 자손인데 사주에 역마나 지살이 많고 이것이 재, 관과 합이 되면 내 아내, 내 남편, 내 자손 되므로 자손을 낳게 되는 것이다. 포관이라 함은 재가 관을 포함하고 있는 것을 말한다.
재가 역마나, 지살에 임하고 재가 관을 포함하고 있으니 임신이요. 처가 임신을 하니 아기를 출산하는 것이니 멀리 떨어진 장소라 이국땅이니 혼혈아요 이방처가 되는 것이다.

여자의 경우는 역마나 지살에 관이나 상식이 임하면 이방남편에 자손을 두게 된다. 지살은 삼합의 첫 자와 沖하는 자로 인 ,신, 사, 해를 가르킨다.

0　庚　0　0　　　　지지의 寅이 역마, 지살이 된다.
0　寅　0　0　　　　인은 지장간으로 병화 관도 갖고 있으므로
　　　　　　　　　　자식이 된다.

먼 곳에서 처와 자식이 있으므로 이방자손이 되므로 순수한 혈통이 아닌 혼혈인 것이다. 재관이 동림이다.

0　壬　0　0　　　　壬수 일주에 지지의 술土는 관으로 자손이 된다.
寅　戌　0　0　　　　시지의 인은 병화를 갖고 있는데 재로써 처가 된다.
　　　　　　　　　　인술로 합이 되어 처 궁으로 들어오니 나의 아내다 .

인은 역마 ,지살로 처 궁에 안착을 하니 먼 곳에서 이방 자손이 된다.
재와 관이 합을 하니 처와 자식이 생기는 것이다.

(225)

陰官殺이　　作合하니　　딸자손이　　戀愛하고
比肩混合　　놓인八字　　아들놈이　　再娶하오
음관살이　　작합하니　　딸자손이　　연애하고
비견혼합　　놓인팔자　　아들놈이　　재취하오

음 관살이라 함은 딸을 가르치는 것인데 작합이리 히니 음이 양과 합을 하는 것이니 이성과의 합이라 연애하는 것이다.

```
0  庚  壬  丁     경金 일주에 정화는 관이 되는데 음으로 음관
0  0  子  亥     이므로 딸이 된다.
                  월간의 임수와 합이 되니 정임 합하여 음란지합이다.
```

딸이 바람기가 많다는 이야기다. 지지에도 해, 자 수 局하여 주위에는 온통
남정네들이 진을 치고 있다. 사방을 둘러보아도 전부 물바다다.

정임 합하여 목으로 변하는데 밑에는 물바다라 물위에 떠있는 부목이 되니
꿈속을 헤매 이는 듯 형상이다. 이리저리 품속에서 헤어나지를 못한다.
게다가 子수는 정화 딸의 정관이라, 기기에 한 술 더 떠서 도화가 되니 이
일을 어찌해야 좋을 고----비견 혼합팔자라 하였는데 비견이라 함은 아버지
가 아니라 자손의 입장 아들의 입장에서 보면 내가 극을 하니 처다. 고로
며느리 감 이다.
아들입장에서 보면 재다 인 편 이다. 즉 재성이 혼잡한 사주인 것이다.
처가 저리도 많으니 어찌 일부종사로 끝이 나겠는가? 결국은 재혼을 하게
된다는 설명이다.

```
甲  己  己  己     아버지는 기土 일주이다. 그런데 월과
0  0  0  0      년으로 또다시 비견이 중중하다.
                  기土 일주의 아들은 갑木이 되는데 아들인
                  갑木의 입장에서 보면 기土인 정재가 널려있다.
```

본부인이 서로 당신은 내꺼야 하고 난리다. 이러니 어찌 재혼소리가 아니나
오겠는가? 부부간의 연을 제대로 하려면 여자를 조심하여야 한다.

(실전사주의 예)

```
甲  己  辛  己     아버지가 기土 이다.
戌  酉  未  丑     비견과 비겁이 왕 하다.
```

(226)

偏正印星	重重하면	아들丈母	두분이요
딸子孫이	再娶함은	傷官食神	疊疊이라
편정인성	중중하면	아들장모	두분이요
딸자손이	재취함은	상관식신	첩첩이라

아버지의 사주에서 인성은 아들의 입장에서 보면 장모가 된다.
처가 비견이 되는데 비견을 생하여주는 것이 인수이므로 처의 어머니이니
장모가 되는 것이다. 그런데 인수가 정, 편하여 혼잡이니 많은 것이다.
장모가 많다 함은 결국 두 분이라는 이야기이다.

甲　己　己　己　　　기土 일주가 아버지이다. 자식은 甲목이 되고
戌　巳　巳　巳　　　갑木의 입장에서 보게 되면 처도 많고 장모도
　　　　　　　　　　많아 처갓집이 어디인지 구별이 안 된다.

먼저번호(255)의 설명에 추가한 것이다.
지지를 살펴보면 술중 丁화, 사중 丙화하여 식상이 혼잡 되어 있는 형상이
다. 천간으로는 기土가 도배를 하였고 지지로는 무土가 또 도배이다.
처도 많고 장모도 많으니 도대체 몇 번을 장가가는 것인지?
아버지의 사주에 식신 상관이 줄을 서 있으면 자손이 같은 음양이 구별에
따라 아들과 딸을 구별을 하고 같으면 아들이, 다르면 딸이 재혼을 하게 되
는데 식신, 상관은 관을 극하므로 딸의 입장에서 보면 남편이 되니 재혼하
는 팔자가 되는 것이다.
그리고 추가로 살펴볼 것은 자손을 생하여주는 인수가 있나 를 확인하여야
한다. 인수는 나를 낳아주신 어머니인데 인수가 없다 함은 인연이 희박한
것인데 인수가 없고 장모인 식신, 상관이 많을 경우는 재혼도 재혼이지만
처가살이 한다고 보아도 되는 것이다.

팔자가 그런 것 이다 로 보지 말고 원인을 분석하면 다 답이 나온다.
보살펴주는 어머니의 연이 박하다보니 자연 가정사가 원만하지 못하고 ,아
내도 적응이 힘들어지고 재혼을 하게 되고 자연 어머니의 정도 그리워 처갓
집을 자주 왕래하게 되고 처갓집의 일이면 발 벗고 나서고 하다 보니 자연
처갓집에 눌러앉다 시피하고, 처가살이도 마다하지 않는다.

(227)

正偏印綬	旺盛하니	靑孀寡婦	따님이요
偏正官이	混雜하니	그新郎이	妾얻는다
정편인수	왕성하니	청상과부	따님이요
편정관이	혼잡하니	그신랑이	첩얻는다

아버지의 사주에 정인, 편인이 너무 많아 혼잡하여 있으면 그의 딸이 과부
가 된다는 이야기인데 왜? 그럴까? 아버지의 사주가 목 일주라고 하여보자,
목의 인수는 수인데 목의 인수인 수가 많으면 자손인 금에게는 식상이 된
다.
자손인 금의 입장에서 보면 식상이 관을 상하게 하므로 딸의 입장에서 보
면, 자기의 남편인 관을 극하므로 견디기 힘들어 나 못살아 하고 가버린다.

딸의 입장에서 보면 자신인 금을 극하는 화가 남편인데 금생수하는 식상이
수극화 하여 火인 남편을 꺼버리니 사라져버린다.
설사 자리한다 하여도 항상 바늘방석 이요. 꺼져가는 불꽃이 되고 만다.
고로 혼자 살거나 과부 팔자가 되는 것이다.

아버지의 사주에 정관, 편관이 혼잡하면 사위가 정분이 나서 첩을 얻는다.
아버지가 목 일주라 보자 관은 금인데 정작 나와 같은 자가 아닌가?
비견이 되는 것이다, 남편의 입장에서 보면 처가 널려있다.
누가 진짜 마누라 인지 똥, 오줌을 못 가린다.
결국은 다른 여자와 밀통을 하게 되는 것이다.
여자의 입장에서 비견, 비겁이 많다 하는 것은 남편이 다른 여자와 놀아난
다는 이야기가 된다.
여자가 비견과 비겁이 많으면 고집도 세고 똑똑해서 남편이 거느리기가 힘
들어 자꾸 부드럽고, 야들야들 을 찾게 된다. 그러니 자연 밖으로 나돌고
그러다보니 눈에 불이 번쩍번쩍하게 된다.
이미 사고는 예정되어 있는 것이다.

辛　甲　庚　0　　　甲목 아버지에 딸은 辛금이다 ,월에 또 金이
0　 0 　酉　 0　　　포진을 하고 있어 비견, 겁이다.

(실전사주의 예)

辛　壬　甲　己　　　임수 일주의 사주다.
丑　辰　戌　丑　　　딸은 기土가 된다, 남편은 갑木이 되고
　　　　　　　　　　축술 형살로 이혼을 하는데 기土의 입장에서
　　　　　　　　　　견, 겁이 왕 하여 남편이 견디지 못하고 이별

(228)

食神星이	旺盛하면	孫子富貴	할것이요
正印星이	富貴하면	曾孫子가	大發한다
식신성이	왕성하면	손자부귀	할것이요
정인성이	부귀하면	증손자가	대발한다

남자의 사주에서 식신은 손자, 장모, 할머니 등을 의미하는데 이중에서 손
자 쪽을 부각하였다. 육친 중 어느 쪽이든 확실한 것은 덩어리 즉 국을 형
성하는 것이다. 그중에서도 삼합 局을 이루는 것이 제일 확실하다.

여기서 참고 할 것은 손자는 식신이요 손녀는 상관이 된다.
식신과 상관을 구별하지 안고 한 덩어리로 보고 판단하는 경우도 있다.

일단 왕 하다 하는 것은 기운이 강한 것이므로 활동이 왕성하다는 것이다.
어느 정도의 풍파는 능히 헤쳐 나간다는 의미이므로 궁핍한 생활은 아니 하
므로 부귀 한다는 것이다.

정인성이라 함은 인성인데 인성은 식상을 극하므로 손자인 식상을 극하니 손자의 아들이라 증손자가 되는 것이다.

인수성이 득위 한다함은 제자리에서 제 역할을 확실히 하는 것이므로 그도 또한 부귀하고 대발 한다고 한 것이다.

(229)

傷官太旺	官殺弱은	無子猶孫	하게되고
偏印太旺	食神衰는	孫子代에	敗業일세
상관태왕	관살약은	무자유손	하게되고
편인태왕	식신쇠는	손자대에	패업일세

상관이 왕하고 관살이 약하게 되면 자손, 즉 아들이 약하니 심하면 아들이 먼저가고 아들의 자손을 할아버지가 키울 수도 있다는 이야기도 성립이 된다. 식상은 관을 극하는데 관이 근본이 약하니 견디지를 못한다.
자식이기는 부모 없다고 모든 것 양보하는데 자꾸 자손이 생기면 생길수록 관인 아들이 더 곤궁에 처하게 되니 그 몫은 할아버지가 떠 맞게 된다.
식상은 내가 생하여주므로 나아준 부모의 역할을 하게 되는 것이다.

편인이 태왕하고 식신이 쇠약하면 손자인 식신 代에 가문이 흔들리고 심하면 대가 끊어질 수도 있다.
인성은 식상을 극하는데 식상의 기운이 약하고 인수만 강하니 식상은 계속 곤경의 연속이다.
손자인 식신의 입장에서 보면 인성이 극을 하니 인성이 자손이다.
자손인 인성이 계속 힘을 보충하여 식상인 본인을 괴롭히니 방법이 없다.

여성의 사주에서 인성이 강하면 어떻게 될까?
식상의 기운이 약하고 할 때?
여성의 사주에서 인성이 너무 강하면 결혼하기가 힘들어진다.

설사 한다 하여도 만혼일 경우가 많다, 결혼이 자연 늦어지니 자손이 늦어지고 그러다보니 없을 경우도 생기는 것이다.
관은 남편인데 관 역시 왕한 인수의 횡포에 기운이 다 소진이 되어 버리고 말아 버린다. 장모님 비위맞추기에 급급하게 된다. 처갓집의 입김이 대단한 것이다. 여기서 문제가 생기는 것이 하나가 있다. 과연 어느 정도가 되어야 식상이 맥을 못 추고 그대로 꼬리를 내리게 되느냐 하는 것이다.

우선 식상이 숨을 쉬고 살아 있느냐가 중요해진다. 운에서 도움을 받을 수가 있는가?
사주원국 자체에서 어느 정도 생사가 확실한가를 구별해야 한다.

양보다 질이 우선이 된다는 이야기다.

 다른 경우도 마찬가지로 항상 핵이 되는 부분을 항상 주변과 견주어 어느
정도 가능성이 있는 가를 살펴야 한다.

丙　甲　0　0　　　　갑木 일주에 병화가 식신이다. 일과 시에
子　子　0　0　　　　지지에 자수가 버티고 있다. 과연 생사는 어떻게
　　　　　　　　　　　될 것인가가 문제다.

왕한 수의 기운에 깔려 어렵다. 일간으로부터 목생화 하여 어느 정도 도움
을 받지만 위치가 코너에 몰려 힘을 못 쓴다. 지지에 왕한 자수를 깔고 있
어 -----------.

(230)

傷官星이	作合하니	孫女戀愛	걱정되고
正印星이	作合하니	外孫女가	바람난다
상관성이	작합하니	손녀연애	걱정되고
정인성이	작합하니	외손녀가	바람난다

작합이라 함은 암합 또는 합을 이루고 있는 경우를 말한다.
음과 양이 만나면 자연 합이 이루어지고 자연 연분이 이루어지는 것이다.
상관성은 손녀가 되고, 인성은 외손녀가 되므로 각각 그들이 풍류가 심해진
다는 설명이다.
육친별로 구분하여 각각 그에 해당하는 육친도 그런 원리로 해석이
가능하니 각자가 해석에 신중을 기한다면 더욱 더 자세한 부분 까지도
파악 할 수가 있을 것이다.
이것으로 남명에 관한 사항을 서술하여 보았는데, 미진한 부분에 관한 것은
여명 편을 하면서 추가로 더 설명이 되니 항목 별로 자세히 분석하시어
많은 발전이 있기를 바랍니다.

추명가 모음

추명가(1-230)---남명편(男命편)

1.
天人地가	三才되어	宇宙構成	되어있고
年月日時	四柱되어	吉凶禍福	이루었네
천인지가	삼재되어	우주구성	되어있네
연월일시	사주되어	길흉화복	이루었네

2.
根苗花實	이原理로	世上萬事	進行되며
五行制化	生剋으로	千態萬象	變化한다
근묘화실	이원리로	천태만상	진행되며
오행제화	생극으로	천태만상	변화한다

3.
生年宮은	根基先祖	生月宮은	父母苗요
生日宮은	己身花요	生時實은	妻子로다
생년궁은	근기선조	생월궁은	부모묘요
생일궁은	기신화요	생시궁은	처자로다

4.
生年生月	刑沖하면	父祖間에	各居했고
生日宮서	生月刑沖	抛離故基	하게된다
생년생월	형충하면	부모간에	각거했고
생일궁서	생월형충	포리고기	하게된다

5.
年入地殺	놓은者는	東奔西走	他鄉이요
生日地殺	만난者도	亦是故鄉	떠나산다
년입지살	놓은자는	동분서주	타향이요
생일지살	만난자도	역시고향	떠나산다

6.
四柱驛馬	重重地殺	異驛萬理	遍踏하고
年月水旺	壬癸日生	他道他國	살아본다
사주역마	중중지살	이역만리	편답하고
년월수왕	임계일생	타도타국	살아본다

7.
亥子年月	甲乙日生	海雲萬理	나가보고
日柱基準	驛馬地殺	그도祖基	떠나산다
해자년월	갑을일생	해운만리	나가보고
일주기준	역마지살	그도조기	떠나산다

8.
驛馬地殺	日柱合은	房外車中	出生이요
若不基然	病院出生	틀림없는	事實이다
역마지살	일주합은	방외차중	출생이요
약불기연	병원출생	틀림없는	사실이다

9.

歲月干支	官財印은	富貴家門	자랑하고
歲月干支	逢傷官은	父祖代에	敗業일세
세월간지	관재인은	부귀가문	자랑하고
세월간지	봉상관은	부조대에	패업일세

10.

歲年宮에	傷官食神	華蓋星이	俱臨하니
祖母님이	佛信者로	釋迦尊下	念佛이라
세년궁에	상관식신	화개성이	구임하니
조모님이	불신자로	석가존하	염불이라

11.

年月支에	印綬華蓋	慈堂님이	信者로서
萬壽香을	피어놓고	子孫富貴	祈願한다
년월지에	인수화개	자당님이	신자로서
만수향을	피어놓고	자손부귀	기원한다

12.

生年華蓋	生日華蓋	胎줄목에	걸고났고
正偏財가	逢空하니	祈禱子孫	分明하다
생년화개	생일화개	탯줄목에	걸고났고
정편재가	봉공하니	기도자손	분명하다

13.

日剋歲君	하는者는	以臣伐君	有禍하고
歲傷日干	하는者는	有禍로되	輕하도다
일극세군	하는자는	이신벌군	유화하고
세상일간	하는자는	유화로되	경하도다

14.

傷官食神	疊疊하니	重拜祖母	있게되고
偏正印綬	混雜하면	生母庶母	繼母로다
편관식신	첩첩하니	중배조모	있게되고
편정인수	혼잡하면	생모서모	계모로다

15.

傷官星이	逢白虎는	祖母産亡	있게되고
印綬星이	白虎殺은	母親産亡	血光死라
편관성이	봉백호는	조모산망	있게되고
인수성이	백호살은	모친산망	혈광사라

16.

印綬星이	逢刑하면	其母不具	呻吟이요
그런일이	없게되면	일찍母親	凶死한다
인수성이	봉형하면	기모불구	신음이요
그런일이	없게되면	일찍모친	흉사한다

17.
正偏財가　日月相合　生秦事楚　못면하면
月逢挑花　亡身殺은　後妻所生　그아닌가
정편재가　일월상합　생진사초　못면하면
월봉도화　망신살은　후처소생　그아닌가

18.
生月財星　놓게되면　그부친이　頑固하고
正印星이　作合하니　母外有情　再家하네
생월재성　놓게되면　그부친이　완고하고
정인성이　작합하니　모외유정　재가하네

19.
偏印星이　作合하니　그대祖父　風流氣요
傷官食神　作合하니　祖母님이　不正했소
편인성이　작합하니　그대조부　풍류기요
상관식신　작합하니　조모님이　부정했소

20.
印臨絶地　衰病死는　母親殘疾　있게되고
財印身合　되는명은　母家再娶　再婚이라
인임절지　쇠병사는　모친잔질　있게되고
재인신합　되는명은　모가재취　재혼이라

21.
財印二德　帶冠旺生　其母賢淑　하게되어
四時長春　青青하니　그家門은　興旺한다
재인이덕　대관왕생　기모현숙　하게되어
사시장춘　청청하니　그가문은　흥왕한다

22.
正偏財가　混雜하니　異腹고모　바람났소
정편재가　혼잡하니　이복고모　숙백있고
정재성이　암합하면　그고모가　바람났소
정편재가　혼잡하니　이복고모　숙백있고

23.
正財星이　白虎殺은　姑母叔父　血光死요
偏財星이　白虎殺은　그父親이　血光死요
정재성이　백호살은　고모숙부　혈광사요
편재성이　백호살은　그부친이　혈광사요

24.
偏財星이　逢刑財殺　그父親이　橫厄인데
地殺驛馬　加臨하면　拉致監禁　父親이라
편재성이　봉형재살　그부친이　횡액인데
지살역마　가임하면　납치감금　부친이라

25. | 甲辰日과 | 乙未日生 | 基父親이 | 世上뜰때
 | 自殺橫死 | 病院死니 | 臥席終命 | 못하리라
 | 갑진일과 | 을미일생 | 기부친이 | 세상뜰때
 | 자살횡사 | 병원사니 | 와석종명 | 못하리라

26. | 印綬太旺 | 偏財弱은 | 父親얼굴 | 삭막하고
 | 印綬逢空 | 梟神殺은 | 幼失慈母 | 可憐하다
 | 인수태왕 | 편재약은 | 부친얼굴 | 삭막하고
 | 인수봉공 | 효신살은 | 유실자모 | 가련하다

27. | 幼失慈母 | 아니하면 | 庶母養母 | 奉養있어
 | 兩家奉祀 | 하게되니 | 이것또한 | 운명일세
 | 유실자모 | 아니하면 | 서모양모 | 봉양있어
 | 양가봉사 | 하게되니 | 이것또한 | 운명일세

28. | 財星食神 | 同臨合은 | 丈母奉養 | 하게되고
 | 月逢養生 | 태어난몸 | 他家집에 | 자라본다
 | 재성식신 | 동림합은 | 장모봉양 | 하게되고
 | 월봉양생 | 태어난몸 | 타가집에 | 자라본다

29. | 四柱中에 | 다財者는 | 早年剋親 | 하게되고
 | 財星臨絶 | 比劫多는 | 遺腹童이 | 신세로다
 | 사주중에 | 다재자는 | 조년극친 | 하게되고
 | 재성임절 | 비겁다는 | 유복동이 | 신세로다

30. | 日月地支 | 刑殺이면 | 父母臨終 | 難하고요
 | 財臨殺地 | 놓인者는 | 其父親이 | 客死로다
 | 일월지지 | 형살이면 | 부모임종 | 난하고요
 | 재임살지 | 놓인자는 | 기부친이 | 객사로다

31. | 日月간에 | 沖怨嗔과 | 從財格에 | 透印綬는
 | 妻와母가 | 不合하여 | 밤낮姑婦 | 싸움이다
 | 일월간에 | 충원진과 | 종재격에 | 투인수는
 | 처와모가 | 불합하여 | 밤낮고부 | 싸움이다

32. | 月中傷官 | 比劫多는 | 兄弟數多 | 하지만은
 | 官殺病死 | 臨絶墓는 | 兄弟孤獨 | 못면한다
 | 월중상관 | 비겁다는 | 형제수다 | 하지만은
 | 관살병사 | 임절묘는 | 형제고독 | 못면한다

33.	日月間이 比肩劫이 일월간이 비견겁이	刑沖하면 合作하니 형충하면 합작하니	兄弟間에 姉妹不正 형제간에 자매부정	友愛없고 分明하다 우애없고 분명하다
34.	比肩劫이 五干化身 비겁성이 오간화신	連坐하니 肩劫星도 연좌하니 견겁성도	異雁作陳 異腹兄弟 이안작진 이복형제	있게되고 免할소냐 있게되고 면할소냐
35.	財星逢空 比肩劫에 재성봉공 비견겁에	白虎殺은 形白虎는 백호살은 형백호는	兄弟嫂에 姉妹兄弟 형제간에 자매형제	凶事있고 血光死라 흉사있고 혈광사라
36.	比肩劫에 比肩劫에 비견겁에 비견겁에	正偏財는 食傷多는 정편재는 식상다는	兄弟之間 姉妹寡婦 형제지간 자매과부	再娶있고 설움이라 재취있고 설움이라
37.	官殺白虎 정편재가 관살백호 정편재가	食傷多는 白虎殺은 식상다는 백호살은	그妹父가 妻男兄弟 그매부가 처남형제	血光死요 非命이다 혈광사요 비명이다
38.	正偏財가 比肩劫이 정편재가 비견겁이	混雜하니 無官殺은 혼잡하니 무관살은	姉妹媤母 그姉妹가 자매시모 그자매가	두분이요 冷房일세 두분이요 냉방일세
39.	寅星丑戌 白虎戌中 인성축술 백호술중	相刑殺은 偏財刑沖 상형살은 편재형충	基祖父가 基父親이 기조부가 기부친이	牛犬被傷 咬犬死라 우견피상 교견사라
40.	驛馬地殺 印星刑逢 역마지살 인성봉형	刑沖印은 肩劫多는 형충인은 견겁다는	慈母鐵馬 基母手術 자모철마 기모수술	橫厄이요 産厄이라 횡액이요 횡액이라

41.　　　甲乙日生　　酉戌時와　　丙丁巳未　　戊己寅卯
　　　　　庚申辛亥　　壬癸酉戌　　養父二母　　繼母로다
　　　　　갑을일생　　유술시와　　병정사미　　무기인묘
　　　　　경신신해　　임계유술　　양부이모　　계모로다

42.　　　丙子丁丑　　戊寅日과　　丙午丁未　　戊申日은
　　　　　陰着陽鎈　　그殺로서　　外叔零落　　하게되네
　　　　　병자정축　　무인일과　　병오정미　　무신일은
　　　　　음착양차　　그살로서　　외숙영락　　하게되네

43.　　　辛卯壬辰　　癸巳日과　　丙午丁未　　戊申日은
　　　　　亦是陰錯　　陽差되어　　外三寸이　　그립구나
　　　　　신묘임진　　계사일과　　신유임술　　계해일도
　　　　　역시음착　　양차되어　　외삼촌이　　그립구나

44.　　　出生時에　　差錯殺은　　妻男孤獨　　못面하고
　　　　　妻家집에　　不合하여　　日久月琛　　걱정되네
　　　　　출생시에　　차착살은　　처남고독　　못면하고
　　　　　처가집에　　불합하여　　일구월심　　걱정되네

45.　　　鐵窓監房　　拉致된몸　　四主囚獄　　刑殺있고
　　　　　重重破軍　　月印星은　　革命亡命　　있어본다
　　　　　철창감방　　납치된몸　　사주수옥　　형살있고
　　　　　중중파군　　월인성은　　혁명망명　　있어본다

47.　　　癸丑癸未　　癸巳日生　　甲寅時를　　만난者는
　　　　　路上橫厄　　負傷이니　　酒色車馬　　조심하소
　　　　　계축계미　　계사일생　　갑인시를　　만난자는
　　　　　노상횡액　　부상이니　　주색차마　　조심하소

48.　　　地殺馬刑　　食財殺旺　　交通事故　　두렵고요
　　　　　戊己日生　　金水木旺　　橫死溺死　　可憐하다
　　　　　지살마형　　식재살왕　　교통사고　　두렵고요
　　　　　무기일생　　금수목왕　　횡사익사　　가련하다

49.　　　日主湯火　　刑穿殺은　　彈丸破片　　負傷있고
　　　　　丙申日生　　無格身衰　　傷裏勇士　　흔히본다
　　　　　일주탕화　　형천살은　　탄환파편　　부상있고
　　　　　병신일생　　무격신쇠　　상이용사　　흔히본다

50.　巳午月生　辛未日도　火傷破片　負傷있고
　　　夏冬月에　金水多旺　凍傷水厄　있어본다
　　　사오월생　신미일도　화상파편　부상있고
　　　하동월에　금수다왕　동상수액　있어본다

51.　春生亥子　夏卯未日　秋生寅戌　冬丑辰日
　　　神經痛에　呻吟인데　殺旺하면　다리저네
　　　춘생해자　하묘미일　추생인술　동축일생
　　　신경통에　신음인데　살왕하면　다리저네

52.　正寅二卯　三申四丑　五戌六鷄　七龍八蛇
　　　九馬十羊　至亥臘子　이도또한　脚不具라
　　　정인이묘　삼신사축　오술육계　칠용팔사
　　　구마십양　지해납자　이도또한　각불구라

53.　戊午日生　태어난몸　年月辰酉　具全한者
　　　戊日生人　三傳三刑　자극자극　절게되네
　　　무오일생　태어난몸　년월진유　구전한자
　　　무일생인　삼전삼형　자극자극　절게되네

54.　子日酉年　丑日午年　寅未申卯　年日對立
　　　亥帕辰兮　戌帕巳는　精神異常　걸려보오
　　　자일유년　축일오년　인미신묘　년일대립
　　　해파진혜　술파사는　정신이상　걸려보오

55.　木日主나　火日主가　甚히衰弱　하게되면
　　　白日靑天　昏暗하여　精神衰弱　앓아본다
　　　목일주나　화일주가　심히쇠약　하게되면
　　　백일청천　혼암하여　정신쇠약　앓아본다

56.　七八九月　木丑戌日　다시財殺　身弱者와
　　　甲日夏月　木枯操도　失明되어　더듬는다
　　　칠팔구월　목축술일　다시재살　신약자와
　　　갑일하월　목고조도　실명되어　더듬는다

57.　丙申子辰　戊日生人　多時辛壬　하나보고
　　　四柱財殺　있게되면　三脚行步　하게되네
　　　병신자진　술일생인　다시신임　하나보고
　　　사주재살　있게되면　삼각행보　하게되네

58.　　亥月生人　　戊己日生　　다시財殺　　結局하면
　　　　執杖叩地　　하게되니　　左往右往　　걸음이라
　　　　해월생인　　무기일생　　다시재살　　결국하면
　　　　집장고지　　하게되니　　좌왕우왕　　걸음이라

59.　　四柱中에　　丁巳놓고　　壬癸日主　　太旺하면
　　　　眼昏日暈　　하게되니　　靑盲될까　　염려되네
　　　　사주중에　　정사놓고　　임계일주　　태왕하면
　　　　안혼일운　　하게되니　　청맹될까　　염려되네

60.　　甲己日에　　見巳하고　　乙庚子合　　丙辛見候
　　　　丁壬見戌　　戊癸水土　　溺水之厄　　있어본다
　　　　갑기일에　　견사하고　　을경자합　　병신견후
　　　　정임견술　　무계수토　　익수지액　　있어본다

61.　　卯寅夏月　　그사람이　　日柱庚寅　　午戌이면
　　　　痔疾盲腸　　腸窒扶斯　　事前注意　　필요하오
　　　　묘인하월　　그사람이　　일주경인　　오술이면
　　　　치질맹장　　장질부사　　사전주의　　필요하오

62.　　辛卯巳未　　生日人이　　寅卯夏月　　出生해도
　　　　亦是痔疾　　盲腸으로　　呻吟함이　　있게된다
　　　　신묘신미　　생일인이　　인묘하월　　출생해도
　　　　역시치질　　맹장으로　　신음함이　　있게된다

63.　　戊己日生　　多水木金　　脾胃弱해　　걱정되고
　　　　庚辛日生　　多逢火는　　喘息血疾　　咳嗽氣라
　　　　무기일생　　다수목금　　비위약해　　걱정되고
　　　　경신일생　　다봉화는　　천식혈질　　해수기라

64.　　壬癸日主　　多逢火土　　痔疾淋疾　　鼻塞氣요
　　　　甲己日生　　多逢金은　　筋痛骨痛　　呻吟있네
　　　　임계일주　　다봉화토　　치질임질　　비색기요
　　　　갑기일생　　다봉금은　　근통골통　　신음있네

65.　　寅巳午未　　戊月生人　　甲乙寅午　　巳未戌日
　　　　咳嗽喘息　　基疾病에　　恒常골골　　하게되오
　　　　인사오미　　무월생인　　갑을인오　　사미술일
　　　　해수천식　　기질병에　　항상골골　　하게되오

66.	金木星이 鼻塞氣가 금목성이 비색기가	十至月은 있게되니 십지월은 있게되니	酒風中風 恒時過飮 주풍중풍 항시과음	滯症있고 注意하소 체증있고 주의하소
67.	火旺四柱 木火日主 화왕사주 목화일주	金日主는 太弱하면 금일주는 태약하면	두드러기 癎疾風病 두드러기 간질풍병	腫氣之疾 두렵구나 종기지질 두렵구나
68.	四柱挑花 痔疾痳疾 사주도화 치질임질	逢刑者와 梅毒膀胱 봉형자와 매독방광	滾浪挑花 呻吟함이 곤랑도화 신음함이	만난자는 있게되오 만난자는 있게되오
69.	戊己日弱 四柱中에 무기일약 사주중에	地支刑은 金水冷은 지지형은 금수냉은	胃腸手術 小便자주 위장수술 소변자주	있어보고 보게된다 있어보고 보게된다
70.	四柱炎上 늦게까지 사주염상 늦게까지	水火相戰 잠자리에 수화상전 잠자리에	水木日生 오줌싸게 수목일생 오줌싸게	多水木은 된답니다 다수목은 된답니다
71.	三冬春生 四柱中에 삼동춘생 사주중에	壬癸日生 不見火는 임계일생 불견화는	其日主가 耳聾咳嗽 그일주가 이롱해수	甚冷한데 風疾이요 심냉한데 풍질이요
72.	食神刑沖 水,土日柱 식신형충 수토일주	財星逢沖 失道하면 재성봉충 실도하면	奇生虫이 便秘泄瀉 기생충이 변비설사	많이있고 糖尿로다 많이있고 당뇨로다
73.	火日柱가 咽乾口燥 화일주가 인건구조	融融한데 唾不足해 융융한데 타부족해	四柱無水 消化不良 사주무수 소화불량	하게되면 틀림없다 하게되면 틀림없다

74.

四柱中에　刑沖殺은　자라날때　몹시울어
父母애를　태워주니　父母勞苦　배곱이라
사주중에　형충살은　자라날때　몹시울어
부모애를　태워주니　부모노고　배곱이라

75.

正四七十　寅未時와　子午卯酉　未日時는
小兒時에　夜啼甚해　父母걱정　많았도다
정사칠십　인미시와　자오묘유　미일시는
소아시에　야제심해　부모걱정　많았도다

76.

四季節에　酉日時와　春午夏酉　秋子冬寅
그도또한　잠자리에　몹시울고　자라났다
사계절에　유일시와　춘오하유　추자동인
그도또한　잠자리에　몹시울고　자라났다

77.

子午生人　卯酉時와　卯酉生人　子午時는
개에한번　물려보니　猛犬주의　해야하오
자오생인　묘유시와　묘유생인　자오시는
개에한번　물려보니　맹견주의　해야하오

78.

寅申生이　巳亥時와　卯酉生人　子午時는
개에한번　물려보니　猛犬注意　해야하오
인신생이　사해시와　묘유생인　자오시는
개에한번　물려보니　맹견주의　해야하오

79.

丑未生이　辰戌時와　丑未戌日　柱逢戌도
狂犬猛犬　물리우니　恒時犬口　注意하소
축미생이　진술시와　축미술일　주봉술도
광견맹견　물리우니　항시견구　주의하소

80.

驛馬官財　印綬者는　國際機關　登名하고
重重地殺　驛馬多人　通譯官을　하여본다
역마관재　인수자는　국제기관　등명하고
중중지살　역마다인　통역관을　하여본다

81.

四柱中에　財官合은　金融財政　出世하고
丑月生人　丁巳日은　支店長을　하여본다
사주중에　재관합은　금융재정　출세하고
축월생인　정사일은　지점장을　하여본다

82.　丑月庚日　出生者와　庚日生人　丁丑時도
　　　身傍官庫　놓았으나　亦是銀行　公務로다
　　　축월경일　출생자와　경일생인　정축시도
　　　신방관고　놓았으나　역시은행　공무로다

83.　四柱中에　財旺格과　棄命從財　놓은者도
　　　財政機關　錄을타서　財務銀行　稅務로다
　　　사주중에　재왕격과　기명종재　놓은자도
　　　재정기관　록을타서　재무은행　세무로다

84.　寅日生人　巳或見申　巳日生人　寅或見申
　　　申日生人　寅或見巳　子日見卯　卯日見子
　　　인일생인　사혹견신　사일생인　인혹견신
　　　신일생인　인혹견사　자일견묘　묘일견자

85.　丑日生人　戌或見未　戌日生人　丑或見未
　　　未日生人　戌或見丑　名登警察　하여본다
　　　축일생인　술혹견미　술일생인　축혹견미
　　　미일생인　술혹견축　명등경찰　하여본다

86.　時上一貴　中格者는　警務課長　흔히보고
　　　時上一貴　上格者는　內務長官　흔히본다
　　　시상일귀　중격자는　경무과장　흔히보고
　　　시상일귀　상격자는　내무장관　흔히본다

87.　乙日庚日　支金局은　內務次官　흔히보고
　　　四柱中에　從格印綬　政治家에　많이있다
　　　을일경일　지금국은　내무차관　흔히보고
　　　사주중에　종격인수　정치가에　많이있다

88.　日主標準　丙庚星은　警檢察에　出世많고
　　　水木日에　戌亥日時　法官中에　흔히본다
　　　일주표준　병경성은　경검찰에　출세많고
　　　수목일에　술해일시　법관중에　흔히본다

89.　丁己日生　財官格도　法權掌握　많이보고
　　　飛天祿馬　갖춘者는　檢察廳長　흔히본다
　　　정기일생　재관격도　법권장악　많이보고
　　　비천록마　갖춘자는　검찰청장　흔히본다

90. 水日格局　事業家는　貿易事業　많이보고
　　　壬日火財　놓은자는　飮食物業　많이한다
　　　수일격국　사업가는　무역사업　많이보고
　　　임일화재　놓은자는　음식물업　많이한다

91　　庚申子辰　寅日낳고　申亥子月　태어난자
　　　事業길로　나선다면　釀造業을　많이하고
　　　경신자진　인일낳고　신해자월　태어난자
　　　사업길로　나선다면　양조업을　많이하고

92. 壬申壬子　壬辰日生　事業길로　나설때면
　　　무역계　　아니면은　여관업을　많이한다

93. 食神生財　食神合財　飮食食品　그事業에
　　　得財億金　하게되니　五行之理　어길손가
　　　식신생재　식신합재　음식식품　그사업에
　　　득재억금　하게되니　오행지리　어길손가

94. 注中土星　食神財는　米穀土地　農業좋고
　　　建築土石　被服纖維　紙物業에　成功한다
　　　주중토성　식신재는　미곡토지　농업좋고
　　　건축토석　피복섬유　지물업에　성공한다

95. 地殺驛馬　印財日德　運輸事業　하게되고
　　　傷官食神　太旺無格　雇人이나　屠牲로다
　　　지살역마　인재일덕　운수사업　하게되고
　　　상관식신　태왕무격　고인이나　도고로다

96. 四柱中에　寅巳驛馬　航空界에　職業이요
　　　申亥驛馬　臨財하면　水産漁獵　成財하네
　　　사주중에　인사역마　항공계에　직업이요
　　　신해역마　임재하면　수산어렵　성재하네

97. 戊辰丁丑　丙戌乙未　甲辰癸丑　壬戌日生
　　　巳卯未戌　其日主는　牧畜業을　하지마소
　　　무진정축　병술을미　갑진계축　임술일생
　　　사묘미술　기일주는　목축업을　하지마소

98. 四柱中에　木財星은　林産造林　成財하고
　　　寅卯夏月　庚辛日生　電氣工業　致富한다
　　　사주중에　목재성은　임산조림　성새하고
　　　인묘하월　경신일생　전기공업　치부한다

99.	甲乙日生 라디오와 갑을일생 라디오와	水印놓고 電氣業에 수인놓고 전기업에	火星에다 成工함이 화성에다 성공함이	泄精하면 있으리라 설정하면 있으리라
100.	四柱中에 丙日日德 사주중에 병일일덕	金財星은 木印星은 금재성은 목인성은	鐵物金屬 木工木手 철물금속 목공목수	利益있고 많이본다 이익있고 많이본다
101.	春生丙丁 敎壇올라 춘생병정 교단올라	夏生戊己 敎鞭잡고 하생무기 교편잡고	秋生壬癸 呼名萬人 추생임계 호명만인	冬甲乙은 芬走하다 동갑을은 분주하다
102.	三六九臘 三冬月에 삼육구랍 삼동월에	庚辛日과 庚辛日生 경신일과 경신일생	申酉月에 그도또한 신유월에 그도또한	戊己日生 敎育家라 무기일생 교육가라
103	春夏月에 酉月生人 춘하월에 유월생인	甲乙日生 丁丑日生 갑을일생 정축일생	三冬月에 舌端生金 삼동월에 설단생금	壬癸日生 敎育家라 임계일생 교육가라
104.	亥月丁亥 戊己日에 해월정해 무기일에	卯未日生 寅月出生 묘미일생 인월출생	戌月壬癸 口呼萬人 술월임계 구호만인	透辛金과 스승이라 투신금과 스승이라
105.	申酉月에 人人指曰 신유월에 인인지왈	甲申日과 敎師라고 갑신일과 교사라고.	四柱印局 呼稱함이 사주인국 호칭함이	또는透印 있으리라 또는투인 있으리라
106.	以上五局 言論機關 이상오국 언론기관	태운몸이 文藝從事 태운몸이 문예종사	敎育界에 文敎行政 교육계에 문교행정	안나서면 進出이라 안나서면 진출이라

107.
曲直格과　戊日印局　四柱多金　寅日丑時
그림그려　名畵되고　글씨쓰면　名筆이라
곡직격과　무일인국　사주다금　인일축시
그림그려　명화되고　글씨쓰면　명필이라

108.
木火旺局　庚辛日生　그도또한　名畵家요
傷官格局　印星旺은　演藝人에　많이본다
목화왕국　경신일생　그도또한　명화가요
상관격국　인성왕은　연예인에　많이본다

109.
丁丑酉日　丙戌辰日　更逢財星　或印星은
印刷文房　書藝家니　筆耕紙業　분명하다
정축유일　병술진일　갱봉재성　혹인성은
인쇄문방　서예가니　필경지업　분명하다

110.
日德印星　놓은자는　化學科學　技術者요
甲丙戊庚　戌日壬辰　工業界가　많이된다
일덕인성　놓은자는　화학과학　기술자요
갑병무경　술일임진　공업계가　많이된다

111.
卯酉戌中　二字相逢　百草試嘗　醫業하고
亥子丑月　辛丑未亥　杏林之業　活人한다
묘유술중　이자상봉　백초시상　의업하고
해자축월　신축미해　행림지업　활인한다

112.
夏月辛亥　未巳卯日　更逢月時　辰或戌은
手執藥秤　하게되니　君臣佐使　製藥이라
하월신해　미사묘일　갱봉월시　진혹술은
수집약칭　하게되니　군신좌사　제약이라

113.
甲申日生　逢寅巳와　五陰巳日　逢寅申과
丁未日生　逢庚戌도　醫藥之業　分明하다
갑신일생　봉인사와　오음사일　봉인신과
정미일생　봉경술도　의약지업　분명하다

114.
戊申日生　逢寅巳와　戊寅日生　逢巳申도
亦是醫業　因緣이니　萬人救活　하리로다
무신일생　봉인사와　무인일생　봉사신도
역시의업　인연이니　만인구활　하리로다

115.

庚壬申日　　逢寅巳와　　庚壬寅日　　逢巳申도
醫藥界에　　入身하여　　活人功德　　하게되네
경임신일　　봉인사와　　경임인일　　봉사신도
의약계에　　입신하여　　활인공덕　　하게되네

116.

寅戌夏月　　庚寅火局　　卯月生에　　甲子日生
冬月生人　　壬辰日生　　醫藥之業　　從事하고
인술하월　　경인화국　　묘월생에　　갑자일생
동월생인　　임진일생　　의약지업　　종사하고

117.

甲戌日과　　戊戌日生　　甲乙日生　　月或時乾
戊己日生　　時或月乾　　刀圭之業　　하게된다
갑술일과　　무술일생　　갑을일생　　월혹시건
무기일생　　시혹월건　　도규지업　　하게된다

118.

夏月戌亥　　出生人이　　生日에다　　壬午癸未
甲寅日生　　逢巳或申　　그도또한　　活人이라
하월술해　　출생인이　　생일에다　　임오계미
갑인일생　　봉사혹신　　그도또한　　활인이라

119.

寅卯夏月　　甲乙日生　　丙日生人　　戌亥逢과
丙申寅日　　逢刑殺도　　活人家에　　흔히본다
인묘하월　　갑을일생　　병일생인　　술해봉과
병신인일　　봉형살도　　활인가에　　흔히본다

120.

以上九局　　태어난몸　　萬若自身　　아니면은
先親妻子　　期業있고　　아니면은　　易術家라
이상구국　　태어난몸　　만약자신　　아니면은
선친처자　　기업있고　　아니면은　　역술가라

121.

四柱身旺　　官不足은　　命理哲學　　名聲높고
丙辰日生　　身旺無官　　亦是占術　　이름높네
사주신왕　　관부족은　　명리철학　　명성높고
병진일생　　신왕무관　　역시점술　　이름높네

122.

甲戌日生　　月或時乾　　丁巳酉日　　逢財或印
甲乙日生　　寅巳午未　　四柱哲學　　名聲이라
갑술일생　　월혹시건　　정사유일　　봉재혹인
갑을일생　　인사오미　　사주철학　　명성이라

123.
戊申子日　多逢金水　五陰亥丑　乾或丑寅
九宮八卦　묶어내서　人生運命　鑑定한다
무신자일　다봉금수　오음해축　건혹축인
구궁팔괘　묶어내서　인생운명　감정한다

124.
水日子酉　月或時東　更加水木　만난사주
五陽戌日　乾或丑寅　그사람도　名卜이라
수일자유　월혹시동　갱가수목　만난사주
오양술일　건혹축인　그사람도　명복이라

125.
四柱中에　多印無官　寒門貴客　누가알며
偏官弱에　重重受制　皓首書生　이아니냐
사주중에　다인무관　한문귀객　누가알며
편관약에　중중수제　호수서생　이아니냐

126.
四柱中에　偏正多印　外國語에　能通하고
四季之月　丙丁土日　聲樂界에　人氣로다
사주중에　편정다인　외국어에　능통하고
사계지월　병정토일　성악계에　인기로다

127.
春夏月에　甲寅日生　時逢亥時　大貴하고
秋冬月生　丙申子日　格이루면　宰相이라
춘하월에　갑인일생　시봉해시　대귀하고
추동월생　병신자일　격이루면　재상이라

128.
春三月에　甲乙日生　時上庚午　辛巳逢은
衡秤之材　되었으니　龍樓鳳閣　豪强하고
춘삼월에　갑을일생　시상경오　신사봉은
형칭지재　되었으니　용루봉각　호강하고

129.
夏三月에　丙丁日生　壬辰이나　癸卯時는
出入王庭　하게되니　子和樂之　이아니냐
하삼월에　병정일생　임진이나　계묘시는
출입왕정　하게되니　자화낙지　이아니냐

130.
秋三朔에　庚辛日生　丙子丙戌　丁酉時는
十斛之器　되었으니　口呼十萬　하리로다
추삼삭에　경신일생　병자병술　정유시는
십곡지기　되었으니　구호십만　하리로다

131. 冬三朔에　壬癸日生　戊申己未　出生時는
　　　廊廟之材　되었으니　潛纓冠帶　宰相이라
　　　동삼삭에　임계일생　무신기미　출생시는
　　　랑묘지재　되었으니　잠영관대　재상이라

132. 三六九臘　戊己日生　時上甲寅　乙丑亥는
　　　鴻毛之客　될것이니　權尊六曹　하게되오
　　　삼육구랍　무기일생　시상갑인　을축해는
　　　홍모지객　될것이니　권존육조　하게되오

133. 春生丙丁　夏生戊己　秋生壬癸　冬生甲乙
　　　四季庚辛　時單偏官　亦是龍門　出入하리
　　　춘생병정　하생무기　추생임계　동생갑을
　　　사계경신　시단편관　역시용문　출입하리

134. 潤下格과　六乙鼠貴　文學聰明　자랑하고
　　　炎上格과　從革格은　그威風을　자랑한다
　　　윤하격과　육을서귀　문학총명　자랑하고
　　　염상격과　종혁격은　그위풍을　자랑한다

135. 年月日時　三重印星　純粹하게　格이루면
　　　大學敎授　學總長에　高尙學者　분명하다
　　　연월일시　삼중인성　순수하게　격이루면
　　　대학교수　학총장에　고상학자　분명하다

136. 四柱中에　多印無虧　四柱傷官　從兒格과
　　　四柱身旺　泄精英은　博士燈明　하게된다
　　　사주중에　다인무휴　사주상관　종아격과
　　　사주신왕　설정영은　박사등명　하게된다

137. 이런四柱　태운몸은　政界또한　關心있어
　　　議政壇上　燈明하여　指曰某某　손꼽힌다
　　　이런사주　태운몸은　정계또한　관심있어
　　　의정단상　등명하여　지왈모모　손꼽힌다

138. 甲乙日生　태운性格　意志곧고　뚝뚝하나
　　　始終一貫　不變하여　萬人信望　얻어지네
　　　갑을일생　태운성격　의지곧고　뚝뚝하나
　　　시종일관　불변하여　만인신망　얻어지네

139.　丙丁日生　口辯有能　蘇秦張儀　닮게되고
　　　好禮多讓　明朗한데　感情偏重　되기쉽네
　　　병정일생　구변유능　소진장의　닮게되고
　　　호례다양　명랑한데　감정편중　되기쉽네

140.　戊己日生　태운者는　恒常言行　回顧하고
　　　君子之風　있지만은　時機逸失　많이한다
　　　무기일생　태운자는　항상언행　회고하고
　　　군자지풍　있지만은　시기일실　많이한다

141.　戊己日生　허약하고　傷官用財　못이루면
　　　그中心을　못잡아서　事事件件　虛實하다
　　　무기일생　허약하고　상관용재　못이루면
　　　그중심을　못잡아서　사사건건　허실하다

142.　庚辛日生　태운몸은　果敢勇斷　하지만은
　　　堅實한氣　固有하여　冷情한편　性格이라
　　　경신일생　태운몸은　과감용단　하지만은
　　　견실한기　고유하여　냉정한편　성격이라

143.　辛丑卯未　己日生인　너무堅實　特性있어
　　　我獨靑靑　할려하니　普通交際　難하도다
　　　신축묘미　기일생인　너무견실　특성있어
　　　아독청청　할려하니　보통교제　난하도다

144.　壬癸日生　그性質은　털털하고　절약없어
　　　虛費萬錢　하게되나　圓滿性과　慈悲로다
　　　임계일생　그성질은　털털하고　절약없어
　　　허비만전　하게되나　원만성과　자비로다

145.　壬癸日生　失中和는　明朗性이　缺陷하여
　　　第三者가　對할적에　어리석어　보이도다
　　　임계일생　실중화는　명랑성이　결함하여
　　　제삼자가　대할적에　어리석어　보이도다

146.　丙丁日生　食神格은　肥滿体軀　好人이나
　　　丙丁日生　財殺多는　神經質이　두렵도다
　　　병정일생　식신격은　비만체구　호인이나
　　　병정일생　재살다는　신경질이　두렵도다

147.
四柱中에　甲己合은　中正心이　있었으니
奸邪之心　排擊하여　萬人間에　師表되고
사주중에　갑기합은　중정심이　있었으니
간사지심　배격하여　만인간에　사표되고

148.
乙日生人　四柱金多　仁義具無　하게되고
甲乙日生　多逢水火　慈善心을　품게된다
을일생인　사주금다　인의구무　하게되고
갑을일생　다봉수화　자선심을　품게된다

149.
四柱中에　傷官格은　侍己倰人　自尊心요
四柱中에　日主弱은　弄하기를　좋아한다
사주중에　상관격은　시기능인　자존심요
사주중에　일주약은　농하기를　좋아한다

150.
日月沖剋　되는者는　厭世生覺　많이하고
四柱中에　食傷多는　남주기를　좋아한다
일월충극　되는자는　염세생각　많이하고
사주중에　식상다는　남주기를　좋아한다

151.
四柱八字　財多身弱　그사람은　吝嗇하고
戊己日生　火土多는　厚重하고　妥協쉽다
사주팔자　재다신약　그사람은　인색하고
무기일생　화토다는　후중하고　타협쉽다

152.
丙日主에　木火旺과　庚日主에　丙丁火는
그性品이　果敢勇斷　臨事卽決　잘도한다
병일주에　목화왕과　경일주에　병정화는
그성품이　과감용단　임사즉결　잘도한다

153.
甲乙日强　泄精微는　石讀斗用　답답하고
戊寅午戌　多火者는　남의批評　잘합니다
갑을일강　설정미는　석독두용　답답하고
무인오술　다화자는　남의비평　잘합니다

154.
正夏秋生　戊己日生　正通信仰　道義崇尙
三冬月에　庚辛日生　愛國愛族　淸廉하다
정하추생　무기일생　정통신앙　도의숭상
삼동월에　경신일생　애국애족　청렴하다

155.	正二夏月 宗敎哲學 정이하월 종교철학	甲乙日生 思想家로 갑을일생 사상가로	三冬月에 淸貴之士 삼동월에 청귀지사	甲乙日生 分明하오 갑을일생 분명하오
156.	秋冬月에 正二月에 추동월에 정이월에	金水日生 丙丁日生 금수일생 병정일생	宗敎哲學 그도또한 종교철학 그도또한	關心깊고 信仰깊다 관심깊고 신앙깊다
157.	戊寅午戌 다시柱逢 무인오술 다시주봉	己未巳日 巳午戌亥 기미사일 사오술해	甲寅午戌 敬信神祇 갑인오술 경신신기	乙巳未日 修道한다 을사미일 수도한다
158.	以上四局 四柱財局 이상사국 사주재국	태어난몸 無依者도 태어난몸 무의자도	僧侶生活 空門僧房 승려생활 공문승방	많이하고 스님이라 많이하고 스님이라
159.	丙寅午日 自打自命 병인오일 자타자명	丁巳卯未 促壽하니 정사묘미 촉수하니	春夏月生 自殺企圖 춘하월생 자살기도	焦燥하여 있어보고 초조하여 있어보고
160.	丑日生人 戊日身弱 축일생인 무일신약	午未戌과 寅巳申逢 오미술과 인사신봉	午日生人 自殺計劃 오일생인 자살계획	逢丑辰午 있어본다 봉축진오 있어본다
161.	寅日生人 寸時悲哀 인일생인 촌시비애	逢巳申도 克服하여 봉사신도 극복하여	自打自命 明郞生活 자타자명 명랑생활	注意하고 하여보소 주의하고 하여보소
162.	戊己日生 壬癸日生 무기일생 임계일생	官不足은 官不足은 관부족은 관부족은	생것신것 甘味飮食 생것신것 감미음식	좋아하고 좋아하오 좋아하고 좋아하오

163.	三冬月에 斗酒辭讓 삼동월에 두주사양	庚辛日生 하지않아 경신일생 하지않아	寅夏戌月 好酒家의 인하술월 호주가의	戊寅午戌 名稱이라 무인오술 명칭이라
164.	子寅辰과 巳酉丑과 자인진과 사유축과	午申戌時 亥卯未時 오신술시 해묘미시	바른便에 右便가마 바른편에 우편가마	머리가마 있게되오 머리가마 있게되오
165.	四仲月에 四孟月에 사중월에 사맹월에	辰戌丑未 四仲時는 진술축미 사중시는	四庫月에 쌍가마를 사고월에 쌍가마를	寅申巳亥 타고났네 인신사해 타고났네
166.	寅日寅時 夜半三更 인일인시 야반삼경	눈동자는 亥時生은 눈동자는 해시생은	黃色으로 首傾左側 황색으로 수경좌측	光彩나고 걸음이네 광채나고 걸음이네
167.	子午卯酉 辰戌丑未 자오묘유 진술축미	出生時는 出生時는 출생시는 출생시는	그顔面이 그얼굴이 그안면이 그얼굴이	길죽하고 둥굴넓다 길죽하고 둥굴넓다
168.	寅申巳亥 水木日生 인신사해 수목일생	出生時는 更多水木 출생시는 갱다수목	威猛있어 그体格이 위맹있어 그체격이	보이고요 壯大하다 보이고요 장대하다
169.	四柱丙丁 그얼굴은 사주병정 그얼굴은	出生人은 上廣下尖 출생인은 상광하첨	쌍이마가 炎上之象 쌍이마가 염상지상	튀어났고 分明하다 튀어났고 분명하다
170.	丙丁日生 冬月金日 병정일생 동월금일	傷官食神 逢丁火도 상관식신 봉정화도	그体格이 그의몸매 그체격이 그의몸매	短軀肥大 단단하다 단구비대 단단하다

171.	戊己日이 庚申日과 무기일이 경신일과	身旺하면 羊刃日은 신왕하면 양인일은	鼻大方口 眉高眼深 비대방구 미고안심	하게되고 强髮로다 하게되고 강발로다
172.	春冬月에 春夏月에 춘동월에 춘하월에	甲乙寅卯 丙丁日生 갑을인묘 병정일생	言語發音 言語早急 언어발음 언어조급	굳게하고 하게되네 굳게하고 하게되네
173.	丙日逢之 그음성이 병일봉지 그음성이	庚金星과 우렁차니 경금성과 우렁차니	庚日逢之 찌를찌릉 경일봉지 찌를찌릉	丙丁火는 울리운다 병정화는 울리운다
174.	異性之合 家和하면 이성지합 가화하면	百福之原 萬事成을 백복지원 만사성을	그누구가 또한누가 그누구가 또한누가	아니라며 부인하랴? 아니라며 부인하랴?
175.	棄妻喪妻 家庭不和 기처상처 가정불화	하고싶어 누가좋아 하고싶어 누가좋아	그할사람 그리밤낮 그할사람 그리밤낮	누구이며 싸우겠나 누구이며 싸우겠나
176.	여보세요 仔細仔細 여보세요 자세자세	벗님네여 읽어보고 벗님네여 읽어보고	夫婦編을 남의말을 부부편을 남의말을	기록하니 하지마소 기록하니 하지마소
177.	明月山下 時上偏財 명월산하 시상편재	叩盆之嘆 日時相沖 고분지탄 일시상충	時上傷官 鏡破釵分 시상상관 경파채분	탓이고요 落淚하네 탓이고요 낙루하네
178.	時上逢空 干與之同 시상봉공 간여지동	羊刃重은 時肩劫은 양인중은 시견겁은	鰥者됨을 鴛鴦歸林 환자됨을 원앙귀림	어길거며 孤啼한다 어길거며 고제한다

179.	兩家之壻 日時六害 양가지서 일시육해	되는者는 亡身劫은 되는자는 망신겁은	日支偏財 夜半三更 일지편재 야반삼경	그탓이고 妻逃走다 그탓이고 처도주다
180.	偏財星이 正財星이 편재성이 정재성이	得位하니 得位하니 득위하니 득위하니	妾이家權 妻가억세 첩이가권 처가억세	쥐게되고 妾못얻네 쥐게되고 첩못얻네
181.	癸年壬月 戊己日生 계년임월 무기일생	戊己日生 壬癸年月 무기일생 임계년월	本妻偕老 獨守空房 본처해로 독수공방	못하고요 凄凉하다 못하고요 처량하다
182.	丁未日과 單妻生活 정미일과 단처생활	戊午日生 不滿하여 무오일생 불만하여	무슨性慾 二妻三妻 무슨성욕 이처삼처	그리强해 거느리뇨 그리강해 거느리뇨
183.	戊寅午戌 美姫隨多 무인오술 미희수다	己未巳日 하게되니 기미사일 하게되니	更逢寅巳 探花女色 갱봉인사 탐화여색	午未戌은 注意하라 오미술은 주의하라
184.	申酉戌臘 丙戌日弱 신유술랍 병술일약	丁丑日弱 七八九臘 정축일약 칠팔구랍	妻妾中에 亦是細君 처첩중에 역시세군	自殺있고 恨死있네 자살있고 한사있네
185.	戊己水日 産死妻魂 무기수일 산사처혼	柱逢子未 呼哭하니 주봉자미 호곡하니	更逢肩劫 産裡産後 갱봉견겁 산이산후	하는자는 注意하라 하는자는 주의하라
186.	壬庚寅日 妻妾中에 임경인일 처첩중에	逢巳或申 自殺있어 봉사혹신 자살있어	財多身弱 基家庭이 재다신약 기가정이	하게되면 沒落이라 하게되면 몰락이라

187.	戊己日生 妻妾産禍 무기일생 처첩산화	壬戌逢이 있게되니 임술봉이 있게되니	財多身弱 受胎되면 재다신약 수태되면	或은身强 주의하라 혹은신강 주의하라
188.	日主强에 時上七殺 일주강에 시상칠살	時上七殺 財多身弱 시상칠살 재다신약	妻德자랑 其妻惡毒 처덕자랑 기처악독	하지만은 하게된다 하지만은 하게된다
189.	時上七殺 夫婦家權 시상칠살 부부가권	時上偏財 싸움잦아 시상편재 싸움잦아	日主虛弱 其妻飮毒 일주허약 기처음독	財殺旺은 있어본다 재살왕은 있어본다
190.	四柱中에 母妻싸움 사주중에 모처싸움	財多旺은 새중간에 재다왕은 새중간에	印受逢을 속상해서 인수봉을 속상해서	좋아마라 嘆息이라 좋아마라 탄식이라
191.	四柱中에 亦是母妻 사주중에 역시모처	印旺者가 不和하여 인왕자가 불화하여	重重財星 立場困難 중중재성 입장곤란	相逢하면 많게된다 상봉하면 많게된다
192.	四柱驛馬 地殺重重 사주역마 지살중중	臨財合은 暗財者도 임재합은 암재자도	異邦女性 亦是國際 이방여성 역시국제	作配하고 女婚이라 작배하고 여혼이라
193.	三冬月에 暗財合에 삼동월에 암재합에	壬癸日은 財殺旺은 임계일은 재살왕은	色難逢着 情死怪變 색난봉착 정사괴변	注意하고 있게되네 주의하고 있게되네
194.	四柱財多 日主强에 사주재다 일주강에	身弱者는 時上偏財 신약자는 시상편재	偏廳內語 其妻虐待 편청내어 기처학대	하게되고 심히한다 하게되고 심히한다

195.	日時地支 時間桃花 일시지지 시간도화	咸池殺은 野外花라 함지살은 야외화라	東食西宿 杏花村婦 동식서숙 행화촌부	作妾있고 情을맺네 작첩있고 정을맺네
196.	日月地支 桃花刑을 일월지지 도화형을	成財挑花 만난자는 성재도화 만난자는	婦女姦通 花柳病에 부녀간통 화류병에	一手하고 걸려본다 일수하고 걸려본다
197.	官星桃花 殺星桃花 관성도화 살성도화	놓은자는 놓은자는 놓은자는 놓은자는	其妻因해 姦通하다 기처인해 간통하다	벼슬하고 逢變나네 벼슬하고 봉변나네
198.	財祿挑花 四柱挑花 재록도화 사주도화	놓은그분 肩劫刑은 놓은그분 견겁형은	因妾致富 妻妾訟事 인첩치부 처첩송사	자랑하고 敗家한다 자랑하고 패가한다
199.	財星衰弱 財星白虎 재성쇠약 재성백호	官殺旺은 日主弱은 관살왕은 일주약은	生子後에 妻妾産亡 생자후에 처첩산망	損妻하고 自殺이라 손처하고 자살이라
200.	甲辰日과 其妻飮毒 갑진일과 기처음독	乙未日生 있어보니 을미일생 있어보니	四柱財旺 探色怪變 사주재왕 탐색괴변	比肩旺은 銘心하소 비견왕은 명심하소
201.	壬庚申日 그日主가 임경신일 그일주가	出生人이 身旺이면 출생인이 신왕이면	壬戊寅時 其妻盲眼 임무인시 기처맹안	만나고서 妻凶死라 만나고서 처흉사라
202.	甲庚寅日 財多身弱 갑경인일 재다신약	逢巳申과 身旺財弱 봉사신과 신왕재약	戊庚申日 妻妾凶死 무경신일 처첩흉사	逢巳寅이 당해본다 봉사인이 당해본다

203.	日時地支 壬子丙午 일시지지 임자병오	相刑殺도 戊午日妻 상형살도 무오일처	十中八九 言必稱曰 십중팔구 언필칭왈	離別하고 死也로다 이별하고 사야로다
204.	日時怨嗔 神經衰弱 일시원진 신경쇠약	鬼門關은 發作하니 귀문관은 발작하니	夫婦間에 相互謙讓 부부간에 상호겸양	不合하고 해야하오 불합하고 해야하오
205.	寅卯辰生 中年喪配 인묘진생 중년상배	見巳하고 하게되어 견사하고 하게되어	巳午未生 落淚함이 사오미생 낙루함이	見申하면 있으리라 견신하면 있으리라
206.	申酉戌生 郎君두고 신유술생 낭군두고	見亥字와 妻는가니 견해자와 처는가니	亥子丑生 顯幽別離 해자축생 현유별리	逢見寅者 哀慟하다 봉견인자 애통하다
207.	丙午日이 日坐財와 병오일이 일좌재와	丁酉時와 他財連은 정유시와 타재연은	壬寅日生 必是再娶 임인일생 필시재취	癸卯時와 하게되오 계묘시와 하게되오
208.	庚辰日에 日時枯焦 경진일에 일시고초	庚辰時는 連坐하니 경진시는 연좌하니	子女間에 長子蹇脚 자녀간에 장자건각	溺死있고 恨嘆일세 익사있고 한탄일세
209.	申子辰生 長子健脚 신자진생 장자건각	戌日戌時 하게되니 술일술시 하게되니	寅午戌生 晝夜長嘆 인오술생 주야장탄	辰日辰時 애닲으고 진일진시 애닲으고
210.	亥卯未生 그도또한 해묘미생 그도또한	丑日丑時 長子健脚 축일축시 장자건각	巳酉丑生 嘆息함을 사유축생 탄식함을	未日未時 못免한다 미일미시 못면한다

211.　財官殺이　合身하니　총각得子　있게되고
　　　丙庚日이　日時寅申　其妻胎中　離別이라
　　　재관살이　합신하니　총각득자　있게되고
　　　병경일이　일시인신　기처태중　이별이라

212.　正偏官이　混雜하니　東西娶에　得子하고
　　　傷官見官　만남자는　不具子孫　못면한다
　　　정편관이　혼잡하니　동서취에　득자하고
　　　상관견관　만남자는　불구자손　못면한다

213.　日時相沖　刑害殺은　아들別居　하게되고
　　　日時官馬　地殺刑沖　一點血肉　失踪있네
　　　일시상충　형해살은　아들별거　하게되고
　　　일시관마　지살형충　일점혈육　실종있네

214.　己未日生　甲戌時는　日子自殺　두렵고요
　　　己未日生　午時丑戌　또한其子　自殺이라
　　　기미일생　갑술시는　일자자살　두렵고요
　　　기미일생　오시축술　또한기자　자살이라

215.　庚日主에　丙火子孫　柱中水局　만나면은
　　　눈病身의　子孫있어　밤낮으로　한숨이요
　　　경일주에　병화자손　주중수국　만나면은
　　　눈병신의　자손있어　밤낮으로　한숨이요

216.　壬日主가　傷官見官　말못하는　子孫이요
　　　甲乙日生　月時丙戌　日子凶死　어김없네
　　　임일주가　상관견관　말못하는　자손이요
　　　갑을일생　월시병술　일자흉사　어김없네

217.　官星透出　得地하니　家門顯赫　貴子두고
　　　時間宮에　死墓病絶　早子難養　愁心있다
　　　관성투출　득지하니　가문현혁　귀자두고
　　　시간궁에　사묘병절　조자난양　수심있다

218.　養生木浴　帶冠旺時　多子多女　發福인데
　　　時間空亡　刑殺子는　早年子女　歸林한다
　　　양생목욕　대관왕시　다자다녀　발복인데
　　　시간공망　형살자는　조년자녀　귀림한다

219. 四柱身弱　時上七殺　孫子같은　아들이요
　　　官鬼重重　敗亡尅은　小室몸에　得子하오
　　　사주신약　시상칠살　손자같은　아들이요
　　　관귀중중　패망극은　소실몸에　득자하오

220. 日時間에　相生相合　孝子孝女　아름답고
　　　四柱殺旺　無制者는　不孝子息　속썩인다
　　　일시간에　상생상합　효자효녀　아름답고
　　　사주살왕　무제자는　불효자식　속썩인다

221. 四柱官弱　多傷官은　官殺財運　得子지만
　　　時上傷官　及空亡은　何歲月에　得子드냐
　　　사주관약　다상관은　관살재운　득자지만
　　　시상상관　급공망은　하세월에　득자드냐

222. 官殺逢刑　更逢受制　時支急脚　斷僑關은
　　　子女蹇脚　手足異常　小兒癩痺　注意하소
　　　관살봉형　갱봉수제　시지급각　단교관은
　　　자녀건각　수족이상　소아마비　주의하소

223. 辛丑日生　辛卯時는　少室再娶　得子하고
　　　乙日申時　丙日亥時　多者顯達　하게된다
　　　신축일생　신묘시는　소실재취　득자하고
　　　을일신시　병일해시　다자현달　하게된다　.

224. 地殺重重　抱官하면　異邦妻에　胞胎하고
　　　驛馬星이　抱官함도　混血兒를　得합니다
　　　지살중중　포관하면　이방처에　포태하고
　　　역마성이　포관함도　혼혈아를　득합니다.

225. 陰官殺이　작合하니　딸자손이　戀愛하고
　　　비견혼합　놓인팔자　아들놈이　재취하오
　　　음관살이　작합하니　딸자손이　연애하고
　　　비견혼합　놓인팔자　아들놈이　재취하오.

226. 偏正印星　重重하면　아들丈母　두분이요
　　　딸子孫이　再娶함은　傷官食神　疊疊이라
　　　편정인성　중중하면　아들장모　두분이요
　　　딸자손이　재취함은　상관식신　첩첩이라

227.

正偏印綬	旺盛하니	靑孀寡婦	따님이요
偏正官이	混雜하니	그新郎이	妾얻는다
정편인수	왕성하니	청상과부	따님이요
편정관이	혼잡하니	그신랑이	첩얻는다

228.

食神星이	旺盛하면	孫子富貴	할것이요
正印星이	富貴하면	曾孫子가	大發한다
식신성이	왕성하면	손자부귀	할것이요
정인성이	부귀하면	증손자가	대발한다

229.

傷官太旺	官殺弱은	無子猶孫	하게되고
偏印太旺	食神衰는	孫子代에	敗業일세
상관태왕	관살약은	무자유손	하게되고
편인태왕	식신쇠는	자손대에	패업일세

230.

傷官星이	作合하니	孫女戀愛	걱정되고
正印星이	作合하니	外孫女가	바람난다
상관성이	작합하니	손녀연애	걱정되고
정인성이	작합하니	외손녀가	바람난다

* 명리 통신강좌 안내*

*명리에 관한 제반 사항에 대하여 강의를 합니다.
*시간과 거리상 불편하여 뜻이 있어도 선뜻 시작을 못 하셨던 분.
*시작은 하셨으나 상담에 자신이 없으신 분.
*차근차근 시작하실 분.
*상담은 한 달, 두 달 하여 되는 것이 아닙니다.
*대인관계를 많이 하시는 분, 사업상 필요 하신 분.
*동양철학에 입문하여 생활을 새롭게 하실 분.
*중년에 접어들어 새로운 정신적인 삶을 원하시는 분.
*철학관을 개업하실 분.
*무속 업을 하시는 분으로 명리를 더 알고자 하시는 분.
*기타 명리에 입문하여 알고자 하시는 분.

강의 방법

*과정 별로 자료와 교재 송부.
*이메일로 궁금증 수시 상담, 일주일에 한 번 씩 전화상담 강의.
 (화상강의 준비 중.)
*강의 내용 비디오로 모아 수강자에 한하여 보내드립니다.(별도)
*기타 자세한 내용은 이메일을 이용 바랍니다.
*메일 주소---han@dooweon media.co.kr
            doo1616@yahoo.co.kr
*www.dancesajoo.com(신명철학관)
*네이버, 야후 카페 신명철학관으로 들어오시면 됩니다.
*전화 연락-----02)984-5612(저녁 시간은 가급적 피해주십시오.)
*개인 지도도 가능.
*한 번의 인연이라도 소중히 생각 합니다.
*월 강의료는 20만원입니다.

찾아보기

*필요한 문구를 단어만 찾아도 전체의 흐름
을 파악 합니다.
*한자와 한글로 따로 구별하였습니다.
*정리하거나 스스로의 실력을 테스트도 할
수 있습니다.

*선발된 기본 단어의 모음--------
(4)
4,5,6월생--卯(묘),未(미) 54
4,7,10   74
4월생---丑(축)   55

(5)
5월생---戌(술)   55

(6)
60갑자   52
6월생---酉(유)   55

(7)
7,8,9월생--寅(인),戌(술) 54
7월생---辰(진)   55

(8)
8월생---巳(사)   55

(9)
9월생---午(오)   55

(K)
KAL사고,   47

(丁)
丁丑(정축)일주   160

(三)
三傳(삼전)   57
三冬春生(삼동춘생)---亥,71
三奇(삼기)   19

(丑)
丑午(축오),   58
丑戌(축술)형살이니   44

(中)
中年喪配   180

蘇秦,張儀)-중국역사상   124
防外車中(방외차중)-----18
구신(仇神)---희신을   20
근(根)--뿌리다   12
기신(忌神)---내가   20
만수향(萬壽香)---부처님 21
묘(苗)--월주   13
상관   19
실(實)----열매를   13
용신(用神)---사주에서   20
자당(慈堂)-----   21
한신(閑神)---이도   20
화(花)---식물로는   13
일간   17
충   23
특별제조주   89
파   23
해외취업   16
형   23
酉,戌(유술)금국이   26

*단어 찾기 --------------

(1)
1,2,3월생--亥(해),子(자) 54
10,11,12월생丑(축),辰(진)54
10월생--未(미)------ 55
11월생--亥(해)----   55
12월생---子(자)   55
1월생----寅(인)   55

(2)
2월생---卯(묘)   55

(3)
3월생---申(신)   55

(4)
4,5,6월생--卯(묘),未(미) 54
4,7,10   74

4월생---丑(축)　　　　55

(5)
5월생---戌(술)　　　　55

(6)
60갑자　　　　52
6월생---酉(유)　　　　55

(7)
7,8,9월생--寅(인),戌(술)　54
7월생---辰(진)　　　　55

(8)
8월생---巳(사)　　　　55

(9)
9월생---午(오)　　　　55

(K)
KAL사고,　　　　47

(丁)
丁丑(정축)일주　　　　160

(三)
三傳(삼전)　　　　57
三冬春生(삼동춘생)---亥,71
三奇(삼기)　　　　19

(丑)
丑午(축오),　　　　58
丑戌(축술)형살이니　　　　44

(中)
中年喪配　　　　180

(乙)
乙목　　　　124

(乾)

乾　　　　110
乾方(건방)-----　　　　50

(五)
五行制化　　　　12

(亥)
亥卯未(해,묘,미)--목국-　15
亥월,戌월-----법관가문　85

(偏)
偏　　　　86
偏廳內語　　　　168

(傷)
傷官見官　　　　189
傷食太旺(상식태왕)　　　　54

(其)
其妻盲眼　　　　177
其妻飮毒　　　　164, 176

(冬)
冬(동)--亥,子(해자)월생-　75
冬생　　　　97

(凍)
凍傷(동상),水厄(수액)　　　　56

(刑)
刑合格(형합격)　　　　51

(印)
印綬華蓋　　　　21
印臨絶地　　　　29

(四)
四柱財旺　　　　176
四猛之局(사맹지국)　　　　53

(回)

回頭剋(회두극)   60

(因)
因妾致富   173

(土)
土(토)--------농업관련 78

(地)
地殺(지살)   14
地殺刑沖   189
地殺重重   200

(墓)
墓(묘) 194

(夏)
夏(하)-----巳,午(사오) 75
夏冬月(하동월)   56
夏생   97

(夜)
夜啼(야제)----밤에 74

(天)
天羅地網殺(천라지망살)이란?

     ----------------50

(夫)
夫婦家權   164

(好)
好事多魔(호사다마) 53

(妻),妻妾,   151
妻妾訟事   173

(子)
子未   161
子酉(자유),   58

(官)
官(관)---木(목)---많을 53
官庫   80
官星桃花   172
官殺太旺(관살태왕)   54
官殺逢刑   199
官食鬪戰(관식투전)   53

(寅)
寅,午,丑(인,오, 54
寅,巳,午,未,戌월에 66
寅亥合(인해합) 52
寅午戌--화국---   15
寅未(인미)   58

(巳)
巳戌(사술)   58
巳酉丑(사,유,축)--금 15

(巽)
巽方(손방)---辰,巳(진,사)50

(庚)
庚辛(경신)일생   64

(庫)
庫(고)---사물로   194
庫藏(고장)이라서   26

(强)
强髮(강발)------   147

(從)
從(종)한다.   52

(忌)
忌神(기신)   38

(性)
性(성)   32

(怨)

怨嗔殺(원진살)　　　58

(戌)

戌(술)　　　104
戌은　　　104

(斷)

斷橋官殺(단교관살)　　　55
斷橋關殺(단교관살)　　　57

(日)

日主(일주)-사주원국에서　161
日久月沈(일구월심---　46
日坐財　　　181
日支(일지)　　　17, 58
日支(일지)에　　　14
日時官馬　　　189
日時怨嗔　　　179
日時枯焦　　　185
日柱(일주)----사주　161
日柱(일주)기준이　　　17

(早)

早子難養(조자난양)----　193
早年剋親　　　36

(春)

春(춘)-----寅,卯(인묘)　75
春생　　　97

(時)

時上　　　83
時上七殺　　　164, 195
時上偏財　　　164
時上傷官　　　198
時支急脚　　　199
時間空亡　　　195

(晝)

晝夜長嘆　　　186

(暗)

暗財者도　　　166

(木)

木(목)---------　78
木(목)일주--------　45
木火通明(목화통명)이므로　109

(杏)

杏花村婦　　　169

(柱)

柱逢子未(주봉자미)----　161

(根)

根苗花實　　　12

(正)

正偏印綬　　　203

(母)

母妻싸움　　　165

(比)

比肩混合　　　201

(水)

水(수)----------　78
水(수)　　　16
水(수)일주酉,戌時(유술시)　45

(湯)

湯火殺(탕화살)----음독,　54

(火)

火(화)---------화학　78
火(화)일-巳,未時(사미시)　45

(無)

無制者는   197
無格(무격),   54

(産)
産死妻魂   161

(甲)
甲,乙(갑,을)일간   59
甲辰(갑진)일의   33
甲목은   123

(申)
申,酉,戌(신,유,술)월   59
申卯(신묘),   58
申子辰(신,자,진)--수국--   15

(癸)
癸丑(계축)   52

(盜)
盜氣(도기)의   19

(眞)
眞格(진격)   51

(眼)
眼昏日暈(안혼일운)이란?   61

(石)
石讀斗用(석독두용)이라고   134

(秋)
秋(추)-----申,酉(신유)   75
秋생   97

(細)
細君(세군)-----처를   160

(絶)
絶   194

(肩)
肩劫(견겁)   44

(臘)
臘(랍)이란---축월로   160

(自)
自刑殺(자형살)   57
自庫   80

(舌)
舌端生金(설단생금)이라   99

(術)
術(술)   84

(言)
言必稱曰   178

(財)
財(재)---水(수)---많을   53
財印二德   30
財多旺은   165
財多身弱   177
財庫(재고)를   180
財星白虎   174
財殺太旺(재살태왕)   54
財殺太過(재살태과)   64
財祿挑花   173
財臨殺地   37

(辰)
辰亥(진해),   58

(逢)
逢傷官은   19
逢刑財殺   32

(酉)
酉(유)   104

(重)
重重財星　　165

(野)
野外花라　　169

(金)
金(금)--------　　78
金(금)일주--------　　45
金,木星(금,목성)이라함은　　66
金,木相戰(금,목상전)　　65
金木상전의　　130

(錄)
錄(록)------국가의　　86

(鐵)
鐵鎖開金殺(철쇄개금살)　　104

(長)
長子健脚　　186
長子蹇脚　　185

(非)
非眞格(비진격)　　51

(馬)
馬(마)란　　86

(鰥)
鰥(환)-----홀아비　　154

(鼻)
鼻塞(비색)　　64

(ㄱ)
가마　　142
가시방석에　　30
가정　　152
가출　　35
각　　12

각거했고　　14
각성받이　　24
갑기(甲己)합----　　40
갑기합으로　　130
객사,　　33
갱봉수제　　199
건축법　　53
격각살　　139
견겁성　　40
결실　　13
경금------테너　　114
경찰총장　　83
경파채분　　153
계축,　　32
고란살　　43
고모가　　31
고분지탄---옛　　152
고엽제　　54
고장--------丑　　194
고장--------戌　　194
고장--------未　　194
고장--------辰　　194
고초살　　185, 186
곡직격　　101
곤곤한　　64
곤랑도화(滾　　171
곤랑도화란　　67
골다공증　　63
골절상,낙상,　　55
공간(空間)　　12
공금횡령　　51
공망　　154
공산주의　　12
과다출혈　　25
관귀중중　　195
관살봉형　　199
관살재운　　198
관상　　145
관성도화-----작첩승진　　170
관인상생이　　30
관재나,　　19

광견병	76		남녀평등	13
교육계	101		남명	13
교통사고,	25		내무차관	83
구름	12		년---선조	13
국무총리	83		년입지살	15
국제결혼	167		늦둥이들이	28
군신좌사(君臣左使)라	105			
군주를	23		(ㄷ)	
권력에	19		다자무자	93
권존육조	117		다자현달	199
귀결로	19		단교관살	54
귀문관	179		대모살(大毛殺)	39
귀문관살	58		대부인	21
귀문관이	27		대인관계	24
귀의하고자	22		덕(德)	12
극처(剋妻)현상으로	159		도피	32
근기선조	13		도화살(桃花殺)이란?	27
근묘화실	12		독수공방	43
금---서쪽---미국,	113		독야청청	31
금생수	52		동거중인데	28
금융계	79		동림	187
급각살	54		동삼삭	117
급작사하여	160		동생갑을	118
기(氣)	12		동성연애	28
기도공덕으로	22		동질화	41
기명종재	81		동침도	24
기신이어야	20		득세	98
기신화요	13		득지	98
기처맹안	177			
기처음독	176		(ㅁ)	
기토	125		말년	13
기형아	55		망신살이다.	28
길흉도	41		맹인	60
길흉화복	11		맹장수술	63
꽃	13		멍석	26
			모	12
(ㄴ)			모가재취	155
나(我)	56		모자멸자(母子滅子)원리에	24
나체지상이라	27		모처불합(母妻不合)에	38
낙정관살에	62		목--동쪽----일본이니	113
난자	12		목분비회라하여----	111

목생화 60
목욕궁 27
목화국 63
목화통명(木火通明) 31
묘유(卯酉)-금극목-음대음 39
무격신쇠 54
무계(戊癸)합---화(火)가 41
무기일생이라 140
무덤은 26
무리수 81
무속신앙, 21
무은지형 26
무제자는 197
무진 93
물리요법 12
미)---지세지형 26
민주주의 12

(ㅂ)
바람 12
바람도 28
박정희 82
반 12
반골기질이라 20
반항적인 23
방 12
방외출생 18
배다른 31
백초시상 104
백혈병, 25
백호대살에 32
백호라 25
백호살(白虎殺)이란 25
법관 85
법관,군계통,정보계통, 82
법권 86
법사 110
변동수 16
병권 83
빙사궁이란-----늙으면 193
병술 51

병신(丙辛)합---수(水)가 41
병신자일이라 114
병진일 96
복록이 19
본인 12
본처와 157
봉사(奉祀)에 22
봉착하니 24
봉축진오 139
봉형재살 32
부도로 32
부목 39
부부이별로 22
분가시키는 24
불감증 56
불교, 21
불신자로 20
불이 26
불임가정 190
비 12
비겁도화 170
비견혼합 201
비뇨기계통이요,木은 70
비색기 66
뿌리에 23

(ㅅ)
사계경신 118
사계절 31
사고時 143
사고월에 142
사교성풍부 27
사맹시 143
사맹월에 142
사법 12
사시장춘 31
사야로다 178
사주 11
사주도화 173
사주역마 166
사주원국 17

사중시	143
사중월에	142
삭막하다	33
산업재해	54
산후풍,	55
살(殺)	56
살성도화	172
삼각관계	181
삼기	19
삼라만상	13
삼육구랍	117
삼재	11, 175
삼재원리도	12
삼합국	121
삼합의	28
삼형살	17, 26, 58
상	12
상격자	83
상관견관	189
상관태왕	205
상광	146
상담사의	35
상반신	12
상법	144
상생상극	13
상생상합	197
상속	13
상충,	13
상충을	24
상형살	26, 178
색난봉착	167
생리요법	12
생선가공업	91
생일지살	15
생진사초	27
생진사초----진나라에서	27
서모	34
서출	28
석가존하	20
선거법위반,	32
선조	22
선향(線香)의	21
섬유	91
성병	65
성욕	158
성향이	23
세상일간	22
세월간지	19
소리	12
소실재취	199
소아마비	55
소행성	13
송사	19
수-북쪽-러시아-러시아어	113
수맥	74
수목응결	148
수목응결로	20
수산업	90
수생목	17
수옥살(파군살)	49
수옥살이란?	49
수집약칭(手執藥秤)	105
순환격이다,천간에	128
스트레스	76
습목	104
습진	56
시	11
시--자손	13
시간(時間)	12
시간공망	195
시단편관	118
시상상관	198
시상일위귀격	115
시상칠살	195
시주의	24
시지급각	199
식상관이	24
식신격이다.	24
신------금기가	93
신과해	94
신약(臣藥),좌약(左藥)	105
신용불량,	32

신체기형	55		오간화신(五干化身),	40
실족사고,	33		오음해축이란	111
심리요법	12		오행제화	12
십곡지기(十斛之器)	116		옹녀	69
십이운성	193		와석종명(臥席終命)	33
			왕	55
(ㅇ)			외가	46
안면근육	66		요리사	91
암장	12		용궁	177
암충이란?--장간이	86		용신	87
암합	31		용신일	20
애교만점	27		우울증	59
애로사항이	24		운	17
애륜(愛倫)	12		움직임이	16
야외화라	169		원	12
약불기연	18		원국상의	23
양	12		원내도화	170
양가봉사(兩家奉祀)---두	35		원앙귀림	154
양궁(養宮)	36		원진	38
양궁(養宮),장생(長生)	36		원진,	13
양부	34		원진살	139
양인	51, 58		원진살(怨嗔殺)이란?	39
양인,	158		월--------의술관련,	85
양전자	12		월--부모,	13
양조업	89		월령도화	170
여명	13		월령도화는	170
역마	16		월령도화라	28
역마지살	17, 18		월명산하---월명이라	152
역마형	52		위맹	145
역술가	110		유복동(有腹童)----태	36
연	33		유부녀인	28
연애결혼으로	28		유행성	25
연애를	31		육을서귀격	118
연좌한다	40		육친마다	21
연하의	29		육해	139
염불이라	20		윤하격	87
염상격	70		을경(乙庚)합 금(金)경(庚)금	41
염상지상	146		을유	51
염주를	22		음	12
영당(슈堂), 북당(北堂).	21		음덕이요	19
예측 불허	47		음란지합	40

음인	158
음전자	12
음차양차살	46
음팔통	24
의업	106
이공계	92
이공계로	108
이동수	15
이복형제로	28
이비인후과	71
이신별군	22
이안작진(異雁作陳-- ---기러기가	40
이향	15
이혼수	174
인간(人間)	12
인륜(人倫)	12
인묘하월이라	62
인사신,	17
인성은	21
인수	14
인수도화	170
인신(寅申)----금극목 ----양대양----	39
인임절지	29
일--본인	13
일극세군	22
일덕격	92
일맥상통하는	41
일부종사	202
일시고초	185
일시관마	189
일시원진	179
일월상합	27
일월상합이라	27
임기응변에는	27
입법	12
명예와	19
(ㅈ)	
자손	12

자손궁을	24
자영업이나	24
자오(子午)- 수극화-양대양	39
자태	31
자형살	26, 50
작합이라	28
잔병치레로	30
잠적	32
장생(長生)	36
장생궁	30
장자건각	185, 186, 186
장택상	83
재난	47
재다신약	177
재록도화	173
재살(災殺)	32
재생관	30
재성(財星)이	26
재성도화----주로	170
재성백호	174
재성쇠약	30
재임살지	37
재정기관	81
재취	28
재취자리로	24
재혼으로	28
적성에	24
절지	194
점술	110
정	12
정,	24
정계	74
정사괴변	167
정신력	12
정신박약아가	191
정신질환	61
정임(丁壬)합 ---------목(木)이	41
정자	12

정재--올바르고	27	지세지형	26
정축	32	지장간	119
정편인수	203	지점장	80
정화	99	지지	12
정화------소프라노	114	지지(地支)가	26
제사도	24	지지관국을	19
제왕절개	18	지지상충(地支相沖)이란?	38
조기유학	16	지팡이	60
조년극친	36	직업	77
조부	14	직책이거나	29
조산소	18	진(辰)토	33
조상봉사를	23	진,술,축,미------------ -----75	
조상영가의	23	진술(辰戌)----토극토---양대양	39
조상자리	19	집장고지	61
조직력	12		
조화	13	(ㅊ)	
조후가	20	처가	46
종격인수	84	처덕이	31
종살격	114	처자	13
종손으로써	23	처첩산망	174
종아격	87	처흉사라	177
종재격	81	천간	12
종혁격이란	119	천간에	19
주색잡기	27, 170	천도	23
주야장탄	186	천라지망살	51
주차시비로	44	천륜(天倫)	12
중	12	천문성	87
중격자	83	천붕지통(天崩之痛)이라	152
중년,	13	천재지변,	33
중년상배	180	천체	13
중도	135	천파살	104
중립주의	12	철쇄개금살	104
중배조모가	24	첩의	28
중성자	12	첩첩이라	202
중용	12	청(淸)	84
중중하다함은	16	청맹이라	61
지(知)	12	청백리의	135
지명수배	51	청청하다	31
지살(地殺)다음이	27	체(體)	12
지살중중	200	초나라에서	27
지살형충	189	초년에	12

추론하는 21
추명 53
추삼삭이라 116
추생임계 118
축미(丑未)----토극토----음대음 39
춘생병정 118
출산 18, 44
출생 11
출혈열 25
충 13
충(沖) 14
충과 38
충동심을 27
취미활동 16
치국평천하 156
치마폭에 24
치질 63
칠살 51

(ㅋ)
코맹맹이 65

(ㅌ)
타향에서 14
탁음 148
탐색괴변 176
탕진 19
탕화 139
태왕 60
태자 12
토--중앙---중국---중국어 113
토극수 52
투출하여 19

(ㅍ)
파격 74
파격의예--財多身弱(재다신약) 54
파악하도록 24

화---남쪽---아랍, 113
화개란 20
화개살(華蓋殺)이란? 21
화류병 67
화생토 20, 100
활동력 12
활인 108
횡액을 25
횡재 19
효신살이 14
후각기능 65
후처(다른 189
후처가 28
흉사라 32
흐름을 24
흥왕 31

(更)
更逢受制 199

(落)
落淚함이 180

(路)
路上黃泉(노상황천) 51

(兩)
兩家之壻(양가지서)--------두 155

(臨)
臨事卽決(임사즉결)----사안에 134
패가망신 27
패륜아 197
패망극 196
패업이 19
패업이라는 19
편답하고 16
편야도화) 170

편이니	24	횡액을	25
편인태왕	205	횡재	19
편재---일확천금이요	27	효신살이	14
편중이	30	후각기능	65
포리고기	14	후처(다른	189
포태법으로	36	후처가	28
풍류	27	흉사라	32
풍질	124	흐름을	24
		흥왕	31

(ㅎ)

하관	146	(更)	
하극상의	23	更逢受制	199
하반신	12		
하생무기	118	(落)	
함지살은	169	落淚함이	180
합	12, 23		
합화법(合化法)에서	40	(路)	
해-------수(수)기가	93	路上黃泉(노상황천)	51
해외도피	32		
해운만리	17	(兩)	
행림	104	兩家之壻(양가지서)--------두	155
행방불명,	33		
행정	12	(臨)	
행화촌부	169	臨事卽決(임사즉결)----사안에	134
허리	12		
현유별리	180		
혈광사라	25		
형,	13		
형살을	26		
형체	12		
호주제도	13		
혼잡하다	31		
홀대하는	16		
화---남쪽---아랍,	113		
화개란	20		
화개살(華蓋殺)이란?	21		
화류병	67		
화생토	20, 100		
활동력	12		
활인	108